de Costas para o Mundo

Åsne Seierstad

de Costas para o Mundo

Tradução do norueguês
BRITT JENSEN

EDITORA RECORD
RIO DE JANEIRO • SÃO PAULO
2007

CIP-Brasil. Catalogação-na-fonte
Sindicato Nacional dos Editores de Livros, RJ.

S46d
Seierstad, Åsne, 1970-
   De costas para o mundo / Åsne Seierstad; tradução de
Britt Jensen. – Rio de Janeiro: Record, 2007.

Tradução de: Med Ruggen Mot Verden – Fremdeles
ISBN 978-85-01-08036-3

1. Seiertad, Åsne, 1970- – Viagens – Sérvia. 2. Iugoslávia,
Guerra, 1991-1995. 3. Sérvia – Política e governo – 1992- .
4. Sérvia – História – Guerra civil, 1998-1999. 5. Sérvios –
Iugoslávia. I. Título.

07-3253

CDD – 949.703
CDU – 94(497.1)

Título original em norueguês:
MED RYGGEN MOT VERDEN – FREMDELES

Copyright © by Åsne Seierstad, 2004
Publicado mediante acordo com Leonhardt & Høier Literary Agency aps,
København.

Editoração eletrônica: Abreu's System

Adaptação da tradução portuguesa: Eduardo Coelho

Todos os direitos reservados. Proibida a reprodução, armazenamento
ou transmissão de partes deste livro, através de quaisquer meios, sem
prévia autorização por escrito. Proibida a venda desta edição em
Portugal e resto da Europa.

Direitos exclusivos de publicação em língua portuguesa para o Brasil
adquiridos pela
EDITORA RECORD LTDA.
Rua Argentina 171 – Rio de Janeiro, RJ – 20921-380 – Tel.: 2585-2000
que se reserva a propriedade literária desta tradução

Impresso no Brasil

ISBN 978-85-01-08036-3

PEDIDOS PELO REEMBOLSO POSTAL
Caixa Postal 23.052
Rio de Janeiro, RJ – 20922-970

EDITORA AFILIADA

A Frøydis e Dag

Agradecimentos

A todos que compartilharam suas vidas e seus pensamentos comigo, o que me permitiu escrever este livro.

Sumário

Prefácio.. 11

Personagens importantes 19

Curvados a Milosevic 23

A primeira-dama dos traidores 51

La vie en rose.. 87

A serviço de Deus 105

Poder encenado.. 137

A mulher do criminoso de guerra.................... 175

Sérvios do Kosovo — Entrada proibida 197

Prefeito da democracia 221

Resistência com estilo..................................... 255

O aprendiz de Slobodan.................................. 279

O pássaro que voou 299

O vale dos esfomeados.................................... 311

Raízes 327

"Don't Happy, be Worry" 341

Prefácio

> *I had come to Yugoslavia to see what*
> *history meant in flesh and blood.*
> REBECCA WEST,
> *Black Lamb and Grey Falcon*, 1941

ESTE LIVRO É RESULTADO de três viagens que fiz à Sérvia entre 1999 e 2004. Decidi escrevê-lo justamente quando os sérvios tinham perdido a sua quarta guerra em oito anos. A guerra do Kosovo parecia terminada, assim como o pesadelo da série de batalhas, escaramuças, massacres, torturas, pilhagens e matanças que abalou os Bálcãs nos anos 1990. Um inferno que fez centenas de milhares de mortos, mais de um milhão de refugiados e inúmeras comunidades destruídas.

Mas agora diziam que a guerra chegara ao fim. Seria verdade? Seria tão simples?

Em março de 1999 os kosovo-albaneses invadiram as fronteiras da Macedônia, Montenegro e Albânia. Os bombardeios da Otan tinham mesmo começado. Eu devia cobrir o conflito para a NRK, a Empresa Norueguesa de Radiodifusão. Os fugitivos falavam de ataques dos soldados sérvios, aldeias queimadas e familiares mortos. De vizinhos armados que os perseguiram.

Setenta e oito dias mais tarde havia centenas de milhares de sérvios fugindo. Os albaneses eram os responsáveis por mais um ciclo sangrento nos Bálcãs. Agora eram eles que chacinavam, queimavam e matavam numa vingança que não deixou nada a desejar se comparada à brutalidade dos invasores. Os sérvios contaram as mesmas histórias que os albaneses haviam contado semanas antes. Sobre vizinhos armados que os perseguiram.

Não consegui entender esses carrascos balcânicos, os exilados da Europa. Que colaboraram com o início das guerras e que perderam todas elas.

Li páginas e mais páginas sobre a estratégia de poder e a máquina de guerra de Slobodan Milosevic, sobre a oposição amordaçada e a repressão. Mas pouco encontrei sobre as pessoas que, praticamente da noite para o dia, foram lançadas nestas guerras — no papel de carrascos. Eu queria tentar descobrir como viviam, do que falavam, do que gostavam.

— Você só quer confirmar os seus preconceitos — diziam-me as pessoas quando eu queria conversar com elas sobre elas mesmas.

— Como você quer entender o que está acontecendo, se nós mesmos não conseguimos entender? — perguntou alguém.

— Como pode nos pedir respostas se estamos todos perplexos? — reagiu um estudante de arte.

Enquanto eu tentava encontrar respostas, Milosevic endureceu sua posição.

— O regime não cai sem um banho de sangue — disse Zarko Korac, o líder da oposição, num restaurante em Belgrado. — Sangue será derramado — assegurou-me quando repliquei que as pessoas estavam muito apáticas e poucas pareciam dispostas a combater. — Sarajevo também tinha esse aspecto — disse ele sobre as pessoas à nossa volta bebendo cerveja — na noite antes de a guerra começar.

Encontrei 13 pessoas e uma família que segui no inverno e na primavera de 2000. Pessoas que no conjunto formavam um retrato, um mosaico. Ou um *musjkalitsa*, como disse Petsa, meu vizinho. O *musjkalitsa* é um prato típico da Sérvia, preparado com carne e legumes cortados em pedaços, condimentado e cozido em azeite durante horas.

No meu *musjkalitsa* eles se chamam avô Bora, Mira, Rambo ou Branko. São titoístas e nacionalistas, iugonostálgicos ou antinacionalistas. São estudantes, estrelas de rock, fugitivos e poetas.

Num dia quente do verão de 2000, deixei Belgrado. No final de setembro o livro foi publicado. O projeto está concluído, pensei.

Duas semanas após a publicação eu estava de volta à Sérvia com 14 livros na mala para todos os que tinham partilhado comigo, durante meio ano, as suas vidas e os seus pensamentos. Houvera até mesmo eleições, e foi por pouco que consegui passar no controle de passaportes. Nenhum jornalista podia agora entrar no país, mas convenci o guarda de que ia apenas visitar uns amigos.

No dia seguinte explodiu. Não uma guerra, como Korac taciturnamente tinha previsto, mas uma pequena revolução de outubro. Na manhã do dia 5 desse mês, meio milhão de pessoas juntaram-se em frente ao parlamento em protesto contra Milosevic por não aceitar Vojislav Kostunica, o candidato da oposição, como vencedor das eleições. Tinham vindo de todo o país, com tratores, escavadeiras, motocicletas e ônibus. Eu consegui um lugar em cima de uma empilhadeira do Tsjukaritsa.

— Não vou embora antes de Milosevic cair — disse um agricultor de compleição forte que estava ao meu lado. Junto com ele vi a multidão assaltar o parlamento. As últimas convulsões do regime ocorreram em meio a litros de gás lacrimogêneo e rajadas de tiros.

Neste dia, centenas de milhares de pessoas tinham decidido não deixar a cidade antes do presidente cair. Aqueles que não estavam em Belgrado seguiam os acontecimentos pela televisão. De manhã, a Radiotelevisão Sérvia lançava a propaganda habitual. Por volta do meio-dia, a tela ficou preta — o prédio da emissora estava em chamas depois de os manifestantes o terem invadido. Os diretores desapareceram pelos fundos enquanto os jornalistas tomaram o comando. À noite, Vojislav Kostunica estava, pela primeira vez, sentado no estúdio do canal oficial. A legenda sob seu nome dizia: Presidente da Iugoslávia.

Muitos de meus amigos não estavam convencidos da vitória.

— É simples demais. A Sérvia não pode dar uma reviravolta completa em tão pouco tempo.

Percebi então que o livro não estava acabado. Eu precisava continuar a escrever: sobre os vencedores que passaram a vencidos e sobre os vencidos que passaram a vencedores. Novamente procurei as pessoas que tinham sido peças no meu mosaico. Que pensariam elas agora?

A segunda edição do livro acompanhou o curso dos acontecimentos até o fim definitivo da era Milosevic, culminada com sua prisão em 1º de abril de 2001. A Sérvia mudava de cara.

Prefácio 15

— Ele criou uma rede de maldade. Manipulou durante 13 anos. Empobreceu o país com a sua loucura de guerra e colocou o resto do mundo contra nós — disse-me o primeiro-ministro Zoran Djindjic nesse ensolarado dia de primavera. Estávamos sentados no banco de trás da sua limusine preta. Poucas horas haviam se passado desde a detenção do presidente Milosevic. — Com uma liderança má os sérvios podem cometer maldades cruéis, com uma liderança boa os sérvios podem realizar proezas. É como um pedaço de terra: se não é bem tratado, aparecem ervas daninhas; mas se é regado e adubado, os frutos então poderão ser colhidos — continuou ele. — Os sérvios são preguiçosos, indisciplinados e sem autocrítica. Nosso maior erro é acreditar que somos mais poderosos e melhores do que os outros.

O novo primeiro-ministro, do Partido Democrata, explicou-me como seu país poderia ser reparado e reconstruído.

— Temos que nos reorganizar para podermos mais uma vez nos adaptar ao mundo. Participamos de todas as guerras e crises nos Bálcãs neste século e nos deixamos liderar por ideólogos, demagogos e políticos dementes. Depois da guerra foi Tito, depois da queda do muro foi Milosevic.

Depois de Milosevic, a Sérvia recebeu Djindjic. Ele explodia de coragem e iniciativa e alegrava-se com o dia em que poderia pôr o seu antigo inimigo perante o tribunal. O professor de filosofia queria reconduzir a Sérvia para a Europa, reapresentá-la ao mundo. Atacou os antigos poderosos e suas ligações com a máfia, iniciou reformas no exército e no setor da saúde, pensou em renovar o ensino, a indústria e a agricultura. No fim de junho de 2001 seu sonho se concretizou — Milosevic estava a caminho do Tribunal Internacional em Haia.

Depois do 11 de setembro de 2001 a atenção do mundo desviou-se dos Bálcãs. Os repórteres que haviam coberto a região viajaram para áreas ainda mais críticas, enquanto a Sérvia continuou o seu tortuoso caminho. As facções políticas que antes se juntaram na batalha contra Milosevic começaram uma guerra de poder paralisante. Três vezes os resultados das eleições foram invalidados por falta de quorum. Enquanto os partidos democráticos e os seus líderes se desentendiam, aumentava o apoio aos herdeiros ideológicos de Milosevic — os nacionalistas.

Zoran Djindjic ficou cada vez menos popular. Suas duríssimas reformas tornaram o povo nostálgico dos velhos tempos. A máfia queria regressar ao sistema que conhecia e controlava. No dia 12 de março de 2003, o primeiro-ministro foi assassinado quando entrava no edifício do governo.

Só depois de morto é que Djindjic foi reconhecido e sua ausência sentida. A Sérvia estagnava.

Para mim estava claro, mais uma vez, que a história ainda não tinha acabado. Como o resto do mundo, eu tinha o olhar dirigido para outras guerras em outras zonas, enquanto a Sérvia tropeçava no seu caminho solitário. Na primavera de 2004 procurei novamente meus velhos amigos para descobrir o que tinha acontecido com eles nos últimos três anos.

"Não podemos mais fingir que a Sérvia avança quando é absolutamente claro que não é o caso", li antes de viajar. "O ultranacionalismo é um fator determinante na política, a economia encontra-se numa crise profunda, as instituições do Estado são muito fracas e o serviço de segurança é utilizado para fins políticos", constatou o International Crisis Group.

Reinava a apatia. As pessoas que tinham combatido nas ruas pela liberdade estavam desiludidas porque os novos senhores do poder governavam tal como os antigos. A ajuda internacional foi diminuindo, o apoio político quase não existia. Enquanto a União Européia construía estradas na Eslovênia, a irmã caçula da Iugoslávia, a Sérvia crescia outra vez como um matagal, tal como Djindjic havia previsto. Como o novo governo não "colaborava satisfatoriamente" com o Tribunal de Haia, na primavera de 2004 os EUA cancelaram a ajuda prometida de 100 milhões de dólares e recusaram qualquer apoio à Sérvia através do Banco Mundial e do Fundo Monetário Internacional.

O conflito em torno do Tribunal de Haia tinha um tema diferente e muito mais profundo: a questão da culpa.

Desde que o tribunal para crimes de guerra na antiga Iugoslávia foi criado, em 1993, havia nele muitas falhas. O tribunal foi instituído porque os estados que antes constituíam a Iugoslávia ou não podiam ou não queriam julgar seus próprios criminosos de guerra. Pelo contrário, muitas vezes os acusados eram apresentados e homenageados como heróis. Isto acontecia na Croácia, na Bósnia e não menos na Sérvia.

Eram, e continuam a ser, sempre "os outros" que cometiam crimes de guerra contra "nós". A síndrome da vítima pousa como um nevoeiro espesso sobre os Bálcãs. Tudo, desde a batalha contra os turcos no planalto em Kosovo em 1389, onde o mártir sérvio, Tsar Lazar, deixou o reino terrestre para o reino celestial, até os massacres de sérvios durante a Segunda Guerra Mundial e a expulsão da Krajina, na Croácia, e do Kosovo nos anos 1990, alimentava a mitologia da vítima. Contrariar o tribunal tornou-se uma forma de mostrar patriotismo. "Por que nós? Por que nós?", perguntavam os cidadãos na Sérvia, na Croácia, na Bósnia. "Foram os outros que atacaram, nós só nos defendemos."

Durante as eleições para o Parlamento em 2003, o Partido Radical e o Partido Socialista Sérvio ganharam praticamente um terço dos votos. Ambos os líderes, Vojislav Seselj e Slobodan Milosevic, estavam em Haia. Durante a eleição presidencial em junho de 2004, o democrata Boris Tadic ganhou, mas até a última hora era incerto se o ultranacionalista Tomislav Nikolic, um homem que ainda fala sobre a Grande Sérvia, o ultrapassaria. O país está dividido entre o desejo de se orientar para a Europa e as forças que ainda se alimentam dos mitos do passado.

Foi nesta Sérvia dividida que procurei os meus velhos amigos e os encontrei ao fim de cinco anos. Tinha curiosidade de saber como tinham se adaptado à nova realidade. Foram encontros intensos que tive com eles nesta primavera. Foi emocionante ver como alguns conseguiram e outros se vergaram.

Com tristeza tive de admitir que o título do livro de quatro anos atrás, *De costas para o mundo,* ainda era pertinente. Na verdade, ainda mais pertinente do que nunca.

Oslo, 4 de julho de 2004

Personagens importantes

SLOBODAN MILOSEVIC

Presidente da Sérvia de 1989 a 1997 e líder do Partido Socialista Sérvio. Presidente da Iugoslávia de 1997 a 2000. Preso em 1º de abril de 2001 e enviado para Haia em 26 de junho do mesmo ano. Acusado de genocídio e crimes contra a humanidade pelo Tribunal Internacional de Haia. Ele próprio advogará em sua defesa.*

ZORAN DJINDJIC

Primeiro-ministro da Sérvia de 2001 a 2003. Morto num atentado em 12 de março de 2003. Depois de vinte anos como líder da oposição, com orientação ocidental, ele foi o cérebro por trás das manifestações que conduziram à queda de Milosevic. Quando assumiu o poder, tentou introduzir a economia de mercado e outras reformas.

---

* Slobodan Milosevic morreu em 11 de março de 2006 na prisão do Tribunal Internacional de Haia, antes da conclusão de seu julgamento. (*N. da E.*)

20 *De costas para o mundo*

Vojislav Kostunica

Presidente da Iugoslávia de 2000 a 2003. Renunciou quando a Iugoslávia foi dissolvida e Sérvia e Montenegro se unificaram, em 2003. Primeiro-ministro em março de 2004. Político de centro com tendências nacionalistas, deseja acalmar o curso das reformas.

Vojislav Seselj

Ultranacionalista, doutorado em ciências políticas e líder do Partido Nacionalista. Comandou diferentes grupos parlamentares durante as guerras nos Bálcãs nos anos 1990 e, neste momento, está em Haia acusado de crimes de guerra. Seu partido goza de popularidade crescente na Sérvia.

Vuk Draskovic

Líder do Movimento de Renovação Sérvio. Escritor nacionalista nos anos 1990, fez uma aliança com Milosevic mas renunciou ao cargo de vice-primeiro-ministro durante a guerra do Kosovo, em 1999. Sobreviveu a diversas tentativas de assassinato. Atualmente é ministro das Relações Exteriores no governo de Vojislav Kostunica.

Boris Tadic

Líder do Partido Democrata e eleito presidente da Sérvia em 26 de junho de 2004. Deseja fortalecer os laços com o Ocidente e introduzir a economia de mercado.

Ratko Mladic

General e líder militar dos sérvios da Bósnia durante a guerra nos anos 1990. Acusado pelo Tribunal de Haia de genocídio e crimes contra a humanidade, Mladic conduziu os ataques às cidades e aldeias na Bósnia e foi responsável por vários massacres, como o de Srebrenica. Seu paradeiro atual é desconhecido.

Radovan Karadzic
Líder político dos sérvios da Bósnia no início dos anos 1990. Presidente da administração dos sérvios da Bósnia em Pale. Tal como Mladic, é procurado pelo Tribunal de Haia, mas também como ele ainda se encontra foragido, sob a proteção de nacionalistas sérvios na Bósnia.

Alija Izetbegovic
Líder muçulmano bósnio. Presidente da Bósnia-Herzegóvina de 1990 a 1996. Morreu em 2003.

Franjo Tudjman
Presidente da Croácia de 1990 a 1999. Morreu em 1999.

Hashim Thaci
Antigo líder do Exército de Libertação do Kosovo, o UCK. No momento, está à frente do principal partido de oposição do Kosovo.

Curvados a Milosevic

A ave que se levanta cedo apanha a larva.
PROVÉRBIO SÉRVIO

TODAS AS MANHÃS, por volta das seis horas, pode-se ouvir o som de uma flauta entre as casas de Borisav Vojnovic e Nikola Randelovic. Significa que o café está pronto. Café turco, forte, com três colheres de açúcar e um *rakija** fortíssimo. O dia há muito já começou na aldeia de Stanjinac, nas montanhas do sul da Sérvia. Borisav levanta-se por volta das cinco da manhã para alimentar as duas vacas, a ovelha, o carneiro, as galinhas e o galo. Já tagarelou com Suba e Sredana, alimentou-os, deu-lhes água e colocou para fora os jarros ainda fumegantes no ar fresco da manhã. Já tinha ido ver a ovelha Bonka e brincado com o cordeiro ao qual não dera nome, pois seria abatido em junho.

— Os animais devem ser alimentados primeiro — diz ele. Só depois disso é hora de tomar o café e o *rakija*. Um dia na casa de Borisav, outro dia na casa de Nikola. Borisav tinha os seus dias sinalizados no calendário. Esta manhã é Nikola quem atravessa o pátio mancando, com duas bengalas de

---

* Licor regional de elevado teor alcoólico, semelhante ao *brandy*. (*N. da E.*)

madeira. Sobe com dificuldade as escadas para a casa de Borisav. Os dois cumprimentam-se e sentam-se. O *rakija* é saboreado num só trago. — Trago de nariz — diz Borisav —, pois é tão importante conhecer o aroma da aguardente como sentir o seu efeito no corpo.

Os homens descansam contentes depois da bebida forte — um *travitsa*, da palavra *trava*, que significa "erva" em sérvio. Foi o próprio Borisav quem o fez, com ameixas, milfurada, milefólio, genciana e salva. Enquanto tomam o café, conversam sobre o milho a ser plantado e as batatas para semear. E, claro, sobre os animais. No início de maio Suba vai ter um vitelo, já batizado Kompjuter [computador], porque Borisav já decidiu vendê-lo e utilizar o dinheiro para comprar um computador para o neto. Os homens velhos continuam falando da época de semear e, embora este dia de abril pareça muito ensolarado, Borisav relembra a noite de temperaturas negativas em 14 de maio de 1952, quando todos na aldeia perderam a colheita.

— Não podemos nos deixar enganar por uma primavera antecipada — diz Borisav, e pede-me que o chame de Deda Bora, avô Bora. — Todos da sua idade me chamam assim — diz ele.

Sua sala de estar é mobiliada com o essencial: uma mesa, algumas cadeiras, um armário, um baú e um sofá. Da parede pende um calendário e uma fotografia emoldurada de Slobodan Milosevic. A foto é dos anos 1980 e está um pouco desbotada; Milosevic parece jovem e enérgico. O sul da Sérvia é o núcleo de Milosevic, e os eleitores mais fiéis são como Deda Bora e Nikola, bem acima da idade da aposentadoria.

— Milosevic é o melhor presidente para a Sérvia. Ele nos protege e defende dos que querem nos vender — diz Deda Bora, referindo-se à oposição na Sérvia.

Como a maioria dos sérvios, Deda Bora viu seu nível de vida cair drasticamente nos últimos dez anos, justamente quando Milosevic estava no poder. Os salários são uma fração do que eram e as poupanças desapareceram durante a hiperinflação em 1993. Deda Bora tem a resposta:

— Não se pode ficar rico e estar em guerra ao mesmo tempo.

— Talvez Milosevic não devesse ter começado todas essas guerras — arrisco. O velho homem me olha espantado.

— A Sérvia nunca começou guerra nenhuma. Fomos atacados, primeiro pelos eslovenos, depois pelos croatas, a seguir pelos muçulmanos; tínhamos de nos defender — diz ele.

— Mas vamos nos recuperar, como fizemos depois da Segunda Guerra Mundial. Quando é que os sérvios não conseguiram se reerguer depois de uma derrota?

Nikola balança a cabeça concordando.

— Ninguém consegue nos vencer.

Tito continua sendo o grande herói de Deda Bora. Nem mesmo Milosevic pode ser comparado a ele.

— Na época de Tito ninguém tinha coragem de tocar em nós, ninguém se meteu em nossos assuntos e podíamos trabalhar com todos os povos de igual para igual. Nunca vivemos tão bem como na época de Tito, nem antes, nem depois — diz ele, e admite que Milosevic tem alguns defeitos. — Tito era um diplomata, Milosevic não é.

Como um bom titoísta, Deda Bora é ateu. Não condiz muito bem com o quadro na parede do quarto — uma pintura da última ceia com Jesus e os discípulos de Leonardo da Vinci.

— Jesus? — grita Deda Bora. — Não é Jesus, é Tsar Lazar, que morreu no planalto do Kosovo em 1389. O quadro mostra a refeição secreta antes da batalha. Veja o homem à esquerda, de amarelo. É Vuk Brankovic, que traiu Tsar Lazar entregando-o para ser morto pelos turcos. Veja aquele que sussurra a Lazar: é Milos Oblic. Ele disse: Tens um traidor à tua esquerda. Mas Lazar não lhe deu ouvidos e perdeu a batalha.

Não existe possibilidade de dúvida no relato de Deda Bora, embora o quadro seja uma cópia da *Última ceia* de Leonardo da Vinci. Mas na aldeia fiel a Tito, o mito sobre Tsar Lazar muitas vezes tomou o lugar de Jesus. A *Última ceia* transformou-se na refeição secreta de Tsar Lazar. Judas transformou-se em Vuk Brankovic. Os discípulos em soldados sérvios.

No quarto há um outro quadro que desperta a minha atenção. Sobre uma espreguiçadeira, numa sala barroca, uma mulher seminua. Atrás dela esvoaçam cortinas numa grande janela com vista para uma praia de palmeiras. Em volta dela flutuam bebês gordos e nus.

— Foi Veritsa que o pendurou. Gostava muito de crianças — diz Deda Bora saindo do quarto.

Borisav e Veritsa se casaram quando tinham 17 anos. Os pais haviam combinado o casamento quando ainda eram crianças. E assim aconteceu, ainda que os pais de Veritsa não tenham sobrevivido para ver. Eles foram mortos por fascistas búlgaros quando ela tinha 12 anos, diante dela, no quintal de casa, em 1942, acusados de terem ajudado os *partisans*.

— Havia algo especial em Veritsa. Não sei o que era, mas para mim ela era diferente de todas as outras garotas. Eu sempre soube que ficaríamos juntos.

Deda Bora senta-se tristemente ao lado da mesa, na sala.

— Perdemos os quatro primeiros — disse ele baixinho cerrando os punhos até os nós dos dedos ficarem brancos.

Nenhum médico descobriu por que morreram antes de completarem um mês de idade. Veritsa achava que tinha sido amaldiçoada e tentou todos os tratamentos. Quando o quinto nasceu, num dia frio de dezembro de 1956, ela o cobriu, deixou-o embrulhado na estrada e se escondeu atrás de uns arbustos. Depois de algum tempo, apareceu um homem que encontrou a criança e a levou para sua casa. Veritsa seguiu-o até ele entrar com a criança. Segundo a crença popular, a maldição é quebrada quando alguém leva a criança para casa. O rapaz cresceu e foi batizado Najden, que significa "encontrado". Ele foi a única criança na família e é hoje um homem forte que pesa mais de 100 quilos. É coronel no exército iugoslavo. — Só quando tivemos certeza de que ia sobreviver começamos a viver novamente — diz Deda Bora. — Tínhamos então passado sete anos vendo mortes de bebês.

Toda a vida Veritsa acreditou que foi o homem na estrada que salvou Najden. Deda Bora não tem tanta certeza.

— Só acredito naquilo que posso ver — diz ele. — É por isso que também não acredito em Deus.

"Já se passaram três anos desde que Veritsa morreu. Ela sentia dores há bastante tempo, mas não se queixava. Quando finalmente procurou um médico, era tarde demais — as lágrimas aparecem nos olhos de Borisav quando fala dela. — Se não fossem os animais eu estaria muito solitário. Falo com eles todos os dias e eles me respondem. Além disso tenho os vizinhos, ainda que eles vivam desaparecendo, ou para serem enterrados, ou para um apartamento na cidade. Mas, mesmo com os vizinhos, estou sozinho em casa e isso é que é triste. Não gosto de comer sozinho, e nunca tomo café sozinho. Café que se toma sozinho não é café.

Boris Vojnovic anda (em 2000) pelos 70 anos. Toda a sua vida morou na aldeia de Stanjinac, nas montanhas próximas à fronteira com a Bulgária. A aldeia consiste em três grupos de casas separadas por alguns quilômetros, num total de pouco mais de cem pequenas propriedades. A paisagem é idílica, com planaltos, planícies e vista sobre um vale profundo e verdejante. À beira da estrada crescem violetas, e os damasqueiros exibem grandes botões cor-de-rosa. As cerejeiras estão em flor. Mas as aparências enganam. Stanjinac é uma aldeia agonizante. Muitas terras não são cultivadas, as vinhas estão secas porque não há ninguém para cuidar delas. Nos campos ainda é possível ver pessoas com cavalos e arados. É trabalho pesado na terra argilosa. A maioria dos moradores da aldeia tem mais de 60 anos. Todas as manhãs podem-se ver costas curvadas a caminho dos campos com sacolas na mão. Endireitam-se o melhor que podem quando param para cumprimentar alguém.

— É como se a terra os puxasse para baixo — diz Deda Bora sobre os corcundas. — Ela nos quer de volta. O mais novo na aldeia já passou dos 40 e é solteiro. É tarde demais para ele, já parece um ancião.

Existe uma criança na aldeia, a do merceeiro. Nos anos 1960 centenas de crianças corriam nos quintais e nos campos. Quando pergunto quantos habitantes Stanjinac tem, Deda Bora começa a contar:

— Smilja, Violeta, Smilitsa, Bina, eu, Branka, Tikomir, Smira, são oito, mais Tikomir, Naditsa, Peritsa, Bogdana, Mara, Bora e Nikola...

É com Deda Bora que se fala quando é necessário consertar qualquer coisa. Hoje foi o rastelo de Tikomir que deu problema. Andamos aquele pedaço até a casa dele. Deda Bora aponta e fala sobre as árvores, terrenos e casas.

— Aquela árvore tem mais de 500 anos — diz ele. — Todos que se casam têm que ir até lá, dizem que traz felicidade.

Chegando a Tikomir, Deda Bora senta-se num banco, com os óculos no nariz e as ferramentas ao lado. Tikomir observa enquanto Bora mexe no rastelo. O avô Bora é um dos mais ativos na aldeia e parece um jovem se comparado ao vizinho de cerca de 80 anos. Ele também ainda cultiva a sua terra, apesar das costas curvadas.

Deda Bora põe o rastelo para funcionar e aplana todo o pedaço de terra de Tikomir, já que está lá. A mulher oferece-lhe café e bolos de milho e mostra as fotografias do casamento da neta. Sua mão enrugada segura com orgulho uma fotografia da neta com o vestido de noiva branco e brilhante. A foto está guardada num saco plástico transparente para não ficar suja e empoeirada, e assim percorre a mesa. A neta radiante posa com os avós. Eles chegam aos ombros dela; a avó com lenço na cabeça e sapatos de lona, o avô de terno. Enquanto a noiva posa graciosamente, Baba e Deda, avó e avô, olham com expressões sérias para a câmera. Que a neta ou algum dos netos de Bina e Tikomir venha a tomar conta da propriedade está fora de questão.

— Esta aldeia não tem futuro — diz Deda Bora enquanto come o bolo de milho. — Daqui a vinte anos não restará ninguém aqui.

Quando regressamos da casa de Tikomir e Bina, passamos por várias casas que já não têm ninguém. Paramos para olhar um homem que lavrava a terra abaixo da estrada. O cavalo e o homem têm que parar minuto a minuto, o suor escorre pelos corpos. Deda Bora suspira e continua. Ele foi o segundo na aldeia a comprar um trator, em 1980.

— Foi um dos melhores dias da minha vida — confirma ele.

Às duas horas está tudo pronto para o almoço. Pimentões em conserva, queijo caseiro, feijão e pão. Ele próprio se queixa de falta de apetite.

— Devia ter me visto antes, quando Veritsa ainda era viva. Naquela época eu era grande, forte e robusto. Agora emagreço diariamente. Não consigo mais comer carne, perdi muitos dentes — diz ele.

A comida tem um sabor saudável de sol e natureza. Deda Bora é famoso por seu queijo, que vende às pessoas na aldeia.

— Pegue 10 litros de leite, junte uma colher de sopa de sal por litro e deixe ferver durante seis minutos — diz ele procurando o relógio que utiliza para marcar o tempo. Para me mostrar quanto tempo são seis minutos, acerta o alarme. — Então junte duas colheres de sopa de vinagre a 80% e deixe ferver outra vez por mais seis minutos. Transfira a massa para um pano e achate-a com uma pedra grande e plana. Então espere até ficar pronto. Leva mais ou menos 24 horas. Você pode fazer isso quando voltar à Noruega — propõe ele.

Depois do almoço é novamente hora de alimentar os animais. Eu me ofereço para carregar os jarros pesados de água, mas o agricultor rejeita obstinadamente.

— Quem freqüentou a escola não precisa ajudar — diz ele como se todos tivessem de saber isto. Então me afundo na palha do celeiro e me esquento ao sol de abril enquanto ouço Deda Bora tagarelar com as vacas lá embaixo.

Já com 8 anos, o pequeno Borisav trabalhava como pastor. Ele foi agricultor, alfaiate, negociante, soldado, músico, propagandista de Tito e mineiro. Recém-casado, com 17 anos, foi militar durante três anos, depois trabalhou alguns anos para a Agitprop, a seção da frente popular para agitação e propaganda de Tito.

Curvados a Milosevic 31

— Tudo que tinha que ser feito, tinha que ser feito através da Agitprop. Visitei as aldeias e ensinei, não só sobre Tito e sua política, mas também como os agricultores podiam cultivar melhor suas terras. A última parte era a mais importante, pois não precisava fazer propaganda de Tito, todos o apoiavam de qualquer maneira.

Depois dos anos na Agitprop foi nomeado fiscal de impostos. Isso ele não queria, pois como poderia exigir impostos aos seus vizinhos? Como recusou, foi então obrigado a trabalhar numa mina. Depois de alguns anos conseguiu sair da mina e criou uma orquestra ambulante. Deda Bora tocava clarinete em casamentos, enterros e batizados. Ganhava um bom dinheiro, mas era cansativo.

— As festas sérvias acabam de madrugada em pancadaria. Muitas vezes os músicos tiveram que fugir e se esconder para não serem envolvidos nas brigas — lembra-se ele. Deda Bora ainda tem uma cicatriz na perna, de quando foi atingido com uma garrafa quebrada. — Quando bebem, os sérvios ficam terríveis — confirma laconicamente. Mas não foi a garrafa atirada que determinou seu fim como músico ambulante. — Comecei a perder os dentes faz trinta anos; e não se pode tocar clarinete sem dentes.

Depois dos anos como músico, tornou-se costureiro, mas não abandonou as atividades de agricultor. Deda Bora muitas vezes costurava até as onze da noite, quando então saía para lavrar a terra.

A velha máquina de costura ainda está no quarto, e ainda há restos de tecidos, tesouras e fita métrica em cima da mesa. Deda Bora foi alfaiate durante 25 anos e especializou-se em chapéus, aventais e saias. Suas saias plissadas eram famosas na aldeia.

— Fui o primeiro a pôr bordados nos aventais de uso diário. Muitas mulheres no Sul da Sérvia ainda hoje usam as minhas saias e aventais — diz ele com orgulho. Nos feriados, ele e Veritsa viajavam para as feiras para vender as roupas. — Foi o melhor trabalho que tive na vida. Não existe aldeia na Sérvia oriental que eu não tenha visitado, como soldado, agitador, músico ou negociante. Durante o tempo da Frente Popular andava a pé, quando me tornei alfaiate podia pagar um carro.

Deda Bora foi logo admitido no Partido Comunista Iugoslavo, uma grande honra na aldeia.

— Mas abandonei o comunismo junto com os outros — diz ele. — Quando Tito morreu.

Herdou a fé em Tito dos pais, que apoiaram a resistência dos *partisans* durante a Segunda Guerra Mundial. Borisav tinha 10 anos quando a guerra começou.

— Os alemães portaram-se muito bem aqui, eram afáveis e corretos. Foi pior quando os fascistas búlgaros nos dominaram. São como nós, mataram, violaram e destruíram o que encontraram — conta ele.

Durante a guerra, o ensino era feito em búlgaro, e Deda Bora ainda se horroriza ao lembrar que todos na sua escola ganharam nomes búlgaros.

— Chamaram-me Boris Georgijev Vojnov. Mas para mim o meu nome continuava a ser Borisav Vojnovic.

Deda Bora lembra-se bem dos *partisans* e tchetchenos exigindo abrigo na aldeia. Era preciso abrir a porta, mesmo contra a vontade. Uma vez dormiram mais de quarenta soldados *partisans* na pequena casa.

— Os *partisans* só pegavam comida de quem tinha o bastante. Nós não tínhamos mais nada além de polenta e manteiga para lhes dar. Eles só comiam depois de se certificar de que nós também teríamos o que comer. Os tchetchenos, ao contrário, comiam tudo que tínhamos.

Os *partisans* participaram da resistência contra os nazistas. Perto do fim da guerra, foram liderados por Tito e pelo Partido Comunista como um exército regular, e saíram da guerra civil na Iugoslávia como vencedores. Os tchetchenos compunham uma resistência monárquica liderada pelo coronel Draza Mihajlovic. No início colaboraram com os *partisans*, depois lutaram contra eles, às vezes ao lado de forças italianas e alemãs.

Depois de alimentar os animais é hora de visitar um vizinho e tomar café. Parece que metade da aldeia está aqui. O assunto do dia é a grande manifestação que a oposição na Sérvia prepara.

— Receberam dinheiro dos americanos para organizá-la, e, se aparecer muita gente, receberão ainda mais — afirma Deda Bora. — Os americanos compraram os traidores que se prestam a vender o país. Mas temos um serviço de informação muito eficaz que descobriu os planos deles.

— Como você sabe? — pergunto.

— Disseram na televisão. Felizmente nos informaram, assim sabemos o que se passa.

Deda Bora recebe todas as informações pela televisão e a rádio controladas pelo Estado. Aí, Milosevic é o salvador e todos os seus opositores são traidores. Os EUA são o inimigo principal. Na televisão vê-se continuamente como os soldados americanos da KFOR (Força do Kosovo) tentam acalmar os ânimos daqueles que os sérvios chamam de terroristas albaneses.

— Os americanos têm que sair da Sérvia, veja só o que fizeram com o Kosovo. Incitam os albaneses a cometer crueldades. Praticamente não restam sérvios no Kosovo, apesar de o Kosovo nos pertencer — diz Deda Bora.

— Na realidade são todos sérvios — diz um vizinho. — Mas alguns são sérvios que se converteram ao Islã para não serem mortos pelos turcos — diz ele.

— Por que o Kosovo é tão importante? — pergunto.

— Porque é sérvio.

— Se a KFOR se retirar, os sérvios provavelmente voltarão — diz Deda Bora, afirmando que o objetivo dos americanos é ocupar toda a Sérvia. — Querem apoderar-se das nossas riquezas — diz ele. — Mas os americanos nunca chegarão a Belgrado. Como Hitler nunca chegou a Moscou — fala, olhando para o relógio na parede. É hora dos trabalhos noturnos. Depois de todo o trabalho feito, vimos um documentário na televisão. Chama-se *América e Kosovo* e trata da conspiração dos EUA contra a Sérvia. Deda Bora assiste concentrado e obtém ainda mais informações sobre os planos dos americanos para conquistar a Sérvia.

— O grande problema é que existem muitos terroristas aqui — suspira Deda Bora quando o programa acaba.

No meu último dia em Stanjinac, passeamos até o cemitério. Deda Bora acende velas no túmulo de Veritsa. Fica muito tempo de pé olhando para a lápide. Dois rostos sérios olham de volta. Há imagens e nomes gravados, tanto dele como de Veritsa. Na lápide lê-se "Veritsa Vojnovic 1930-1997 e Borisav Vojnovic 1931-".

— Está aqui à minha espera — diz o viúvo.

Ao lado da lápide, uma pequena cruz sem nome. Ali estão os filhos que eles perderam.

— Alguns dizem que a infelicidade e as perdas nos deixam fortes. Não é verdade. Perder um filho não faz uma pessoa forte, só a enfraquece. Viverei sempre com a dor de quatro filhos não terem crescido. Depois de vir ao cemitério não consigo fazer nada. Sou apenas dor.

Mas os animais precisam dele. Deda Bora sobe o íngreme declive para a sua parte da aldeia, situada a alguns quilômetros do cemitério. No meio do caminho nos separamos. Ele tem que fazer o trabalho da tarde e eu tenho que voltar a Belgrado. Deda Bora me oferece um avental de despedida; é marrom com flores amarelas e verdes, e tem uma renda preta embaixo.

— Mande meus cumprimentos aos seus pais. Cuide bem deles. — São as últimas palavras que me diz antes de recomeçar a dura subida.

O Natal se aproxima quando reencontro Deda Bora. A Sérvia já passou por uma eleição presidencial e uma revolução, Milosevic caiu e daqui a alguns dias, na véspera de Natal de 2000, haverá eleições parlamentares. Espera-se que a oposição democrática ganhe com ampla maioria. Estou ansiosa para ver Deda Bora novamente e ouvir o que ele pensa de tudo o que aconteceu nestes últimos meses. Terá ele, como tantos outros, virado as costas a Milosevic depois da sua queda?

Danijela, sua sobrinha-neta, me dá carona em Belgrado. Subimos a estrada de cascalho. Passamos pela igreja e avançamos morro acima. Viramos à direita na mercearia. Passamos por campos e casas vazias. Ali está a casa da irmã, ali a de Nikolas — e, finalmente, chegamos à casa de Deda Bora.

Ele está sob o sol de dezembro, no pátio, mexendo, tranqüila e firmemente, num pote grande de ferro. Tão bonito como na primavera — olhos de um azul glacial, cabelos brancos como a neve e um olhar penetrante. Recebo três beijos no rosto, como de hábito.

— Como estão os seus pais? — É a primeira coisa que ele me pergunta. — E como vai o seu livro?

Respondo enquanto Deda Bora continua a mexer tranqüilamente no pote grande cheio de carne de porco.

— Matei o meu porco ontem — conta ele. — Tinha chegado aos 130 quilos. Agora vou fazer salsichas, presunto defumado e *tsjvarts*.

A massa no pote vai virar *tsjvarts*. O toucinho é cortado em cubos, cozido em pouca água e depois na sua própria gordura. Depois de quatro horas fica corado; então, tira-se o excesso de gordura e espera-se secar; fica crocante.

— É uma iguaria — diz Deda Bora. A gordura que sobra é utilizada na comida e para fritar.

Deda Bora põe mais lenha debaixo do pote e se permite um intervalo no cozimento da carne de porco. Najden, que está em casa para ajudar o pai na tarefa, substitui-o. Deda Bora nos convida para tomar aguardente de ameixa e café turco.

Olho sorrateiramente para a sala para ver se o quadro ainda está lá. Vejo que sim.

Deda Bora corta fatias do seu famoso queijo e nos oferece.

— Vai tudo bem com Suba, Sredana e com a ovelha Bonka — diz. — E tivemos boas ameixas. De resto foi uma colheita fraca, o sol queimou metade de tudo.

Para Deda Bora, a colheita de 2000 foi fraca por várias razões.

— Um golpe — afirma Deda Bora. — Pago e apoiado pelos americanos.

Não é o único na aldeia a pensar assim. Em Stanjinac a maioria votou em Milosevic na eleição presidencial de setembro. A contagem dos 150 votos deu 128 a Milosevic, 20 ao candidato do Partido Nacionalista de Vojislav Seselj e apenas dois ao candidato democrata, Vojislav Kostunica. A aldeia votou completamente fora do contexto do resto da Sérvia.

— Em pouco tempo muita gente vai estar apoiando o novo governo. Na Sérvia, muitos votaram no presidente em exercício, assim mantém-se do lado seguro — explica. — Mas a maioria de nós continua a apoiar Milosevic e o seu Partido Socialista.

— E o quadro nunca vai ser removido — diz ele apontando para o jovem e enérgico Slobodan Milosevic na parede. — Ele nos governou nos anos mais difíceis que a Sérvia atravessou depois da ocupação.

Deda Bora não tem senão desprezo pelos que, no Partido Socialista, agora querem substituir Milosevic na presidência do partido.

— Apoiaram-no quando estava no poder e apunhalam-no quando está por baixo.

Mas os velhos titoístas admitem agora muitos erros de Milosevic.

— Foi muito duro e negou-se a ouvir os outros. Deveria ter sido mais flexível. O maior erro dele foi afastar-se do povo. Ele deixou de andar entre o povo e fez apenas alguns discursos do seu palácio. Não estava entre nós, foi o seu maior erro.

Deda Bora fica zangado quando menciono o Tribunal de Haia e as acusações de crimes de guerra.

— Todos os sérvios acusados de crimes de guerra são inocentes. Só cumpriam as suas obrigações e nos defendiam quando fomos atacados pelos croatas e muçulmanos. Mas os americanos querem nos pegar. Têm as suas bases aqui. E tudo ficará como os americanos quiserem se não combatermos. Espero que o novo presidente pense assim, mas possivelmente também foi comprado pelos americanos. Não tenho certeza.

Há muitas coisas de que o avô Bora não tem mais certeza. As novas redes de televisão já não corroboram as suas opiniões. Enquanto antes ele engolia tudo que era dito no canal controlado pelo Estado, agora já não confia tanto no que se diz na Radiotelevisão Sérvia. Já não se ajusta bem à sua imagem do mundo.

— Talvez eu não devesse dizer isso em voz alta — começa Deda Bora. — Mas a Sérvia não está pronta para a democracia. Não acredito que seja uma coisa boa para nós, veja só os preços, quadruplicaram desde o golpe, enquanto a minha aposentadoria foi reajustada em apenas 10%. A Sérvia precisa de um novo Tito — diz pensativamente. — Alguém de pulso firme. Só assim poderá haver ordem neste país novamente. Não podemos nos governar. Não estamos prontos para isso.

Começa a anoitecer e chega a hora dos serviços da noite. Saímos para buscar água do poço que Deda Bora cavou durante a Segunda Guerra Mundial.

— Esta é a melhor água que existe — diz, puxando o pesado balde para fora do poço. — Só o melhor é bom o bastante para os meus animais. Suba e Sredana dão leite tão gordo que a minha nora tem que misturar água — gaba-se ele, enquanto vai tirando balde após balde com a melhor água do mundo. Deda Bora descansa um pouco, tagarela com as vacas, faz carinho, dá água e feno para elas.

O pátio está iluminado pela lua e por uma lâmpada fraca. Distinguimos vagamente o filho e a nora filtrando a gordura que escorre da carne de porco. Prensam a carne entre duas tábuas de madeira e salgam-na. Descemos e provamos os primeiros pedaços. São saborosos e derretem na boca.

Deda Bora diz que precisa de mais sal.

— Você veio aqui para nos conhecer — diz ele. — Mas para conhecer um sérvio tem que comer 300 quilos de sal com ele. Sabia? Leva tempo, isso de partilhar 300 quilos de sal.

Olha para mim desafiadoramente.

— Leva tempo — repete.

Três invernos se passaram e uma nova primavera começou. Desde que deixei Deda Bora com o pote de carne de porco, não tenho partilhado muito sal com os sérvios. Também não tenho perdido muito tempo em filosofar sobre o *Homo balcanicus*. Fechei o portão quando saí, alguns dias após a prisão de Milosevic em abril de 2001, e não voltei a abri-lo até três anos depois, novamente em abril. Nesse meio-tempo, outras vidas, outros sofrimentos prenderam minha atenção. A viagem até Deda Bora é como voltar no tempo; limpo a ferrugem do portão, abro-o devagar; ele range enquanto coloco a cabeça lá dentro.

Como companheiro de viagem trouxe Drago, um amigo que fiz na última visita. Dirigimos desafiando a morte na estrada de Belgrado para Nis, até virarmos e prosseguirmos para sudeste. A estrada fica cada vez mais estreita. Tem curvas suaves, muitas irregularidades e buracos profundos. A linha que separa as pistas desaparece e depois vê-se apenas uma estrada desgastada. A paisagem é marrom, as plantas ainda não começaram a brotar, mas as cerejeiras já exibem um véu branco. Passamos por aldeias pitorescas onde as casas descansam umas contra as outras em grupos pequenos e cortinas desbotadas se agitam com o vento. Ao se observar melhor, vê-se que as casas estão em ruínas, que há gerações não se consertam as cercas. Algumas casas solitárias lançam um olhar para os grupos em volta. Marrons, pobres e abandonadas.

— Veja como parecem zangadas — diz Drago.

— Quem?

— As casas.

As casas parecem *mesmo* amargas.

— Olhe para elas, com suas persianas fechadas e se odiando — continua Drago. — E ainda perguntam por que as guerras existem.

Dois cães lutam por um osso embaixo de uma bela magnólia. Como uma rainha, a árvore ergue-se arrogantemente acima da luta que acontece perto de suas raízes. As magnólias são grandes como taças de champanhe, roxas no interior, mais claras nas pétalas, até ficarem completamente brancas no topo.

Nos jardins e dispersas pelos campos, mulheres com meias grossas, saias compridas e aventais floridos trabalham. Cavam, capinam ou revolvem a terra. O cabelo é esticado e amarrado para trás; é cinzento, branco ou grisalho.

Os homens idosos vestem calças de lã grossa e botas impermeáveis. As calças parecem de montaria, largas nas coxas e estreitas do joelho para baixo. Usam camadas e camadas de camisas e suéteres de cores desbotadas. Os casacos estão abertos. É como viajar sobre a tela que transmite um filme desbotado dos anos 1950.

Os jovens pertencem a um outro filme. Adotaram o estilo que invadiu as aldeias do leste europeu há dez anos. Calças jeans surradas, tênis e camisas Adidas falsificados. Outros têm casacos de pele. Os jovens estão nos cafés, fumam, bebem café ou *rakija* e olham para os carros que passam. Quase não há garotas nesse filme. Vislumbra-se uma, de vez em quando, atrás do balcão de alguma pequena loja.

Continuamos aos solavancos e deixamos para trás campos e planícies, passamos um pequeno riacho e nos aproximamos da encosta abaixo da aldeia de Deda Bora. Uma placa aponta a esquerda para Stanjinac. O asfalto termina e continuamos por um caminho coberto de mato. Os áceres vergam-se como cortinas espessas sobre nós, as hastes tocam o carro. Os olhos afogam-se no verde dos botões e das folhas que acabaram de brotar.

Passamos o cemitério, o primeiro grupo de casas, uma clareira, depois outro grupo de casas. Ali está a velha árvore de 500 anos na esquina do jardim de Deda Bora. A árvore da felicidade. Abre-se orgulhosa, inflexível, para o céu. As hastes estão nuas, não têm botões nem folhas, o tronco largo está preto. A árvore morreu depois da última vez que estive aqui.

Do campo atrás da casa de Nikola, do outro lado da estrada, um homem idoso nos saúda antes de vergar as costas e continuai seu trabalho. O sol desaparece atrás de uma nuvem. O carro alugado, brilhante, azul-cobalto metálico, vira para o pátio da pequena propriedade. A porta de madeira do sanitário exterior de tijolos vermelhos continua torta como da última vez. A horta parece semeada e bem cuidada.

Um homem magro, de meias, aparece na entrada. Enfia as botas impermeáveis e desce as escadas com passos firmes.

Quando já está embaixo, endireita as costas. Deda Bora parece sua própria sombra.

Ele me dá três beijos e nos convida a entrar, mas muda de idéia quando vê o carro. Primeiro quer ver o motor. Drago abre a capota do Mitsubishi. Deda Bora examina cada detalhe. Não diz nada, apenas balança a cabeça e inspeciona canos, válvulas e fios.

As rugas na face estão mais acentuadas. Outros dentes caíram. Os cabelos brancos crescem mais ralos. Ele levanta o olhar do motor.

— Então você voltou — diz ele, dando-me um tapinha.

Depois nos convida a entrar.

— Como vão os seus pais? — pergunta na escada e sorri palidamente quando respondo.

Um bolo dourado servido diretamente da forma nos espera lá dentro. Deda Bora corta pedaços grandes para nós, enche os pequenos copos de *rakija*, serve o café fresco em três chávenas e senta-se no topo da mesa. Levantamos os copos.

— Um copo por dia é remédio — diz Deda Bora. — Dois são veneno.

A forte bebida é a nossa primeira e a segunda dele. O primeiro copo, como de costume, ele o tomou alguns minutos após as seis horas.

— É bom tomar dois copos de vez em quando, mas nunca um depois do outro. Um no café-da-manhã e outro depois do almoço — raciocina ele.

A casa tem correntes de ar fresco como num dia de primavera, antes de o sol se levantar. Drago está sentado com o seu sobretudo de pele grossa, eu tirei o meu casaco e não quero ir buscá-lo; é muito bom tremer um pouco com o bolo quente e a bebida forte. Deda Bora está vestido com uma camisa verde militar e um pequeno colete acolchoado por cima. Como um alfaiate seguro de si, tem o próprio gosto e não se preocupa com a moda da aldeia.

O bolo tem gosto de ovos frescos.

— Queriam mudanças, tiveram mudanças — diz Deda Bora de repente e bate com a colher na mesa. Olha para mim, depois para Drago, que come o bolo com vontade, e novamente para mim.

— Eu nunca quis mudanças. O padeiro Zane queria mudanças — diz ele. — Todas as vezes que fui a Kalna para comprar pão ele dizia que queria mudanças.

Deda Bora já não come, o braço está tremendo, em cima da mesa, a colher salta da mão dele. Migalhas amarelas caíram em cima da toalha.

— O padeiro Zane votou no Partido Democrata. Eu disse a ele que estão querendo vender a Sérvia à América, mas ele respondeu que quer mudanças.

Drago esvazia o copo e faz uma careta.

— Não quero mudanças. O padeiro Zane quer mudanças.

Uma vez por semana, Bora anda os nove quilômetros até Kalna para comprar pão. Todas as vezes se desentende com o padeiro Zane.

— Não temos mais ordem. Na época de Tito tínhamos ordem, e na época de Milosevic também. O que está acontecendo?

Deda Bora contrai os lábios, olha da janela da cozinha para fora e responde ele mesmo.

— Sim, eles tomaram conta — resmunga. — Os *democratas.*

Cospe a palavra.

— Tito não gostaria do que está acontecendo aqui. Na época de Tito tínhamos Golik Otok.

Os olhos de Deda Bora estão mais duros do que antes, amargos. São as mudanças dos últimos três anos que provocaram isso, ou talvez a solidão.

— Agora precisamos de cinco Golik Otok — diz ele.

Golik Otok significa "o Óculo". Era o olho de Tito na prisão onde os presos políticos foram colocados.

O televisor preto-e-branco de Deda Bora está ligado ao fundo. Transmite ao vivo um debate no parlamento. Os políticos sobem à tribuna, um atrás do outro, gesticulam, dizem palavras duras e saem de mansinho.

— É impossível adivinhar de que trata o debate — suspira Bora. — Todos dizem somente "Você me insultou quando disse que...", ou atacam a honra uns dos outros ou fazem troça de alguém. Preocupam-se mais em aparecer do que em fazer qualquer coisa pelo país. Os sérvios ficaram indolentes — confirma Bora e precisa: — Talvez sempre tenhamos sido indolentes, por isso é necessário nos chicotearem para trabalharmos. Veja os jovens de hoje, não têm vontade de fazer nada. Todas as vezes que vou a Kalna, estão sentados nos cafés e descansando. Deixam o dia passar. Não querem trabalhar nos campos. Não dá muito dinheiro, por isso ficam ali sentados. Talvez tenham lojinhas, onde vendam coisas de que ninguém precisa.

Então reparo, a fotografia desapareceu. Milosevic já não está pendurado na parede do quarto de costura. Foi substituído pela refeição secreta de Tsar Lazar. Ou, para quem quiser, a *Última ceia* de Leonardo da Vinci.

— Tirou o Milosevic?

— Sim.

— Não vota mais nele?

— Não.

— Então em quem vota?

— Na última vez votei em Seselj.

Tal como Milosevic, Vojislav Seselj está preso em Haia, acusado de crimes de guerra. Lidera o único partido que ainda protesta com veemência e sonha com uma Grande Sérvia. O Partido Radical defende que a parte sérvia da Bósnia e a região de Krajina na Croácia sejam incluídas na Sérvia.

— Tivemos um encontro na casa de Nikola. Todos da aldeia estavam reunidos e decidimos em quem votar. Nos decidimos pelos radicais.

— Por que eles?

— Não são corruptos.

— Alguma outra razão?

— Porque eles não sujaram as mãos. Os democratas são criminosos. Roubam, enchem os bolsos e vendem o país aos americanos.

Os idosos em Stanjinac estão agora menos fora do contexto na Sérvia do que quando houve as primeiras eleições depois do "golpe", quatro anos antes. A euforia em volta do Partido Democrata, que nunca chegou a Stanjinac, acabou abruptamente no país. O povo ficou rapidamente decepcionado quando a democracia não lhes deu uma vida melhor.

— Na próxima vez, os radicais com certeza ganham — diz Deda Bora. — Mas na aldeia nem todos foram votar, muitos não conseguiram descer nove quilômetros até Kalna. Eu mesmo levo uma hora e meia para baixo e uma hora e meia para cima; mesmo tempo para baixo e para cima — diz Deda Bora orgulhosamente. — Tenho certeza de que posso me distanciar de você com facilidade — ri e olha para Drago, que pegou mais um pedaço de bolo. O bolo é suave, úmido e fofo.

Avô Bora se lembra das primeiras eleições depois da guerra, quando ainda era um garoto. Naquela época existiam duas urnas de voto, uma decorada com flores, fitas bonitas e um grandioso retrato, a outra de lata achatada. A primeira era para os votos de Tito, a outra para os do oponente. Todos tinham uma bola para introduzir na urna. Deda Bora ri. Lembra das mulheres que pararam admiradas em frente às flores bonitas e ao laço dourado. E deixaram cair a bola.

Eu quero voltar ao homem que Deda Bora chamava o herdeiro de Tito.

— Por que tirou o quadro?

O velho agricultor olha para as migalhas na mesa.

— Para pintar a parede.

— Mas por que não voltou a pendurá-lo depois que terminou a pintura?

— Quando acabei de pintar, descobri que Tsar Lazar ficava melhor. Tsar Lazar é mais importante para os sérvios do que Milosevic. Milosevic foi, como Tsar Lazar, traído. Mas Tsar Lazar lutou mais duramente. Milosevic deixou-se apanhar.

— Onde está o retrato agora?

— No porão, vamos lá procurar o retrato — diz Bora.

O porão está cheio de tábuas, velhos frascos de conserva, vasilhas e ferramentas. Deda Bora dá algumas voltas no local, pára e pensa. Depois dirige-se a uma prateleira, estica a mão e tira uma moldura. Vira-a e observa o olhar desbotado de Milosevic. Um gato tinha dançado em cima da cara de Milosevic, as patas fizeram um desenho alegre na camada de pó.

— Vou levá-lo para cima e limpar — diz Deda Bora com seriedade, mas acaba colocando-o de lado com descuido. Endireita um caixilho, pega numa corrente. Empurra uma cadeira. Apanha uns pregos no chão.

— Uma coisa é certa — diz ele. — Não haverá ordem aqui até uma nova ditadura.

A palavra "ditadura" é pronunciada como se fosse uma coisa valiosa que uma vez se teve em casa, alguma coisa que se perdeu e que faz falta. Uma palavra honrosa, como tranqüilidade e ordem ou paz e sossego.

Deda Bora pega novamente o quadro, vira-o, verifica se a presilha agüenta antes de colocá-lo de novo no lugar.

— Os sérvios são um rebanho que tem que ser guardado com firmeza. Não temos disciplina nenhuma. Não temos cultura como os outros.

— Por que será?

Deda Bora fica calado e mexe numa caixa de latão na mesa.

— Também me faço a mesma pergunta.

Saímos. Milosevic fica outra vez na prateleira.

Junto ao muro frio há baldes de queijo fresco cobertos com toalhas brancas de linho. Nos dias de feira, Deda Bora leva-os a Kalna. Ganha 7 mil dinares por mês com os queijos, cerca de 100 euros, tanto quanto a aposentadoria.

— Sobrevivo. Os preços sobem mas eu sobrevivo. Já paguei o caixão.

— O caixão?

— Não quero que tenham despesas comigo, portanto já está pronto no carpinteiro.

— Mas você está tão bem-disposto — contraponho. — Vai viver mais vinte anos.

— Oh, não — diz Deda Bora, olhando-me quase com medo. — Mais vinte anos não resisto. Alguns anos, talvez. Serão suficientes.

Deda Bora sobe em direção ao cume da colina. Acompanho-o. Ele pára, encolhe um pouco os ombros.

— Veritsa me chama. É tão triste viver agora. Todos morrem à minha volta. Desde a última vez que você esteve aqui, já morreram 15. Só aqui na aldeia.

Passamos o celeiro. Olho para a palha onde costumava deixar os pensamentos voar, olhando entre as tábuas naquela primavera que vivi com Deda Bora. Olhamos as vacas, saudamos o poço com a melhor água do mundo e paramos perto das ruínas da casa onde ele cresceu. Onde, com 10 anos, Borisav, de olhos arregalados, viu os *partisans* aparecerem para comer e dormir.

— Eu próprio queria cavar.

— Cavar?

— Sim. Só ia levar um tempinho cavar um túmulo adequado para o meu tamanho. Mas não me deixaram. O meu filho me impediu. "Nós vamos tratar dos coveiros", disse ele. "Por que vamos desperdiçar dinheiro com coveiros quando eu mesmo posso fazê-lo?", perguntei-lhe e ele somente me respondeu: "Tenho dinheiro para os coveiros."

As cerejeiras estão com muitas hastes brancas. Flores silvestres amarelas misturam-se a campânulas azuis à beira da trilha dos animais. A neblina cobre o vale, aqui em cima o céu é azul-pálido. Nuvens cobrem o sol como um véu. Deda Bora esboça um leve sorriso e olha os campos.

— Lá longe, tenho terras — diz ele. — Estão abandonadas. Não há ninguém para cultivá-las. Mas uma coisa eu digo, eu mesmo podia ter cavado. Agora vão ter que pagar tanto aos coveiros como ao padre. E eu que nem acredito em padres!

Senta-se no poço e me oferece um lugar. Seus olhos azuis e glaciais estão decididos. Um ar de criança mal-educada brilha neles.

— Vamos ver, talvez eu cave mesmo assim. Ninguém pode me impedir. Só desço e começo a cavar quando for a hora.

Ficamos em silêncio.

— Já sei onde vou ficar — diz baixinho. Vira-se e olha para o topo da colina. — Ao lado de Veritsa.

A primeira-dama dos traidores

Duas coisas sempre me enchem a alma de admiração e respeito, quanto mais intensa e freqüentemente o pensamento delas se ocupa: o céu estrelado acima de mim e a lei moral dentro de mim.

IMMANUEL KANT

— TERRÍVEL, TERRÍVEL — diz Bojana com o olhar fixo na TV. Ela anota freneticamente o que dizem no debate. — Strazjno — repete ela. — Horrível. Estão realmente endurecendo.

Há debate político na RTS — Radiotelevisão Sérvia, controlada por Milosevic. Ou antes, conversa política, porque na RTS todos estão de acordo. Aqui só aparece um ponto de vista — o do regime. O tema desta noite são os meios de comunicação social independentes da Sérvia, muitas vezes chamados pelas autoridades de "mídia da oposição" e "traidores".

— São comprados e pagos pelo Ocidente. São escravos dos seus donos na América!

O ministro da Informação sérvio, Aleksander Vucic, acabou de fazer 30 anos, e, como um ator jovem num papel de sábio, finge circunspecção e gesticula exageradamente para dizer: "Estou aqui para revelar o que está acontecendo", olha para a câmera, ameaça com o dedo e promete endurecer contra "os agentes e espiões do Ocidente". Bojana está tensa na cadeira. Toda a atenção está voltada para a televisão. O debate fala sobre ela, entre outros. É tanto a redatora quanto a jornalista mais conhecida do canal independente B2-92.

— São lacaios do Ocidente e vão destruir a Sérvia — continua o ministro da Informação iugoslavo, Goran Matic. O líder do Sindicato dos Jornalistas sérvio, Milorad Komrakov, acena. Ele é um dos chefes da RTS e membro do Comitê Central do SPS, o Partido Socialista Sérvio liderado por Milosevic. O mediador do debate consente e faz perguntas previamente combinadas.

— Como sabe que as mídias da oposição são pagas pelo Ocidente?

— Aqui está a prova — diz triunfante Aleksander Vucic mostrando um papel. A câmera dá um zoom no rosto de Vucic. — A B2-92 recebeu milhares de dólares dos americanos. Vejam!

Ele levanta o documento como se estivesse fedendo.

— E aqui está o acordo com a Embaixada Britânica da Fundação Soros. Veja, todos os papéis estão assinados por Sasja Mirkovic — diz com desprezo. Muitas vezes Sasja Mirkovic é apontado como um traidor que quer vender o país ao Ocidente. É chefe da estação de rádio e televisão B2-92.

— Eles querem nos assustar — diz Bojana, preocupada depois do debate. É quase meia-noite e o silêncio impera no décimo nono andar no edifício Beogradjanka. Pedimos emprestado o escritório do poderoso editor do Estúdio B para ver de novo o debate; apenas ele tem videocassete no escritório. Depois de a B2-92 ter sido fechada, permitiu-se à redação pedir emprestado escritórios e freqüências ao Estúdio B, que pertence ao município de Belgrado e é chefiado com mão-de-ferro pelo político de oposição Vuk Draskovic. Até o ano de 2000, a estação funcionava como pura propaganda

A *primeira-dama dos traidores* 53

de Vuk Draskovic, mas pouco depois abriu-se também a outras mídias da oposição.

Estamos no começo de março de 2000 e torna-se evidente que o controle das mídias será uma das batalhas mais importantes das autoridades sérvias.

— É óbvio que estou com medo, recebi ameaças mas não posso me calar agora. Tenho de lutar pelo que acredito. Que a Sérvia se torne uma democracia livre. Muitas vezes só tenho vontade de deitar, dormir e viver num país normal. Mas então penso que a luta é exatamente essa, de criar uma sociedade na qual as pessoas possam viver como querem. Aqui estamos paralisados de medo — diz Bojana, um pouco enfraquecida, tomando um gole do café que a secretária do editor nos serviu antes de ir embora. Bojana ainda não tinha tocado nele, e lembra-se que não havia comido nada durante o dia todo. Olha-me tristemente: — É só uma questão de tempo até nos fecharem outra vez. Mas não desistiremos.

Descemos um andar até às salas da B2-92.

— Todos estes armários estão vazios. Não temos coragem de guardar nada aqui porque a polícia pode chegar a qualquer momento e confiscar tudo. Quando fecharam o canal no ano passado, perdemos câmeras, arquivos, tudo. Agora, o que resta dos arquivos está em nossos apartamentos — conta. — Mas não no meu — acrescenta. — Seria o primeiro lugar onde eles procurariam.

O escritório tem duas escrivaninhas bastante usadas, um computador e um telefone. Aqui a B2-92 está resistindo há um ano, depois de ter sido expulsa de suas instalações na noite em que caíram as primeiras bombas da Otan. Naquela época, a aliança da juventude, uma organização fiel ao regime, tomou conta dos escritórios do canal, do equipamento e da freqüência da emissora, alterou o perfil e transformou a

B92 numa máquina de propaganda. A B92 original adotou o nome B2-92 e alguns meses depois a redação conseguiu transmitir uma versão reduzida dos programas anteriores. As autoridades na Sérvia utilizaram todos os meios para silenciar as mídias independentes. Assassinatos, prisões, multas e o fechamento de jornais e emissoras de rádio e televisão eram comuns. Em outubro de 1998 o parlamento sérvio aprovou a lei mais dura da Europa aplicada à imprensa. Foi aprovada sem debate porque o regime de Milosevic controlava aproximadamente duzentos dos 250 lugares no parlamento. A lei facilitava a aplicação de multas e o fechamento de jornais, rádios e emissoras de televisão. A imprensa podia ser julgada sumariamente, sem procedimentos jurídicos normais, em que o acusado tem direito a se defender. Na primavera de 2000, mais de uma dezena de jornais e emissoras de rádio e televisão foram fechados, enquanto outros foram condenados a pagar multas elevadas. Se não fossem pagas dentro de 24 horas, as autoridades podiam confiscar todo o equipamento. Vários redatores e jornalistas foram presos. O redator da *Dnevnij Telegraf*, Slavko Curuvija, tinha sido punido várias vezes de acordo com a nova lei, quando, em 11 de abril de 1999, foi morto em frente à sua casa em Belgrado. O vice-primeiro-ministro e ultranacionalista Vojislav Seselj lançou ameaças claras contra os jornalistas independentes.

— Daqui em diante não vamos tratá-los com luvas de pelica — disse numa coletiva de imprensa, culpando os jornalistas tanto pelo assassinato de Arkan* como do ministro

---

* Zeljko Raznjatovic, mais conhecido por Arkan, liderou a guarda voluntária sérvia durante a guerra na Bósnia e era um dos mais brutais e temidos senhores da guerra. Foi morto num atentado em janeiro de 2000.

da Defesa, Pavle Bulatovic. — Vamos utilizar os mesmos métodos contra eles se for necessário — disse.

Bojana Lekic é muito respeitada, mesmo entre os adversários, por suas perguntas inteligentes e entrevistas muito bem preparadas. Vojislav Seselj telefonou para ela antes de fazer o discurso com as ameaças.

— Quando o contestei, ele disse que eu não era normal. Mas ao mesmo tempo me disse para não ter medo. Por algum motivo gosta de mim — diz espantada. O nacionalista Vojislav Seselj é conhecido por vencer os debates em que entra, principalmente devido a sua insolência e técnica de recriminação; mas durante uma entrevista com Bojana, seus argumentos foram analisados um a um. "Bojana domou o tigre", dizia a manchete do *Politika* no dia seguinte.

Bojana sente que está trabalhando à mercê de Vojislav Seselj, homem sem escrúpulos, e conta como o ministro da Informação, Aleksander Vucic, um dia se aproximou dela quando ia entrevistar alguém no Parlamento. "Passamos metade do dia discutindo sobre você e os seus programas", rosnou ele. "Não entendo por que ele protege você", disse cheio de ódio. "Ele" era Vojislav Seselj.

Os pais de Bojana têm muito mais medo do que ela própria.

— Meu pai me disse outro dia: "Se você morrer, nenhuma rua terá o seu nome, mas nós perderemos nossa filha."

Passa bastante da meia-noite. O telefone toca e a voz de Bojana fica suave:

— Você está em casa? — pergunta.

"Tarde — ela prossegue. — Não espere por mim.

"Era o meu marido — explica e acende um cigarro. — Telefonou para saber se vai me ver esta noite." É a noite anterior ao dia em que vários canais televisivos da oposição vão organizar, pela primeira vez, uma transmissão conjunta em protesto contra as ameaças das autoridades. A transmissão tem como título *Parar a Opressão, Parar o Medo*. Bojana vai liderar o projeto. Sua jornada diária às vezes chega a 14 ou 16 horas.

— Não tenho jeito para delegar, muitas vezes levo tanto tempo explicando a alguém o que fazer que seria mais fácil eu mesma fazê-lo.

Bojana procura histórias, designa jornalistas para elas, pesquisa nos arquivos, decide como o trabalho deve ser feito, supervisiona, edita e ajuda outros âncoras.

Fico ouvindo suas histórias durante a noite, do marido que raramente vê, dos pais que se preocupam com a sua única filha, das insônias, do cansaço que a aflige. Ela parece gostar da minha presença nestas horas da noite, mesmo que eu apenas a distraia da tarefa de preparar a transmissão da noite seguinte. Parece-me que poucos perguntam como Bojana realmente se sente. Na superfície ela é muito dura, inacessível, bonita, bem-sucedida, eficiente, esperta e obstinada — uma superjornalista.

Na noite seguinte estou com Bojana, vendo a sua transmissão. Percebo estar assistindo a um reflexo do debate da RTS na noite anterior. Mesmo nos canais independentes todos estão de acordo. Mais uma vez são acusações e insultos aos que não estão presentes. Bojana explica por quê.

— Nos boicotamos uns aos outros. As mídias fiéis ao regime e os independentes são dois mundos separados. O partido de Milosevic não quer falar conosco, enquanto nós boicotamos o Partido Radical depois das ameaças pronunciadas por Vojislav Seselj. Obviamente a oposição nunca é convidada para debates na RTS. Este país está dividido em dois —

explica. — Conheço vários políticos do regime anterior que não sentem qualquer constrangimento. Podem me beijar e falar amigavelmente comigo, mas não sirvo como exemplo. Recentemente me encontrei com a secretária-geral do SPS, Gorica Gajevic, no cabeleireiro. "Olá, Boka, como está?", perguntou. Falamos sobre a vida e a morte. Tinha chegado ao cabeleireiro chorando porque vinha de uma visita ao hospital onde minha madrinha está internada com uma doença grave. Depois de sair, Gajevic diz ao cabeleireiro: "Ela é tão humana, e tão vulnerável." O que ela pensava que eu era? Um monstro?

Estamos sentados no quarto ao lado do estúdio onde um colega de Bojana media o debate. Bojana recebe perguntas pelo telefone e anota-as em papéis que são enviados ao mediador.

— Não deveria ser tarefa do editor receber as chamadas? — pergunto.

— Quem mais poderia fazer isso? — replica Bojana. — Os outros também estão exaustos.

No dia seguinte estamos na "Dusjka", em Terazije, no centro de Belgrado. Bojana está fazendo o cabelo e sendo maquiada. Esta noite haverá uma gravação para o seu programa semanal. O convidado é um dos líderes estudantis sérvios, Zivorad Jovanovic. Colegas aparecem no cabeleireiro com manuscritos, relatórios e planos de trabalho. O escritório, a sala de edição e o estúdio ficam em cantos diferentes da cidade, portanto Bojana combinou três reuniões no cabeleireiro. Como a B2-92 não tem estúdios próprios, as entrevistas são gravadas onde é possível, tanto em apartamentos como em clubes noturnos. Depois da visita à Dusjka, ela vai direto para o "estúdio", que, desta vez, é num clube, num porão onde as paredes estão cheias de panfletos que anunciam shows de rock e festas. O convidado já chegou, a entrevista pode começar. Eu acompanho pelo monitor. A gravação parece profissional, ninguém nota que Bojana esteve tensa e ansiosa durante o dia.

— Somos poucos e temos apenas algumas câmeras. Queria ter mais repórteres mas não temos verba. Aqueles que nos acusam de sermos comprados e pagos são os que andam em grandes Mercedes, enquanto eu não tenho nem mesmo um carro decente, só um velho Yugo que mal anda!

As autoridades têm razão quando afirmam que a B2-92 é financiada pelo Ocidente. A estação recebe 70 a 80% do orçamento de doadores no estrangeiro, o resto vem dos anúncios. Mas é difícil encontrar patrocinadores, que podem perder os contratos com os meios de comunicação do Estado se anunciarem na B2-92. As mídias independentes precisam, além disso, de apoio para pagar as multas que o regime lhes impõe. Como o sistema bancário não funciona, não se pode transferir divisas do estrangeiro. Elas têm que ser depositadas num banco na Hungria, depois transportadas fisicamente da Hungria para a Sérvia.

— Vivemos numa economia paralela — conta-me o chefe da B2-92, Sasja Mirkovic. — Noventa por cento do nosso orçamento não é declarado e eu pago aos empregados em dinheiro. É óbvio que é ilegal, mas é impossível não infringir a lei na Sérvia.

A entrevista com o líder estudantil precisa ser editada. Mais uma vez, eu e Bojana atravessamos a cidade. Estou morrendo de fome. É sempre assim quando estou com Bojana, porque ela nunca se preocupa em comer. Ela está sentada com as fitas no bolso e pega uma delas. Uma flor murcha cai. Estamos em 8 de março, Dia Internacional da Mulher, e Bojana ganhou a flor de uma colega mais cedo. Agora está murcha e morta na sua mão.

— Não sou uma mulher, sou uma máquina — suspira.

Depois de um dia de trabalho de 14 horas, Bojana desaparece na sala de edição. Fico tonta depois de uma hora e volto para casa. No táxi sinto a consciência pesada porque mais uma vez deixei Bojana sozinha na sala escura, quando deveria tê-la acompanhado o dia todo. Comparo, um pouco envergonhada, a minha vida de jornalista preguiçosa com a dela. Estamos num outro dia marcante — 24 de março —, um ano depois da queda das primeiras bombas sobre Belgrado, em 1999.

— Tinha esquecido do dia em que você me telefonou — diz Bojana.

Não que seja exatamente algo para celebrar. O regime de Milosevic não pensa assim e o dia é marcado por manifestações e shows gratuitos. A oposição prefere ignorá-los.

— O bombardeio foi a pior coisa que o Ocidente nos poderia ter feito: isso apenas reforça a retórica de Milosevic de que os ocidentais odeiam os sérvios. O Ocidente cometeu muitos erros grosseiros no trato com Milosevic — explica Bojana. — Quando se quer realizar alguma coisa, deve-se tanto aliciar como ameaçar. Por enquanto, o Ocidente só usou o chicote. Agora que Milosevic está sendo acusado de crimes de guerra, não tem para onde ir. Não tem mais nada a perder. Se o regime se comportar como previsto, endurecer a posição e começar a matar mais jornalistas, então o que o Ocidente poderá fazer? Todos os meios foram esgotados, não há mais nada com que ameaçar. Milosevic está acossado. Ele é como um animal selvagem; e quando os animais estão com medo e não vêem nenhuma saída tornam-se mais perigosos.

Temos um encontro no local de sempre, o "New York". Bojana toma café com leite enquanto come. Parece ainda mais cansada do que da última vez que a vi, magra e pálida. Fuma vários maços de cigarro por dia.

— "Você está parecendo mais velha do que a sua mãe", meu pai me disse ontem. E tenho apenas 33 anos! Estou casada há 15 e ainda não me sinto pronta para ter filhos. Como poderia criar um filho nesta sociedade? Além disso, o meu trabalho não é só trabalho, mas uma missão, e não posso executar uma missão pela metade, como também não posso ser mãe pela metade. Espero estar viva quando o seu livro for publicado — diz ela de repente. Na noite anterior ela fora mais uma vez repreendida pelo ministro da Informação, Aleksander Vucic.

— Mas quem acredita nas acusações dele?

— Há muitos que acreditam: agricultores, idosos habituados a acreditar nas autoridades. E quando uma mentira é repetida sem parar, torna-se muitas vezes verdade. A sociedade está muito angustiada depois dos bombardeios, da guerra do Kosovo, todos os mortos, a vida miserável das pessoas, os assassinatos. Tudo isto faz com que as pessoas acreditem em qualquer coisa só para terem algo em que se agarrar. Mas eu praticamente não tenho tempo para refletir, nem sobre as ameaças nem sobre a minha vida miserável. Quando não consigo dormir não é porque medite sobre questões existenciais, mas porque penso onde vou conseguir uma sala de edição no dia seguinte, a quem posso pedir um carro emprestado, onde encontrar um fotógrafo, a quem posso pedir um favor, como podemos passar a nossa mensagem de forma mais clara. Não tenho qualquer atividade além do meu trabalho.

Raramente Bojana toca o bife que pediu. Fica no prato esfriando, enquanto ela fala.

— Na semana passada estive em Montenegro e tive uma hora para descansar e olhar o mar. Uma hora. Utilizei aquela hora para pensar em como sou infeliz. Acordo de manhã com dores de cabeça e os músculos doendo, e me sinto como uma matrona zangada e velha. Então vou para o trabalho. Por que me comporto como uma tola quando de fato sou uma pessoa agradável? O sistema tem arruinado muitas pessoas, relações acabam porque não há nada agradável para fazer, ninguém tem dinheiro para ir ao cinema ou viajar nas férias, coisas que antes eram normais. Já quase não me resta energia, mas preciso ter força para a última cartada. Acho que é agora. No ano passado disse que era o último ano de Milosevic, este ano eu digo o mesmo. Uma hora tenho que acertar! Não posso relaxar até Milosevic cair. Só então vou começar a viver.

As coisas não ficam mais tranqüilas para Bojana Lekic. Durante a primavera de 2000, as emissoras independentes, uma atrás da outra, foram fechadas. Na manhã de 17 de maio ligo, como é de costume, a TV na B2-92. Música clássica irrompe do aparelho, penso que me enganei de canal e tento outros. Em todos, em que normalmente havia notícias, ouve-se música. Ponho na BBC:

— As autoridades sérvias fecharam esta noite a emissora de televisão independente Estúdio B, acusando-a de incitar uma revolta contra o regime. O mesmo destino teve a B2-92, a rádio Índex e o jornal *Blic* — diz a voz do noticiário. Pego a bicicleta e 15 minutos depois estou em frente ao edifício

Beogradjanka. Aos jornalistas dos canais fechados não é permitida a entrada. Telefono a Bojana.

— Transferimos a reunião editorial para o café no centro de imprensa. Vem pra cá!

Os jornalistas estão pensando em como noticiar o seu próprio fechamento. Bojana coordena os grupos de câmeras e tenta ter uma perspectiva da situação. Os diretores dos veículos fechados discutem o que fazer.

— Já devíamos estar acostumados. O que será agora, B3-92? — diz Bojana, sarcasticamente.

O café está agitado, do aparelho de som ouvem-se as últimas notícias da Rádio Pancevo, a única emissora independente que ainda funciona em Belgrado. Durante o dia há interferências na transmissão, de tal modo que esta também não pode ser ouvida. A partir de agora os habitantes de Belgrado só podem ouvir o noticiário oficial. Mas, espalhadas pelo país, ainda subsistem emissoras independentes. Bojana e sua equipe pretendem veicular suas reportagens nelas. Até agora as transmissões eram feitas a partir do Estúdio B, mas em volta da mesa pensou-se num novo plano de ataque. As fitas VHS serão enviadas para Montenegro no vôo das 18 horas, e de lá, via satélite, retransmitidas para as emissoras de televisão sérvias. O tempo é curto. Bojana fica cada vez mais tensa e ansiosa, e só depois de as fitas terem sido enviadas para o aeroporto ela respira fundo. Chegou então a hora das manifestações. Às sete há uma ação de protesto e leitura das notícias através dos alto-falantes em frente à Câmara. Isso virou uma tradição. Todas as noites, durante a primavera e o verão, as notícias são lidas na praça da Câmara. Quando volto para casa sintonizo as notícias da RTS. Ouço então que a emissora de Bojana foi fechada porque reunia agentes, traidores e espiões que trabalham para forças exteriores e querem desestabilizar o país. Mudo para o Estúdio B. Durante o dia tornou-se um canal que só passa filmes antigos.

— Agora sou um soldado de guerrilha — diz Bojana quando a encontro um mês depois. — Agora trabalhamos clandestinamente. Vamos enganar este regime.

Estamos no apartamento que se tornou o novo escritório da B2-92. Fora de Beogradjanka, agora o novo escritório é muito mais difícil de encontrar.

— Atrás do parque Tasjmajdan, segunda rua à direita, terceira casa no lado direito, suba dois lances de escadas, primeira porta à esquerda, bata, não há placa na porta — são as instruções de Bojana. — Eles provavelmente sabem onde estamos, mas não precisamos propriamente ajudá-los a nos encontrar.

Grande parte do escritório está ocupada por caixas e sacos, parece que eles não têm coragem de desempacotar, com medo de serem expulsos outra vez. Bojana me pede para desligar o telefone celular. Como as autoridades controlam a rede, funciona como um aparelho de escuta.

— Bjelina — diz ela. — Bjelina é uma colina que fica a duas horas de carro de Belgrado, exatamente do outro lado da fronteira com a Bósnia, na zona sérvia. Fizemos um acordo com a Rádio Drina, onde vamos montar nosso transmissor, para podermos atingir grande parte da Sérvia. As fitas e o equipamento têm de ser passados para o outro lado da fronteira, mas os âncoras dos programas vão ter que morar em Bjelina. Os repórteres não precisam cruzar a fronteira, porque vão mandar suas matérias de Belgrado. E o transmissor será potente o bastante para dificultar interferências

64   *De costas para o mundo*

no sinal. Em alguns meses estará tudo em ordem e funcionando: tanto o plano A como o B e o C. Mas até lá você não deve revelar isto a ninguém.

Mesmo antes das férias de verão telefono a Bojana e ouço uma mulher desanimada do outro lado.

— Não consigo mais, estou tão confusa — diz. — Fico batendo com a cabeça na parede. Só tenho vontade de fugir do trabalho, da responsabilidade, da idéia de liberdade. Estou completamente vazia. Esta noite tive um pesadelo horrível, sonhei que estava morta. Estava completamente gelada e pensei: "Agora estou morta, agora posso descansar." Foi terrível.

Cala-se, mas ela mesma interrompe o silêncio:

— Não posso me render agora, este verão e este outono vão ser escaldantes, na pior das hipóteses haverá uma guerra civil. É a última fase da batalha — murmura. — Mas me escreva e fale da vida na Noruega — ela me diz à guisa de adeus. — Me fale de coisas bonitas, preciso de ar...

O verão e o outono de 2000 são de fato escaldantes para Bojana, mas não vai haver guerra civil, só a última batalha contra o gás lacrimogêneo da polícia, em 5 de outubro — quando a oposição retomou a vitória que Milosevic lhes tinha roubado durante a eleição presidencial. Neste dia, a B2-92 coloca um transmissor num prédio alto em Belgrado e, pela primeira vez em muitos meses, as pessoas podem receber as transmissões. No dia seguinte, a B2-92 retoma o nome original, as salas e a grade de programação, e Bojana pode finalmente retomar o seu programa, *Cara a cara*. Meu vizinho Petsa me conta que assistiu, com lágrimas nos olhos, a Bojana destruindo na TV o multimilionário e aliado de Milosevic, Bogoljub Karic.

— Primeiro ela o esmagou, depois catou as migalhas, uma a uma, e mostrou-as a ele, e depois a nós — explica Petsa.

Todos os domingos as pessoas se sentam diante dos aparelhos para ver quem Bojana ataca.

— Quando as luzes no estúdio acendem, sei que as pessoas estão em casa gritando e esperando o "placar" — diz Bojana. — E não posso decepcioná-las, porque sou a voz do povo e devo atacar os poderosos, tanto os novos como os antigos.

Depois da queda de Milosevic, Bojana podia escolher à vontade os trabalhos. Agora era politicamente correta e permitiram que tivesse o seu próprio programa político na RTS. O canal do Estado era tão fiel ao regime como antes, mas agora era um regime novo — o de Vojislav Kostunica.

— Em menos de uma hora, milhares de pessoas passaram de um lado para o outro: o dos vencedores. Para ser honesta, fiquei enojada. Mas disse para mim mesma que o mais importante era estarmos livres de Milosevic e não vivermos mais sob vigilância. Rejeitei o trabalho na RTS porque sei que, mais cedo ou mais tarde, perderia a liberdade que me prometeram. Prefiro trabalhar na B92, sempre fomos críticos com as autoridades e sempre seremos.

Segundo Bojana, há muitas coisas a serem colocadas no seu devido lugar até a Sérvia poder se considerar uma democracia:

— Muitos pensam que a democracia desceu sobre nós quando Milosevic caiu. Mas a democracia não vem embrulhada para presente, é preciso lutar por ela todos os dias. Não posso aceitar que os novos poderosos se comportem como os antigos, como quando entraram com tropas paramilitares para tomar conta do Banco Central. Mas é bom que

Kostunica seja o novo presidente da Iugoslávia. Um professor de direito e legalista deve poder tomar as rédeas — diz Bojana, olhando para o relógio. Ela precisa estar no estúdio em uma hora. A pressão do tempo continua evidentemente a mesma de antes.

— A imprensa vai ser outro problema. Os jornalistas se habituaram a repetir o que lhes é dito, a uma cultura de autocensura. A maioria continua assim, apenas mudou de empregador. Os poderosos estão contentes e exploram a situação. É a quarta vez que nossos jornalistas não têm lugar no avião de Kostunica, quando este convida a imprensa para acompanhá-lo em suas viagens. Mesmo este regime não gosta da B92. E isto apesar de não sermos tão críticos como poderíamos. Temos sido tolerantes com as autoridades porque só se passaram dois meses desde a tomada do poder.

Bojana chama *interregnum* o período até as eleições em 23 de dezembro, quando o governo sérvio será consolidado. As velhas forças ainda não desapareceram completamente.

Os jornalistas acham importante que os sérvios façam um ajuste de contas com o passado.

— Só sabendo a verdade é que poderemos nos reconciliar. Muitas atrocidades ocorreram aqui, e para poder perdoar tenho que saber a quem e por quê. Vai ser um processo difícil e doloroso, mas temos que atravessá-lo para podermos continuar. Se não soubermos quem são os culpados, então a nação toda será culpada.

A mídia sérvia ainda não fala sobre a conduta do país durante as guerras nos anos 1990.

— As pessoas estão exaustas. Amargas e pobres. Querem saber quem roubou seu dinheiro. Quem vive em casas elegantes e tem ouro no banco, enquanto eles nem mesmo conseguem alimentar seus filhos. Mas com a abertura acabará surgindo mais espaço para a discussão dos crimes de guerra, então mais pessoas se preocuparão com isto — sublinha Bojana.

No estúdio a maquiadora espera por ela. Bojana continua falando enquanto as olheiras desaparecem por baixo da base. Ela fuma, é maquiada e fala.

Os tempos de medo não acabaram para Bojana.

— No dia seguinte à queda de Milosevic meu carro estava coberto de uma espuma branca repugnante. Depois disso estacionava sempre em lugares diferentes e nunca perto da minha casa. Então aconteceu outra vez, mesmo com o carro estacionado a vários quarteirões. Fiz uma denúncia à polícia, mas disseram-me que não podiam fazer nada.

Bojana parece tão fraca quanto no período em que trabalhava clandestinamente como "jornalista de guerrilha". Costumava dizer que quando Milosevic caísse iria descansar. Não sobrou tempo nenhum para isso.

— Neste país acontece sempre algo de extraordinário, quer se chame golpe ou revolução. São eleições uma atrás da outra, e neste momento há problemas na fronteira com o Kosovo.

O convidado chegou. A superjornalista fica sentada em silêncio.

— Não estou mais feliz do que antes — diz, enquanto a maquiadora acaba o trabalho. — Não sou dona do meu tempo.

Bojana chega pontualmente ao estúdio para mais uma entrevista dura, para satisfação de seu público.

Todas as vezes que falo com Bojana durante a primavera de 2001 ela tem milhares de coisas para fazer. Transmissões, salas, equipamento, advogados, repórteres. Quase nunca tem tempo para me ver.

— Aqui está um caos, jornalistas de todo o mundo chegaram e estão à espera da prisão de Milosevic. Além disso — menciona num aparte —, ontem sujaram o meu carro de novo com aquela espuma branca nojenta. Mas me ligue na próxima semana.

Quando finalmente vou a seu escritório pequeno e desarrumado, onde cartazes de shows de rock e estréias de cinema decoram as paredes, encontro uma Bojana pálida como um fantasma. O cabelo está desarrumado e o olhar sem expressão.

— Ontem à noite alguém atirou uma pedra pela minha janela.

Bojana mostra uma pedra do tamanho de uma pequena cabeça.

— Partiu o vidro da cozinha e voou sete metros dentro do apartamento. Dez minutos antes eu estava na cozinha, no mesmo lugar por onde a pedra passou. Se eu estivesse lá naquela hora, você não me encontraria aqui.

O marido dela avisou a polícia. Disseram que não tinham tempo nem meios para fazer nada, e que ela e o marido fossem à delegacia no dia seguinte para fazer um boletim de ocorrência.

— "Foda-se o seu boletim", eu disse a eles hoje de manhã — relembra Bojana. — Eles sabem quem eu sou, já registrei ocorrência três vezes por causa de incidentes com o meu carro.

Pergunto se ela tem idéia de quem está por trás. Bojana balança a cabeça tristemente.

— Nunca recebi este tipo de ameaça na época de Milosevic. Naquela época me seguiam, sabiam com quem eu falava, o que dizia ao telefone. Paradoxalmente, aquele procedimento era uma forma de proteção, ninguém podia me tocar sem o regime saber. Sabe Deus se eles planejavam alguma coisa, o certo é que nunca aconteceu nada.

Bojana tenta esconder o pavor por baixo da sua dureza habitual. Fala dos pais, que diversas vezes lhe pediram para ir com calma, dar um tempo, suavizar as críticas. Enquanto fala deles, o celular toca, ela olha para o número, é o pai. Depois da conversa, diz:

— Queria vir aqui trazer comida. Não sei o que fazer. Se ele vê a pedra e a janela quebrada... não contei a eles o que aconteceu ontem à noite, não queria preocupá-los. O que devo fazer?

Não sei o que dizer e estendo a mão para lhe fazer um carinho. Dou a volta na escrivaninha e abraço-a, enquanto ela chora, o corpo magro tremendo.

— Você devia tirar férias e viajar por um tempo — proponho.

Após ter limpado as lágrimas, diz:

— Lembro que em *O vermelho e o negro*, de Stendhal, havia um personagem de que eu não gostava, o lema dele era dever. Agora sinto o mesmo dever ou responsabilidade de pôr este país de pé. Sou pior do que ele. Mas já não sei por quem luto. Na época de Milosevic tínhamos um inimigo. A ditadura acabou, mas o que temos agora? Lutei por uma Sérvia diferente, não só por uma Sérvia sem Milosevic.

Um repórter entra, está a caminho do vale de Presevo, onde rebeldes albaneses ocupam várias aldeias. Bojana é outra vez editora-chefe.

— Lembre-se de que você deve sempre saber o que está fazendo. Seu último trabalho não tinha foco nem propósito. As imagens da ação militar eram ótimas, mas do que você estava falando? Já conversamos sobre isto antes. Boa viagem — diz Bojana.

O jovem sai. Logo a seguir entra outro jornalista para mostrar uma reportagem. Bojana diz que já vai. O celular toca novamente. É o ministro federal do Interior, Zoran Zivkovic. Bojana conta o episódio da pedra. Zivkovic diz que vai cuidar do assunto no dia seguinte com o ministro do Interior sérvio, Dusjan Mihailjovic.

— Zivkovic ficou irritado — diz Bojana. — Com a polícia, que não levou o assunto a sério.

Telefono a Bojana nos dias seguintes para saber como está. Todas as vezes responde:

— Para ser sincera, não muito bem.

Na noite de domingo vejo o seu programa; Bojana está, como sempre, muito perspicaz. As luzes da TV fazem-na brilhar. Ela diz que quando as câmeras começam a gravar é como se um interruptor fosse acionado dentro dela. Desta vez o convidado é o líder parlamentar socialista, Branislav Ivkovic. Bojana faz perguntas muito duras sobre os crimes de Milosevic, o estilo do partido durante os últimos dez anos e a fortuna que eles esconderam. Ninguém faz idéia do inferno pessoal que ela vive.

Telefono novamente após alguns dias e ouço uma voz fraca do outro lado.

— O médico me obrigou a ficar de cama por uma semana sem pensar em nada. — Bojana diz com dificuldade. — É algo com os pulmões ou qualquer outra coisa, não sei bem o que tenho, mas ele me obrigou a cortar os cigarros e entrar numa terapia qualquer. Disse que meu sistema imunológico está a zero.

Enquanto falávamos batem na porta.

— É alguém que chegou com documentos que tenho que ver — interrompe. — Tenho que desligar, depois falamos.

Vou visitar a doente. O apartamento está às escuras e com muita fumaça de cigarro. Bojana está no computador quando chego. O telefone toca ininterruptamente, chefes que querem um conselho, repórteres que precisam de ajuda, amigos que querem saber como vai. Enquanto ela fala, vou à cozinha para ver o buraco na janela. O vidro está quebrado. Bojana nem o substituiu nem tentou tapar o buraco, mas felizmente faz calor lá fora.

Uma semana depois, na sexta-feira, 30 de março, Bojana recebe as primeiras informações importantes. Cancela a terapia recomendada pelo médico e vai trabalhar. No parlamento, Branislav Ivkovic informa a assembléia que a polícia planeja prender Milosevic. A ação começa por volta das oito da noite. Uma grande força policial está a postos em frente à casa do ex-presidente na rua Uzicka. Bojana manda para lá uma equipe de fotógrafos e repórteres. Mais tarde recebe uma chamada de Ivkovic.

— Estou sentado aqui tomando café com Milosevic, quer vir?

São duas horas. Bojana vai até a rua Uzicka com um fotógrafo. Ivkovic aparece para pegá-la na porta dos fundos, mas ao mesmo tempo as forças especiais entram na casa pela frente e Bojana é impedida de prosseguir. Os rumores dizem que Milosevic se embarricou com os seus colaboradores mais íntimos, guardas e muitas armas.

— Não sairei daqui com vida. Tenho uma pistola com 25 balas, vinte para me defender e cinco para mim — conta-se que ele teria dito. Dois policiais são feridos quando os guardas de Milosevic atiram; a resistência à polícia é acrescentada à acusação.

No dia seguinte Bojana dorme, sabe que durante a noite as coisas irão acontecer. Tudo está calmo em Uzicka, muitos correligionários de Milosevic e uma centena de jornalistas estão à espera. Ao anoitecer, Bojana está de volta ao escritório. Tem cinco grupos em locais diferentes perto da casa de Milosevic. Carros entram e saem da residência enquanto, durante a noite de 1º de abril, ocorrem duras negociações. O homem, antes muito poderoso, quer garantias de que a prisão não implicará extradição para Haia. Exige autorização para ter visitas da família todos os dias e para ser levado perante o tribunal como um cidadão comum, e não num processo político e jurídico.

A B92 noticia a noite toda. Bojana fuma e dá telefonemas. Ela é a central por onde passam as informações e o general que dá as ordens. Repórteres telefonam sobre os acontecimentos e ela transmite seus relatórios, informando aos editores que imagens usar para cada história. Assim, a cobertura da B92 torna-se imbatível, e Bojana enche-se de orgulho quando outros canais e agências se referem a eles.

— Somos os únicos que têm gente perto da cúpula da polícia. Os meus repórteres sempre sabem quem está sentado nos carros que passam. Enquanto todos, ontem à noite, noticiavam a prisão de Milosevic, nós não o fizemos, porque sabíamos que Milosevic ainda estava negociando a rendição.

Mas Bojana não se arrisca a prever o fim do drama.

— Tudo pode acontecer. Ele é suficientemente louco para dar um tiro em si mesmo e em toda a família para evitar ir a julgamento — diz. — De resto, podemos transmitir o que nos der na telha, é 1º de abril!

Bojana ri. Há no escritório uma atmosfera de tensão e ansiedade, embora leve.

Então ela recebe um telefonema: a próxima ação começará às duas horas da madrugada. Ela informa suas equipes. Uma delas segue a polícia, que calmamente assume novas posições. Sessenta homens especialmente treinados das forças antiterroristas entram no prédio. Continua tudo calmo.

— Talvez esta seja a última noite em que não durmo por causa de Milosevic — diz cheia de esperança, disfarçando um bocejo. O porteiro chega com café e chocolate enquanto as imagens da B92 passam na televisão. Às quatro horas, um dos porta-vozes de Milosevic telefona dizendo que chegaram a um acordo, um acordo pacífico. Diz que sangue sérvio não deve ser derramado por causa de ataques sérvios. A B92 transmite a entrevista. Nesse momento ouvem-se tiros na casa. Tudo fica novamente em silêncio. Então a sua fonte telefona dizendo que, de fato, chegaram a uma solução pacífica. Às quatro e meia ela aparece ao vivo na televisão e na rádio, com a novidade da prisão de Milosevic.

— Fomos os primeiros. Às vezes adoro ser jornalista! — ela exclama quase em êxtase.

Então uma das equipes informa que Milosevic deixou a residência num carro da polícia. Milosevic está a caminho da prisão.

— Acabou — sorri Bojana para mim entre os telefonemas. — Finalmente.

Mas não há clima de festa na redação, embora o vencido esteja agora a caminho de sua cela de seis metros quadrados na prisão central em Belgrado.

— Estou me sentindo só, vazia — diz Bojana. — Como se um caminhão tivesse passado por cima de mim. Mas uma coisa é certa. Milosevic já não tem nada a ver com a minha vida. Ele acabou.

Dois meses depois, Milosevic, após forte pressão internacional, é colocado num avião para Haia. Ao mesmo tempo, Bojana enfrenta o seu primeiro grande desafio da carreira. É alvo de suspeitas, malvista, difamada, e, por fim, não vê outra solução senão deixar a B92, o canal que por muito tempo foi a sua vida.

Começou com um prêmio. Bogoljub Karic, o empresário podre de rico e controverso, distribuiu durante o verão de 2001 centenas de prêmios a pessoas que tinham realizado trabalhos relevantes relacionados a cultura, comunicação ou ciências. Um destes prêmios de 30 mil marcos alemães foi concedido a Bojana Lekic. Ela aconselhou-se com o chefe se deveria recebê-lo. O chefe hesitou. Era conhecida a ligação íntima de Karic com Milosevic, assim como com suas transações financeiras. Quando o ditador ainda estava no poder, Karic disse numa entrevista que almoçava com Slobo todos os dias. Depois da queda do ditador disse que nunca tinha se encontrado com ele. Para se encontrarem bastava somente atravessar um portão, porque Karic e Milosevic eram os vizinhos mais próximos na famosa rua de Uzicka, onde ambos viviam atrás de grades altas, protegidos por guardas armados. O portão de Milosevic era de placas de metal largas e pretas. Só o telhado da enorme residência e o topo das colunas brancas que a cercavam eram visíveis da rua. A casa de Karic, em mármore e com ornamentações douradas, estava situada como um bolo cor-de-rosa no fim de um acesso cheio de flores. Erguia-se atrás de grades brilhantes para todos poderem admirar a sua riqueza.

A questão era um jornalista poder receber um prêmio em dinheiro de um homem de negócios, que era dono de uma emissora de televisão. Um homem que Bojana tinha entrevistado e destruído em seu programa.

Era uma quantia considerável. Outros haviam aceitado o prêmio. Ninguém parecia ter se importado. No fim, Bojana acabou aceitando.

A reação foi imediata. Durante semanas Bojana foi notícia de primeira página nos jornais, acusada de ter sido comprada e paga pelo antigo amigo de Milosevic. O que mais a machucou foi o fato de vários colegas terem lhe virado as costas; felizmente não os mais íntimos na televisão, mas os colegas da rádio atacaram-na severamente e exigiram a sua saída. De repente tinha se tornado um peso para o canal. Entregou a sua carta de demissão.

— Sabe, o pior de deixar a B92 foi perder as ilusões, perceber que já não tínhamos os mesmos objetivos — explicou-me Bojana ao telefone, de Belgrado, após ter tomado a decisão. — Há muita coisa nessa história que nunca vou revelar publicamente, mas fiquei profundamente magoada quando percebi que já não éramos mais os mesmos. Depois de termos nos libertado do ditador, já não tínhamos muito em comum — murmura em voz baixa e rouca. — A corrupção, o fato de uns enriquecerem com o trabalho de outros... eu já estava ficando enojada disso. Tinha fechado os olhos para isso durante muito tempo, me recusava a admiti-lo enquanto estivéssemos lutando pelos mesmos objetivos. Para muitos chefes o mais importante era ver que pedaço do bolo lhes caberia. Para mim, a B92 era uma idéia, não um bolo. Queriam me dar ações e se livrar de mim. Tudo isto, além do desprezo e sarcasmo dos colegas, fez com que eu fosse embora.

Depois desta conversa não consegui encontrar Bojana durante muito tempo. Ela não atendia o telefone nem respondia aos e-mails. Tinha finalmente viajado de férias. Durante vários meses viveu com amigos nos EUA, dormia, comia bem e olhava para o mar.

— Finalmente pude descansar. Ninguém exigia nada de mim. Recebi algumas propostas de trabalho depois, mas nunca respondi.

Perto do final de 2001, voltou para casa e aceitou o emprego de editora-chefe do departamento de jornalismo da RTS, antiga inimiga. Outra vez, vaias e grandes reportagens. Bojana mais uma vez foi trabalhar com os seus altos ideais.

— Eu queria construir uma emissora nacional decente, uma espécie de BBC sérvia. Deixar para trás o passado e continuar. Sempre tentei ser independente. Não olhar para a direita nem para a esquerda. Tentei formar uma equipe sem recorrer aos que tinham se vendido a Milosevic. Mas como tínhamos poucos recursos não podíamos empregar muita gente nova. Pouco fora alterado na RTS, e, para ser honesta, engoli um sapo quando aceitei o emprego. Era como nadar com algemas nas mãos e nos pés. Mas como eu me mantinha na superfície, significava que eu era uma boa nadadora! Mesmo assim não consegui o que queria. A estrutura de poder preexistente e a subserviência perante as autoridades estavam muito enraizadas. Se você quer ser escrava, será sempre escrava, mesmo trocando de chefe. Reconheci que para construir um perfil novo seria necessário mais do que a luta de uma pessoa.

Bojana pensa e olha para fora pela janela. Chove a cântaros. Passaram-se três anos desde a última vez que a vi.

— Quanto ao meu papel, estou orgulhosa. Mesmo os meus críticos mais ferozes na época de Milosevic me elogiam agora. Aleksander Vucic confessou recentemente numa coletiva de imprensa que, quando eu chefiava a RTS, as notícias eram imparciais, ao contrário de agora, quando mais uma vez servem aos interesses do governo e do poder.

Ela tosse levemente.

— O ano passado foi o mais difícil para mim, tanto profissional como emocionalmente. Tive que engolir aquele sapo de que já falei, mas também os meus próprios sentimentos. No final, já não conseguia mais — suspira. — É sempre assim que Deus, no fim, mostra o caminho, não é? Você fica frágil, doente, então começa a se perguntar: Onde estou?

Olha para mim interrogativamente como se esperasse uma confirmação.

— Raramente penso em mim até chegar ao abismo — continua. — Só então reflito: Ai, ai, onde estou *eu* nessa história? Quando fiquei doente de novo, percebi: já fiz o bastante, agora outros têm que continuar.

Bojana traga com força o cigarro. Agora a RTS também é passado. No inverno de 2004 Bojana muda de emprego mais uma vez. A surpresa foi grande quando passou para a BKTV — a empresa de Bogoljub Karic.

Estamos sentadas no novo escritório de Bojana. O edifício tem janelas de vidro espelhado numa construção de aço e cheira a dinheiro. É o primeiro feriado da Páscoa e Bojana é a única pessoa no escritório, à exceção de um jovem robusto que é tanto seu secretário como motorista.

Quando perguntei por ela na recepção, o guarda disse:

— Não há ninguem aqui.

— Tente ligar mesmo assim — insisti.

— Certo, ela está — o guarda disse depois de ter obtido resposta. Tudo como antes. Ela não pode descansar como as pessoas normais, pensei enquanto meus passos ressoavam na recepção às escuras, acompanhados apenas pelo som de um triste chafariz.

Bojana ficou contente quando me viu.

— Veja! Finalmente tenho um escritório decente! Que acha?

Bojana gosta particularmente do terraço exterior coberto com telhas atrás de suas portas de vidro. Lá colocou floreiras e vasos com flores, para amenizar a vista do prédio logo em frente, um bloco de apartamentos iugoslavos comuns, com fraldas secando nas janelas, lixo nas varandas e paredes descascando. Nem mesmo Bogoljub consegue afastar-se da realidade sérvia, apesar das janelas de vidro e da mobília elegante.

— Aqui eu estou na direção — diz Bojana gesticulando com os braços. — Sou editora-chefe de todos os programas da BK.

— Esse também? — pergunto apontando para o programa de entretenimento que a TV exibe no momento, com mulheres pouco vestidas, dançarinos, platéia e uma apresentadora loira platinada e melosa.

— Tudo — responde Bojana orgulhosamente. — Notícias, atualidades, debates, entretenimento, filmes.

Chove torrencialmente do lado de fora da porta de vidro, as flores perto da porta lutam para se manter em pé. Trouxe comigo uma edição anterior do livro e Bojana quer saber o que escrevi sobre ela. Solta anéis de fumaça para o teto enquanto ouve em silêncio até eu acabar de ler.

— É triste ver o pouco que avançamos, não é? Podemos perguntar a nós mesmos: Por que ainda estamos tão longe da Europa?

Bojana fica pensativa no nevoeiro cinzento.

— É como se tivéssemos parado no tempo.

Reclina-se para trás na cadeira, ainda olhando a parede cinzenta do prédio em frente. Alguém pendurou roupa íntima desbotada numa das varandas. Outros as utilizam para guardar batatas e cereais. O prédio está envolto num nevoeiro cada vez mais espesso.

— Os sérvios se deixam levar pelo passado até o ponto do constrangimento — suspira. — Quantas vezes não escuto líderes sérvios e gente do povo dizendo que no século XII utilizávamos talheres de ouro, enquanto os britânicos comiam com as mãos. Respondo apenas: "Sim, isso foi há novecentos anos."

Bojana cruza os braços.

— É interessante ouvir o que eu disse há alguns anos, traz de volta as memórias. Você começa a história com Aleksander Vucic...

A boca se abre num sorriso de reconhecimento, relembrando um tempo que já passou.

— Naquela época ele tinha poder e fez todos os trabalhos sujos do partido. Agora está na oposição, enquanto o seu líder, Vojislav Seselj, está em Haia com Milosevic. Mesmo assim o Partido Radical tem mais apoio do que nunca. Pode-se perguntar: Por que tem que ser assim? Por que cada vez mais gente quer nossos líderes nacionalistas de volta no poder?

Ela mesma responde.

— As pessoas estão mais deprimidas agora. As nossas depressões têm ido e vindo. Primeiro sofremos com as guerras cruéis que dividiram a Iugoslávia. Naquela época estávamos todos abatidos e lembro-me como nos sentimos em 1996, quando finalmente a guerra na Bósnia acabou. As pessoas queriam algo novo, mas nada acontecia, exceto uma onda de depressões, então elas perderam a coragem. Mas aí vieram os protestos de massa, com apitos, tambores e determinação, de tal maneira que, por fim, Slobo teve que ceder. Então endureceu outra vez a sua posição; sim, lembra como ele nos puniu? Então o povo voltou outra vez às ruas e o ditador caiu. Sei que existe energia em algum lugar, talvez esteja escondida, mas é possível fazê-la voltar.

— Mas o povo nem aparece nas eleições.

— O povo não é culpado. Se o povo não quer votar é porque os candidatos não são suficientemente bons. Nunca é culpa do povo. As pessoas comuns não gostam das lutas políticas, pensam que os políticos só estão lá pelo poder e proveito próprio, e que nunca vão lhes dar uma vida melhor. Então voltam ao mais simples e seguro: os mitos, as epopéias, as sagas, a grandeza sérvia e os talheres de ouro.

Bojana ri, mas rapidamente fica séria.

— Não estou contente com a imprensa sérvia, mas está melhor do que antes. Primeiro, somos sensacionalistas demais. Uma quantidade enorme de mentiras pode ser lida nos jornais, muitos jornalistas nem sequer verificam as notícias, você pode ler algo na manchete que nem encontra no texto. Como não temos um bom sistema jurídico, nenhum jornal pode ser processado. Ninguém se preocupa com fatos. Eu digo a todos os meus jornalistas: "Vocês devem agir como garçons. Servir o que se pede, não aquilo que acham que deveria ser. Também devem servir os acontecimentos às pessoas, e não aquilo que acham que deveria ter acontecido" — Bojana suspira. — Aqui os jornalistas pensam que a opinião deles é mais importante do que aquilo que de fato acontece.

Bojana tem os mesmos olhos cansados e assustados que da última vez. As bochechas estão mais côncavas, as maçãs do rosto mais marcadas. Sua aparência é frágil. Continua a trabalhar mais de 12 horas por dia. Talvez tenha que ser assim para ela, talvez tenha que andar à beira da exaustão. Quando ele resolve um problema, encontra logo outro.

Em breve vai retomar o seu programa.

— O público espera isso, até os políticos — diz.

O *talk-show* sérvio mais famoso, que já passou por três canais, foi visto pela última vez na RTS em janeiro. Quatro meses depois começa na BK.

— Me diga como foi que destruí Bogoljub Karic. É um paradoxo! Ele gostou da entrevista, disse que queria este tipo de programas no seu canal. Foi por isto que me deu o prêmio que levou à minha saída da B92. Agora é o meu chefe. O importante é que quer programas bons e profissionais — diz firmemente para explicar o seu próprio sucesso. — Tento sempre mostrar o máximo da pessoa que está sentada à minha frente. Então deixo o público tirar suas próprias conclusões. "De quanto tempo precisa para preparar uma entrevista?", perguntam-me. "Vinte anos", respondo. Além disso me preparo como se fosse para uma prova. Mas, para ser honesta, estou um pouco cansada de tudo isso. São as mesmas caras sempre, mudam de lado, alteram posições, ganham poder, perdem poder, mas as caras são as mesmas. Agora as pessoas merecem uma resposta sobre quem está enriquecendo, e de que maneira, à custa da sociedade. Quem lidera a máfia e quem matou Djindjic?

No segundo dia de Páscoa o tempo melhora. A chuva que caiu em Belgrado desapareceu esta manhã. Reflexos que quase foram esquecidos, brilham por todo lado — a luz do Sol. Brilha sem dó nem piedade sobre uma cidade aborrecida com casas marrons de cimento e anúncios luminosos sujos. A água respinga de crateras fundas quando os carros passam.

Bojana está à minha espera em frente a um café na avenida da Revolução. O cabelo loiro pálido balança ao vento da primavera. Calças pretas, casaco preto, botas altas escuras. O estilo é mais exclusivo agora. A pele está coberta com uma camada espessa de base e pó-de-arroz, os olhos bem pintados. Está pálida, quase branca como neve. Como a rainha do gelo quando a primavera chega.

É cedo e não há ninguém no café. Pedimos café. O garçom decide por conta própria colocar na mesa também dois pedaços grandes de bolo de chocolate com nozes e mais um cesto com ovos de Páscoa antes de desaparecer.

— Notou que o garçom me tratou por "você"? E usou meu apelido? — Bojana sorri. — Normalmente nós somos mais formais na Sérvia. Mas eles acham que me conhecem, mesmo que nunca tenhamos nos encontrado antes. Na época de Milosevic as pessoas também se comportavam como se fôssemos todos iguais, como se escondêssemos algo e tivéssemos de operar clandestinamente. Os garçons nunca se arriscariam a tratar por "você" um político, mas comigo comportam-se como se fôssemos vizinhos. Enquanto for assim estou no caminho certo — diz, sonhadora.

Ficamos sem falar durante algum tempo, bebendo lentamente o café. É agora que vamos falar do pior. Sobre a parte mais horrível não tivemos tempo ou coragem de falar no escritório. Foi o pior que aconteceu a Bojana no ano passado.

— Eu tinha enviado alguns repórteres ao prédio do governo para cobrir uma coletiva de imprensa e estava sentada no meu escritório quando recebi um telefonema. "Aconteceu uma coisa horrível", disseram. Alguns minutos depois telefonaram novamente: "Dizem que pode até ser o número 1." Ele perdeu a consciência a caminho do hospital, e, mesmo sem esperanças, os médicos o operaram. Era como se não quisessem que ele morresse.

Bojana está quieta com o café frio à sua frente. O bolo permanece intacto. Ela o empurra para o lado e me olha diretamente.

— Éramos muito íntimos, amigos espirituais — confidencia. — Ele me telefonava várias vezes por dia. Havia vários boatos sobre nós, mas éramos apenas amigos, uma amizade íntima sobre a qual até a mulher dele tinha conhecimento. Nunca houve nada entre nós. Sempre fui uma jornalista profissional. Quando o entrevistava, alguns pensavam que éramos amigos, outros que nos odiávamos. Ele era um bom convidado e eu uma boa anfitriã. Tínhamos uma relação honesta. Perdi de fato um bom amigo e não apenas um primeiro-ministro. Você ouviu: eu disse "apenas um primeiro-ministro", como se fosse possível dizer "apenas" em relação a um primeiro-ministro. Porém "amigo" é mais importante do que a posição, mesmo tratando-se de um primeiro-ministro. Para a Sérvia, para o país, foi uma perda irreparável. O país perdeu a energia, o rumo.

Agora Bojana encontra-se regularmente com a mulher de Djindjic. Ambas querem investigar a fundo para descobrir quem está por trás do assassinato. O herdeiro de Djindjic, Zoran Zivkovic, colocou em marcha uma grande campanha contra a máfia depois do assassinato e prendeu aqueles que atiraram, mas os cabeças não foram presos; e quando o mais conservador Vojislav Kostunica tomou posse como primeiro-ministro sérvio, não havia praticamente nada de novo no processo até que o homem que supostamente era o líder se deixou prender em 2 de maio. O outrora coronel das forças especiais sérvias, Milorad Lukovic, mais conhecido como *legija* por causa do seu passado na Legião Estrangeira, tinha laços fortes tanto com a máfia quanto com as forças de segurança, e foi preso sem protestar em frente à sua residência chique em Belgrado.

— Zoran lutou em muitas frentes ao mesmo tempo. Desafiou muitas pessoas. Havia cada vez mais gente atrás dele, e não sabemos, no final das contas, quem deu a ordem. A última vez que falei com ele foi na noite antes do assassinato. Tinha planejado uma grande operação de limpeza para três dias depois. Iam prender vários membros da máfia e do antigo regime, alguns se arriscavam a ser enviados para Haia. Ele me disse que tinha algo muito importante para me contar, algo que não podia dizer pelo telefone. Poderíamos falar disso no terraço dele, disse-me. Não podia naquela noite, então decidimos nos encontrar no sábado seguinte.

Bojana me olha diretamente e torce os lábios para baixo, numa careta amarga.

— Nunca vou saber o que ele ia me contar...

Ela continua.

— Portanto, na noite anterior ao assassinato ele me disse que tinha alterado os planos para o dia seguinte. Não iria a uma coletiva como combinado. Ao contrário, iria diretamente ao prédio do governo para se encontrar com a ministra das Relações Exteriores sueca, Anna Lindh. Tentou muitas vezes enganar eventuais conspiradores. Estava alerta, como sempre.

"Um mês antes, Zoran Djindjic tinha sido alvo de um atentado. Um caminhão no acostamento da estrada foi de repente colocado na pista momentos antes de o primeiro-ministro passar. Se não fosse a perspicácia do motorista, o carro de Djindjic teria sido esmagado. O caminhão e o motorista conseguiram escapar, e Djindjic disse as seguintes palavras, que mais tarde foram muitas vezes citadas: "Podem me matar, podem me tirar a vida, mas nunca poderão parar o curso das reformas que comecei."

"Havia muito que não me contava nada. Nunca mentiu, mas evitava me contar coisas. Por isso eu estava sempre um passo atrás. Perdi tempo, não consegui avisá-lo. Perto do fim, quando estava brigando com praticamente todo mundo, fazia pronunciamentos cada vez mais puros. Era como se quisesse purificar-se, ficar completamente limpo, ir para a morte sem pecados."

Bojana fica em silêncio.

— Foi declarado o estado de sítio. Controlaram todas as informações. Tentamos trabalhar o melhor que pudemos. Então desmaiei. Fui internada. Fiquei de cama.

Ri um pouco secamente.

— Eu sempre entro em colapso no fim.

Bojana olha para o relógio, vai para o almoço de domingo na casa da mãe.

— Mas deixe-me dizer *algo* positivo — pede. — Já não temos mais medo. Nosso líder devolveu nossa autoconfiança, guiou-nos para uma nova era. Mesmo que ele tenha morrido, ironicamente já não temos mais medo.

— E em relação às ameaças contra você?

— Nunca descobriram nada. Continuaram a acontecer, mas de repente pararam. Nessa época quase tinha me habituado a elas. Não sabia se eram políticas ou se era um louco. Eu torcia para que fossem políticas, porque, se tivesse de ser assassinada, melhor que não fosse por um louco... depois de toda essa luta!

O garçom anda à nossa volta. Bojana vem há 12 anos falando ao povo sobre os acontecimentos. Durante 12 anos muitos estiveram secretamente com ela. Agora a maioria está mais interessada no brilho que ela exibe, o poder, o dinheiro, a beleza. Bojana aparece nas revistas femininas de grande circulação, sorri para os leitores nas capas e é tida como um exemplo para as jovens.

— Talvez seja hora de dar algo a Bojana. Encher a minha cabeça de bons sentimentos.

Ela mede as palavras e me olha diretamente.

— Acho que quero ter filhos. Tenho 37 anos e preciso me apressar. Quando me encontro com amigos com filhos, sinto inveja deles. Não importa o que lhes tenha acontecido durante o dia, quando chegam em casa e vêem os filhos sorrindo podem se esquecer de todos os contratempos. Outras coisas se tornam importantes, e eu não me acho diferente das outras mulheres no mundo.

Ri, um riso que se transforma numa tosse seca.

La vie en rose

É primavera — e ainda estou em Belgrado.
PICHAÇÃO NUM MURO EM BELGRADO

— *NA STANITSU* — ordena o policial. — Para a delegacia — repete bruscamente quando Miroslav Nikolic, conhecido como Michel, fica imóvel. Os três policiais vasculham sua loja. Mas a loja, na feira de Kalenic, está vazia. Michel tem toda a "mercadoria" consigo. Os bolsos estão cheios de maços de marcos alemães e dólares americanos e, além disso, vários maços de notas de dinares. Michel compra e vende divisas. É o que se chama na Sérvia um *dealer*, cambista. Eu também sou revistada, os policiais me esvaziam a carteira. Óculos de sol, roupa de banho, óculos de nadar, toalha e um dicionário de norueguês-servo-croata. Nada que me comprometa, mas verificam o meu passaporte e digo que sou estudante. São os cambistas que os policiais procuram, raramente os compradores. — Pode ir — dizem-me eles. — Mas você fica, Michel!

O policial fala com Michel como se fosse um velho conhecido.

— *Picku materi* — é a resposta de Michel. É a sua expressão favorita e significa algo como "a boceta da sua mãe". Muito tempo se passa até eu conseguir falar com Michel novamente. O celular está fora de área, provavelmente confiscado. Então ele me telefona uma manhã, depois de uma festa.

— Fui libertado! — ele grita. — Mas levaram tudo o que eu tinha, aqueles diabos, vários milhares de marcos. Patifes! Filhos-da-mãe! *Picku materi!* — grita no telefone antes de se acalmar e explicar.

"Durante semanas tentaram fazer um acordo comigo para receberem uma parte do lucro, mas neguei, não queria trabalhar com ninguém, muito menos com a máfia da polícia. Ofereci a eles um câmbio bem vantajoso e alguns trocados, mas não aceitaram. Então vieram me prender como vingança. Mas eles vão se arrepender, porque eu tenho amigos mais poderosos do que eles. Vou deixar passar desta vez, mas se me prenderem de novo vão desejar nunca terem nascido — reforça Michel. — Não posso ser comprado, criei um negócio meu e quero conduzi-lo sozinho — continua Michel, negando pertencer a grupos da máfia de Belgrado. Só tem "amigos" que o protegem. — Nos ajudamos uns aos outros. Não quero ter nada a ver com a máfia, eu só me envolveria nos ajustes de contas entre eles. Todas as semanas há ajustes de contas dos bandos e vários assassinatos no submundo de Belgrado.

Na época de Milosevic era ilegal comprar e vender divisas na Sérvia, e a polícia prendia esporadicamente os cambistas; mas logo depois de saírem da prisão ou pagarem as multas, estavam de volta à rua. Porque esse era um negócio lucrativo, já que o sistema bancário mal funcionava. Enquanto o câmbio oficial de marcos alemães era de 6 dinares, recebia-se 22 no mercado negro. Os cambistas atuavam à luz do dia, estavam nas esquinas sussurrando "zzz". O som era da palavra *devizi*, que significa divisas, e quando se repete a palavra muitas vezes, ela é ouvida como se fosse um leve zumbido.

No dia seguinte à libertação, Michel está de novo na loja, que comprou pouco antes de ser preso. Até comprá-la operava numa determinada mesa, no restaurante Kalenic, que fica na esquina. Agora é o orgulhoso dono de um espaço de 10 metros quadrados. Quando abre os braços, consegue tocar as paredes da estreita lojinha. As prateleiras estão vazias, mas em breve estarão cheias de meias.

— Só o melhor de Paris, Roma e Londres — afirma Michel. — Acho que devia fazer alguma coisa aqui, talvez chamar um decorador de interiores. O que você acha? Design italiano ou francês?

Michel pouco lembra um vendedor de meias; pesa, pelo menos, 100 quilos; tem a cabeça raspada e um diamante engastado em ouro na orelha. Em volta do pescoço exibe colares e amuletos, uma cruz ortodoxa, o signo dele e um colar com os quatro esses, o lema nacionalista "*Samo Sloga Srbina Spasava*", que significa "*só a união salvará os sérvios*". De vez em quando realça o vestuário com um lenço de seda vermelho. Não interessa muito se vende muitas meias, é a fachada que importa.

A loja é apenas uma cobertura para todas as outras coisas que Michel faz. Principalmente o negócio das divisas, embora ele compre e venda muitas outras coisas: ouro, jóias, óculos, relógios, carros

— Quando eu tiver uma loja decente será mais difícil eles me prenderem, porque poderei declarar parte da renda. Quando a polícia me perguntar onde ganhei meu dinheiro, poderei falar das meias — diz ele.

No momento ele não dispõe de uma renda oficial, nada é declarado e ele sequer paga impostos. Mesmo sendo uma fachada, "as meias têm que ser as melhores que se podem comprar em Kalenic".

— Em breve vou precisar fazer cartões de visita novos — gaba-se. — Como acha que devo chamar a loja? Michelle?

Michel viveu em diversos lugares, na Itália, no Quênia, na Suécia, mas o lugar onde se sentiu melhor foi a Jamaica. O irmão vive em Gotemburgo, de onde importa água mineral da Sérvia. Michel fala francês fluentemente depois de seis anos na Suíça. Foi durante estes anos que Miroslav adotou o seu nome francês. Na Suíça dirigiu uma discoteca junto com um italiano, mas está contente por ter escapado a tempo. O italiano colocou uma bomba no porão da discoteca para receber 2 milhões de francos suíços da companhia de seguros. Recebeu o dinheiro, mas só até ser condenado, por fraude, a cinco anos de prisão. Naquela época, Michel já estava em segurança, de volta a Belgrado.

— Finalmente estou de volta à Pátria — ri. — Aqui também é possível ganhar dinheiro, mesmo que o país vá para o inferno. Nenhuma lei é respeitada, então fazemos as nossas próprias leis e tentamos manter a polícia afastada.

Michel não se arrepende de suas atividades escusas.

— Quando o Estado é criminoso, então também podemos ser — conclui. — Os bancos não funcionam, nós somos o banco — explica. Segundo peritos da área, a economia paralela representa cerca de um terço do produto interno bruto na Sérvia. É difícil avaliar porque ninguém sabe qual é o produto interno bruto. Cambistas como Michel representam apenas uma pequena parcela do mercado negro; os grandes tubarões desse negócio são o próprio governo.

Michel elogia a Suíça, onde "tudo funciona como um relógio". Mas nem tudo na Suíça funcionava melhor do que na Sérvia:

— Lá as pessoas são muito deprimidas — disse. — Tudo é muito organizado. Não existem desafios. Aqui as pessoas estão cansadas, mas não têm tempo para se preocupar com os males da mente — ri.

Michel encontrou uma solução própria para não ficar deprimido por causa do mal-estar generalizado. Ele usa óculos dourados com lentes cor-de-rosa.

— Experimente — convida-me. E de fato a vida parece mais alegre através das lentes dos óculos. — Parece fazer sempre sol, não é? — Ri. — *La vie en rose*, mesmo na Sérvia!

Michel orgulha-se dos seus conhecimentos de francês.

— *Trois cents, quatre cents, cinq cents* — conta em tempo recorde. No verso do seu cartão de visita estão impressos os ideais da Revolução Francesa: "*Liberte, Fraternité, Egalité.*" Na frente, lê-se: "Michel — *Perfection. Suisse Méthode*" e o número do seu celular sobre um fundo de notas de dólar americano e marco alemão. Pessoas entram sem parar para parabenizá-lo pela libertação, pela nova loja ou para trocar dinheiro. A maioria trata-o pelo primeiro nome. Aos bons clientes oferece café e *slivovitsj*. As pessoas trocam mais freqüentemente valores pequenos, 40 marcos, 60 marcos, 100 marcos. Muitos têm uma história a partilhar com Michel: uma senhora tem que pagar a operação do marido, um velho médico junta dinheiro para o curso do filho. Michel lambe os dedos e conta as notas velhas de dinar. No caso de somas grandes, umedece os dedos numa esponja para contar mais depressa. Além de um rádio e de um cinzeiro, a esponja é a única coisa no balcão, à exceção dos copos, permanentemente em uso. Ele sempre muda de canal quando toca uma canção triste, suspira e procura algo mais alegre.

— Não gosto de canções tristes!

Michel se casou e se divorciou três vezes. Tem duas filhas. Kosara, de 14 anos, mora em Belgrado com a sua segunda ex-mulher. Mas há anos não vê a filha, e se a encontrasse na rua não a reconheceria. A ex-mulher não o deixa vê-la.

Aleksandra tem 8 anos e vive na Suíça com a terceira ex-mulher; também não tem contato com elas. Não quer contar por quê, portanto deixamos o passado em paz. Para Michel é o presente que conta.

O celular toca sem parar e os valores são discutidos. Na compra, 22,2, 22,3 ou 22,4 dinares por marco e, na venda, 23. Se se tratar de grandes somas, Michel contrai os olhos e num piscar calcula seu lucro.

— Seis mil dólares em marcos? — diz Michel, tirando do bolso uma pequena calculadora. — Posso ligar para você daqui a dez minutos? — pergunta ofegante. Em seguida, telefona freneticamente para amigos e outros cambistas para levantar os marcos alemães necessários. — Qual é o seu câmbio agora? — pergunta e menciona o valor que está sendo praticado. Depois das ligações conseguiu o dinheiro e decidiu-se pelo valor do câmbio. Telefona ao cliente e o negócio é fechado. Combinam encontrar-se às seis horas em frente ao Teatro Nacional.

Nas transações grandes, Michel faz uma "visita em casa" ou encontra-se com o cliente num restaurante ou num carro em local combinado na periferia de Belgrado. Trocam-se algumas palavras e agradece-se a última visita. Michel e o cliente contam o dinheiro cuidadosamente. São marcos alemães, a divisa corrente na Sérvia, mas também aparecem pessoas com dólares obtidos em negócios na Rússia e no Iraque. Por causa das sanções há poucos negócios com os países do Ocidente. Uma noite fico com Michel para uma "visita em casa". Vai vender dinares a um sujeito num bar na avenida da Revolução. Depois de concluir o negócio, bebendo um copo de *slivovitsj*, Michel encontra um conhecido lá fora. Ele também é cambista e pergunta a Michel se pode lhe trocar mil marcos alemães.

— Quem disse mil marcos alemães?!

Dois sujeitos fortes aproximam-se de Michel e do outro homem. Estão à paisana mas mostram os seus distintivos policiais. Finjo estar olhando para os esmaltes que um homem dispôs ordenadamente num banco de rua. O amigo de Michel confessa que ele disse "mil marcos". Os policiais revistam-no e tiram maços e maços de notas.

— Tire tudo — gritam, segurando-o bruscamente.

— E você, quem é? — perguntam a Michel.

— Eu estava saindo neste momento do restaurante com a minha namorada norueguesa — diz apontando para mim, como se eu pudesse libertá-lo de toda a culpa. — Estávamos lá dentro bebendo um pouco. — Sinto que está nervoso, só se passaram alguns dias desde que saiu da prisão.

— Também é cambista? — perguntam os policiais desconfiados, pois Michel de fato faz o tipo tubarão do mercado negro.

— Não, não, como pode pensar isso — chia Miroslav Nikolic. — Tenho uma loja no mercado de Kalenic, vendo meias. Passe por lá um dia! — Pedem-lhe para esvaziar os bolsos mas não o revistam, e Michel só tira dos bolsos algumas notas de dinar. Os policiais liberam-no e ficam com o outro homem. Michel está prestes a explodir quando se vê em segurança dentro do carro em movimento.

— *Picku materi!* Agora chega! Duas vezes numa semana. Graças a Deus não me levaram! Tenho vários milhares de marcos comigo, felizmente não revistaram meus bolsos. Eu até poderia perdê-los, mas chega!

Michel tem o rosto vermelho como um tomate, os olhos redondos como balas, e não pára de falar, amaldiçoa a polícia, os sérvios e o sistema.

— *Ça suffit!* Basta, já não aturo mais isto, vou sair do negócio de divisas, virar um homem de negócios decente. Duas vezes numa semana, *oh, la la, merde, fils de pute! Picku materi!* Sorte minha não terem me reconhecido. Muitos na polícia me conhecem, e se me reconhecessem eu teria sido preso de novo. Seria a quinta vez em um ano. Não tenho como pagar tudo isto!

Pergunto o que vai acontecer com o amigo dele.

— Depende. Ou fazem um acordo e ele lhes dá 10% ou 20% do dinheiro que leva com ele, assim o dinheiro entra diretamente nos bolsos dos policiais, ou então levam-no à delegacia e ele perde tudo e fica preso, como me aconteceu. Pobre-diabo, ele é emigrante da Croácia, fugiu de tudo o que tinha, a casa, a propriedade. Agora atua no mercado negro para dar de comer à família. *Quelle horreur de vie!* — Michel assegura-me que vai deixar o negócio de divisas. — Quatro detenções só este ano, *c'est trop*, é demais! Vou fazer negócios legais — diz decididamente antes de voltar para as prateleiras vazias em Kalenic.

Alguns dias depois ele me telefona dizendo que vai ser dono de restaurante.

— Venha comigo à imobiliária!

Encontramo-nos na loja e Michel diz que não serei uma companheira de copo sem antes ter bebido uma dose de *slivovitsj*. Nota-se bem que já bebeu algumas. Está muito bem-disposto. Michel tem, como de costume, muitas tarefas ao mesmo tempo. Pelo caminho visita clientes, portanto é óbvio que ainda não deixou o negócio de divisas. Um saco plástico entrançado, do tipo que as velhas usam para as compras, está cheio de notas de 20 dinares. Ele passa seu perfume Hugo Boss e canta alto uma cantiga popular iugoslava a caminho do carro, um velho Yugo.

— Tenho um outro carro — afirma. — Um Mercedes, mas tem registro de Montenegro, portanto não posso usá-lo aqui. — Aumenta o som da famosa "Kalashnikov", de Gorah Bregovic, do filme *Mentiras de guerra*, de Emir Kusturica. — Genial — diz sobre a música. Michel voltou ao seu velho e alegre estado depois da quase-detenção. Está animado com o negócio. Um cliente o espera numa esquina, um vendedor de tintas é procurado na sua loja, um terceiro num restaurante.

Na imobiliária, faz sua última transação do dia. O agente imobiliário, Vinko Gluhovid, aproveita a oportunidade para trocar dinheiro durante a visita de Michel, já que este tem um bom câmbio. Depois de marcos alemães e dinares sérvios terem sido trocados de mãos, oferecem-nos vodca, *slivovitsj*, licor de damasco e conhaque. Michel escolhe vodca. Eu tomo uma bebida doce e sou apresentada como sua namorada norueguesa. Então vamos negociar.

— Vocês têm restaurantes? — pergunta Michel. — Quero ter o meu próprio restaurante, com discoteca no porão, e hotel no último andar. Não seria mau um motel na periferia de Belgrado.

Vinko procura no computador e apresenta algumas alternativas. Vários agentes de "grandes propriedades" passam por lá, sentam-se em volta da mesa e discutem os planos de Michel de uma discoteca-restaurante-hotel. O castelo nas nuvens é rapidamente transformado no complexo mais luxuoso de restaurantes nos Bálcãs. Michel me propõe ser crupiê, *hostess* do bar ou sócia. Brindamos repetidas vezes aos planos grandiosos. Há muito que a tarde passou à noite e a compra do restaurante a uma farra de bêbados. Enjoada do licor de damasco e de ser a "namorada" de Michel, consigo escapar.

Passadas algumas semanas, encontro Michel outra vez. Está de mau humor.

— O mercado dos dinares diminuiu. Primeiro acabaram com os dinares na Bósnia, depois acabou-se no Kosovo e agora também em Montenegro. Cada dia vai de mal a pior — diz Michel. Na loja as prateleiras continuam vazias e empoeiradas. Ninguém lavou o chão desde que ele a comprou e quando choveu a água entrou pelas goteiras. O rádio, a esponja, o cinzeiro e os copos ainda continuam sendo os únicos objetos.

Mas Michel arranjou cartões de visita para a loja, que acabou batizada de "Michelle". Em vez das notas de dólar, agora há a imagem de uma senhora vestindo meias, da cintura para baixo. No verso lê-se:

Michelle Perfection — Paris, Londres. Os melhores collants e meias para senhoras desde 2 até 150 marcos alemães. Parcelamos em até três vezes.

Desconto para grandes quantidades. Desconto para cavalheiros. O melhor câmbio do mercado.

Suisse Méthode.

Liberté, Fraternité, Egalité.

Apesar do cartão de visita admirável, Michel adiou os planos para a loja até o outono.

— O mercado não está preparado para as minhas meias, as pessoas não têm dinheiro — diz. — Primeiro quero ver o que acontece a Milosevic. Agora o país está isolado, quase não produzimos nada, não é a hora para começar alguma coisa — diz decepcionado.

Parece que uma parte de Michel desapareceu. Desapareceram os óculos cor-de-rosa e também uma grande parte da barriga.

— Passei de 104 para 90 quilos — murmura, parecendo triste e cansado. — Muitos foram para o exterior. Todos que querem alguma coisa na vida viajaram. Se não houver mudanças, vou-me embora. Talvez para Cuba. Lá posso começar uma pensão pequena, casar, viver a vida. Ou talvez para a Suécia ou Paris. Posso alugar a loja e o meu apartamento aqui em Belgrado e comprar um pequeno apartamento em Paris. É impossível ganhar dinheiro na Sérvia sem ter contatos com a elite no poder ou com os grandes criminosos. Droga, cigarros e petróleo, aí tem muito dinheiro para se ganhar.

— E os planos do restaurante? — pergunto. Michel não responde. Pergunto novamente.

— Não é a hora de começar nada, já disse! As pessoas aparecem para trocar 10 ou 20 marcos. Como posso viver com isso? E quem terá dinheiro para comer no meu restaurante? A economia do país está uma catástrofe, uma fábrica após outra fecha, ninguém se arrisca a investir em nada.

Escuto o que ele diz com um ar de preocupação. Isso parece animá-lo. De repente tem uma idéia.

— Talvez eu devesse comprar uma van, o setor de transportes vai bem. As pessoas não têm dinheiro para se deslocar em seus próprios carros, e reparou os ônibus lotados? Mas preciso esperar até o aumento das passagens. Agora um bilhete custa três dinares, assim não consigo ganhar dinheiro — diz e relembra, sonhando com tempos melhores. — Devia ter estado aqui durante os bombardeios, esses é que eram tempos, quando eu vendia gasolina por baixo da mesa e o câmbio ia de vento em popa. Naquela época podia-se ganhar muito dinheiro. Será que precisamos de uma nova guerra?

A guerra não chega, mas no dia da revolução em outubro avisto Michel na multidão em frente ao parlamento federal. Tento chegar até ele, mas o perco de vista no caos, quando a polícia lança gás lacrimogêneo sobre a multidão. Algumas senhoras à minha frente caem e o empurra-empurra faz com que eu perca o equilíbrio e tropece por cima delas. Em pânico, imagino como a multidão vai me arrastar na fuga desesperada pelo efeito doloroso do gás. Agarro-me ao casaco de pele de um homem forte, um homem que penso instintivamente que não cairá. Continuo agarrada ao casaco dele e sigo-o para fora da multidão, soluçando, arfando para tomar fôlego e com os olhos vermelhos lacrimejando. Mais tarde soube que não fora apenas gás lacrimogêneo que lançaram sobre a multidão, mas também gás mostarda, que foi o que me fez perder a respiração. Michel estava obviamente sempre onde havia mais ação. Participou do ataque ao parlamento, pondo fogo à odiada emissora de televisão, a RTS, e batendo nos diretores que ainda se encontravam no prédio.

Alguns dias depois, Michel ainda estava cheio de hematomas e inchaços no rosto após a luta com os seguranças da emissora. Encontro-o, por acaso, em frente ao parlamento, onde se colocou como guarda voluntário.

— Defendo a revolução, Kostunica e a Sérvia — diz ele orgulhosamente.

Estou na cidade para fazer uma reportagem para a NRK Dagsrevyen e Michel está mais do que pronto para ser entrevistado. Conta detalhadamente a sua luta heróica para *a libertação da Pátria*, fala sobre ser membro da oposição demo-

La vie en rose

crática e diz que defenderá Kostunica até a morte. Nunca utilizei a entrevista.

Numa exposição fotográfica sobre o dia da revolução, vejo uma grande fotografia de Michel. De um ferimento na testa corre sangue pela face. Ele tem um ar dramático, os olhos bastante arregalados. Mas independentemente da dramaticidade da revolução, por alguma razão ele parece um bandido.

Michel fez uma reforma na loja. Consertou as goteiras no telhado, pintou as paredes de branco e em breve colocaria espelhos.

— Encontrei uma senhora para ficar na loja, para eu poder continuar com as minhas coisas — diz no telefone, com um sotaque muito carregado. — Antes ela trabalhava numa loja chique de roupas infantis no centro Sava. Arkan e a mulher sempre iam lá comprar roupa para os filhos — gabou-se Michel. A empregada de Michel fora obviamente escolhida para condizer com as meias, não com a loja ou o mercado, uma vez que os vizinhos mais próximos vendiam *kebabs*, roupas de banho e peixes dourados em sacos plásticos.

Depois de algumas semanas como repórter de notícias, já era hora de ver Michel na Sérvia libertada. Eu estava com um mau pressentimento, porque os cambistas tinham praticamente desaparecido das ruas. Quando, após a revolução, o câmbio nas ruas igualou-se ao dos bancos, as pessoas passaram a preferir as instituições financeiras.

Michel está no meio de uma séria desavença em frente à sua loja. Ele pragueja, diz palavrões e gesticula. Está vestido com um novo casaco de pele brilhante e lenço de seda. Os cordões de ouro em volta do pescoço são os mesmos, a barriga que balança cresceu. Seus lucros diminuíram bastante.

100   *De costas para o mundo*

— Ganho talvez uns míseros marcos por dia se eventualmente alguém quer trocar moeda, portanto tenho de inventar alguma outra coisa para fazer. Comprei uns apartamentos em ruínas que vou restaurar e vender. Talvez comece um restaurante ou uma discoteca, mas os preços aqui no centro são exorbitantes, preciso arranjar um sócio, mas não se pode confiar em qualquer pessoa — diz Michel, já sonhando com um barco-restaurante no Danúbio.

A lojinha dele está, de fato, cheia de roupas infantis, e a senhora de quem ele se gabou na primavera está no seu lugar. A seleção é, no entanto, muito ao acaso e não parece, nem de longe nem de perto, chique. Muitas vezes há apenas um exemplar de cada peça e algumas já foram usadas. Algumas outras peças, como meias para criança em cores berrantes, estão sobrando.

Michel continua usando a loja como base, e, como não vou lá há um bom tempo, tenho que dar uma volta e cumprimentar os vizinhos — o vendedor de peixes dourados na esquina, os ciganos que vendem alho e pimentão seco, o dono do bar; atravessando a rua, as mulheres na loja de roupas de banho. Vamos ao bar de costume e Michel bebe rapidamente dois copos de cerveja, enquanto se gaba de eu estar escrevendo um livro sobre ele. Orgulhosamente, fala da estrela de televisão Bojana Lekic, do roqueiro Rambo Amadeus e da moça da Otpor, uma organização da resistência estudantil. Porém o que o deixa mais orgulhoso é o fato de figurar no mesmo livro que o presidente da câmara de Nis, que agora subiu na hierarquia e é ministro do Interior.

— Uma imagem representativa da Sérvia — explica ele. As pessoas assentem.

Como de hábito, tomamos uma xícara de café no cabeleireiro Zoran, que tem um estabelecimento pequeno, amarelo-pastel. Como sempre, Zoran acha que tenho um penteado muito sem graça.

— Sente-se aqui — diz apontando a cadeira. — Seu cabelo está seco demais — diz. Rapidamente vejo meu cabelo cheio de uma pomada gordurosa. — Agora veja — diz, satisfeito após trinta segundos de tratamento. E realmente o cabelo já não está seco. Na verdade, parece que não o lavo há semanas. Como sempre, convida-me a um bar, e, como sempre, recuso. — É uma pena — diz. — Temos tanto em comum.

Depois da ronda de cumprimentos, Michel me convida para almoçar, assim os garçons e os freqüentadores do restaurante Kalenic também poderão ouvir falar do livro. Alguns copos de *rakija* depois, Michel fala dos planos de uma firma de importação-exportação.

— A Sérvia não produz quase nada, portanto há muito dinheiro no negócio de importação. Ou talvez eu vá para a República Dominicana e abra um restaurante lá.

"Pregos! — grita de repente. — Pregos — explica quando olho para ele sem entender nada, e aponta para um prego na parede. — Na Macedônia fazem pregos muito bons. Posso importar pregos, e ferro-gusa às toneladas. É um bom setor."

Está com o terceiro copo. A pele brilha de suor.

— *Saumon fumé!* Salmão defumado! — exclama. — Poderia importar salmão defumado da Noruega, que é o melhor do mundo. Você poderia me ajudar — diz e me propõe sociedade no negócio, mas abandona a idéia rapidamente. — Ninguém tem dinheiro para comprar peixe, as pessoas não têm dinheiro, veja este restaurante, que antes vivia lotado, e agora tem quase mais empregados do que clientes.

O almoço é servido e proporcional à fome de Michel: coração, rins e fígado marinados em alho e salsa, orelha de porco com geléia, feijão, pimentões ensopados e picles como aperitivo, sopa de vitela e depois várias carnes grelhadas com batata e molho; por fim temos um bolo Napoleão sérvio e café.

Michel queixa-se que engordou.

— É o estilo de vida. E o estresse. É desgastante pensar sempre se um negócio compensa ou não e quanto ganho ou perco com a alta ou baixa do câmbio. Um amigo meu, também do ramo, morreu recentemente de enfarte, simplesmente caiu e morreu, portanto tenho de tomar cuidado.

Explica como vai perder os quilos extras.

— Vou treinar três vezes por dia, nadar, fazer sauna e andar de bicicleta. E só vou comer legumes e beber suco. — Escuto seus planos ambiciosos sem prestar atenção e penso que a dieta terá o mesmo destino dos pregos da Macedônia ou do barco-restaurante no Danúbio. Da próxima vez que o encontrar, Michel ainda terá a gordura que lhe dá charme e será tão pobre como é agora. Durante a refeição os planos ficam cada vez mais grandiosos. Vai restaurar dois apartamentos e vendê-los, comprar um barco-casa e um restaurante. Ou seria uma discoteca? Ou um bar? Fico confusa.

Michel Perfection — Suisse Méthode.

Três anos depois, de volta ao Restaurante Kalenic. Olho à minha volta e por cima das mesas, mas não encontro quem procuro e pergunto a um garçom:

— Sabe onde está Michel?

— Michel, claro. Há algum tempo que não o vejo.

— Sabe onde posso encontrá-lo? O celular que ele me deu não funciona.

— Não, não o conheço tão bem assim.

— Pode lhe dar um recado se ele aparecer por aqui?

Deixo um bilhete para Michel pedindo para me telefonar. O garçom promete que o entregará caso ele apareça.

Uma semana depois vou de novo ao restaurante. O garçom se aproxima e procura um lugar onde pousar a bandeja. Então ele se aproxima.

— Tem notícias de Michel?

— Sim — diz o garçom. O olhar é evasivo.

— Onde ele está?

— Num lugar não muito bonito.

— E onde é?

— No CZ.

— Onde?

— No CZ. Centralnyj Zatvor.

— Ai...

O garçom me deixa absorver a informação.

— Por que ele foi parar lá?

— Não tenho a menor idéia, uns companheiros dele é que me contaram. Tem entrado e saído de lá nos últimos anos. Acho que ele estava meio louco, se entende o que quero dizer — explica o garçom. — Nos últimos tempos exaltava-se bastante, acabava sempre em confusões. Foi espancado pela polícia várias vezes. E começou a beber muito.

O garçom encolhe os ombros. Não tem nada mais a dizer e quer continuar o seu trabalho. Saio. Meio louco?

Centralnyj Zatvor é a prisão de segurança máxima em Belgrado. Foi para lá que mandaram Milosevic antes de ser transferido para Haia. Nunca consegui entrar lá. Quando o calor do verão começou, saí da cidade.

De volta a Oslo, alguns meses depois, toca o meu celular. Número desconhecido, mostra o visor. Atendo na mesma hora e ouço uma respiração pesada do outro lado.

— *Allo? Allo? C'est Michel!*

— Olá! Já saiu?

— Fui para Kiev. Já faz meses. Kiev, na Ucrânia. Tenho negócios lá. Fiquei tão contente quando recebi o seu bilhete. Você pode vir?

— Bem, estou em Oslo agora. Estou um pouco ocupada. Você...

— Venha a Budva no verão. Budva, em Montenegro. Venha em julho, é melhor, tenho uma casa lá. Você será minha hóspede. Tenho um barco, podemos tomar banho de mar.

— Não sei se posso...

— Então em agosto?

— Eu...

— Dá para nadar em setembro. Sim, em outubro também e... bem... em outubro começa a ventar. Então, quando você vem?

— Bem, eu, você...

— Certo, conto com você. Vou telefonar... *Au revoir, mademoiselle. Je t'apelle! Au revoir!*

A serviço de Deus

Eu sou o Caminho, a Verdade e a Vida.
JOÃO 14, 6

SVETA FICA MUITO tempo olhando os sapatos na vitrine.

— O que acha daqueles? — pergunta apontando para um par elegante de sapatos italianos em pele. Antes que eu responda, ele chega à conclusão de que são caros demais. Aponta para um par de sapatos esportivos. — São legais, mas alguém pode se ofender, não têm estilo — diz. Então olha para um par de bico fino e sola baixa. — Aqueles são bons, talvez devesse experimentá-los — pensa.

— Não me parecem muito confortáveis com essas solas — contraponho.

Sveta resmunga:

— Confortáveis? Posso pensar nisso daqui a vinte anos. Agora quero aparecer com estilo.

— Mas ninguém vai ver seus sapatos debaixo da batina — digo.

— Vão sim, quando andar ou estiver sentado — responde Sveta muito sério.

Os sapatos são para uma cerimônia solene. Daqui a algumas semanas, Sveta vai se tornar padre. A batina já está pendurada no armário, as calças e a camisa estão quase prontas no alfaiate. Só faltam os sapatos pretos. Mas é tarde e as lojas fecharam há muito tempo, e já olhamos praticamente todas as vitrines das sapatarias em Nis, cidade no Sul da Sérvia onde Sveta mora. Então decidimos tomar uma cerveja. Mas Sveta continua pensando nos sapatos.

— É importante aparentar estilo para atrair os jovens à igreja — afirma. — Como padre novo é minha obrigação converter jovens, devo parecer jovial e moderno. Sabe, Jesus é sempre jovem.

Sveta não precisa se preocupar muito com estilo, já está na moda freqüentar a igreja na Sérvia, especialmente nas cidades grandes. Todos os domingos as casas de Deus enchem-se de habitantes da cidade, muitas vezes pessoas com curso superior. O batismo tornou-se *in*, porque o ateísmo tornou-se antiquado. Os jovens estão até mesmo procurando mosteiros em busca de algo em que acreditar. Alguns rejeitam a vida que a sociedade em crise pode oferecer e viram monges ou freiras, muitas vezes para desespero dos pais. Porque, na verdade, a geração dos pais não voltou à igreja. A população sérvia foi praticamente descristianizada durante o comunismo.

Os céticos tratam a busca da religião pelos jovens como um modismo, os ortodoxos falam de um renascimento da religião. Uma pesquisa de 1982 mostrou que só 3% dos jovens nas zonas tradicionalmente ortodoxas sérvias se consideravam religiosos, enquanto o número em zonas católicas era de 30%. Em 1999 a imagem tinha se alterado completamente e 58% da população se confessava crente, embora a veracidade de pesquisas religiosas na Iugoslávia comunista deva ser considerada com reservas. A pesquisa de 1982 foi feita pela *Ilustrovna Politika*. Os números de 1999 são do Instituto de Pesquisa Social em Belgrado.

— A juventude na Sérvia anseia por algo em que acreditar, algo eterno. Na fé ortodoxa ela encontra tanto o mistério como o amor eterno — explica Sveta após termos encontrado uma mesa num bar barulhento. — Contaram-nos tantas mentiras, vivemos sob ideologias falsas, ouvimos tantas utopias. A Sérvia está em crise e só existe uma saída: retomar nossa fé original e construir uma sociedade com base nos valores ortodoxos, onde a igreja é a instituição mais importante. Neste momento a sociedade está baseada numa pseudocultura, não sabemos o que nos pertence, quer dizer, não sabemos o que é sérvio e o que é ortodoxo. Estamos espremidos entre a Europa e a Ásia, misturados durante séculos. Temos que encontrar a nossa própria essência espiritual, ser uma nação saudável. A nossa verdadeira cultura é ortodoxa e só poderemos chegar até ela através da purificação religiosa.

Não é só a cultura que tem que ser purificada, mas as pessoas também. Seguindo à risca as regras da igreja ortodoxa, é necessário fazer jejum quase metade do ano. Sveta faz. Neste momento ele atravessa o período de purificação mais longo do ano, do Carnaval até à Páscoa. Carne, ovos e laticínios são proibidos.

— Deixei de fumar quando a Quaresma começou — diz Sveta e olha saudosamente para a mesa vizinha, onde fumase muito. — Deixei definitivamente. Quando se depende de algo significa que não se tem fé suficiente. Quando me tornar padre, precisarei dar um bom exemplo. Terei que ficar mais sério, pensar mais naquilo que irei dizer, porque as pessoas vão olhar para mim e me julgar — Sveta, cujo nome significa "santificado", parece ansiar pela responsabilidade.

108 *De costas para o mundo*

Depois da ordenação espera-se que use a batina aonde quer que vá. — Então não devo beber muita cerveja na cidade — ri virando sua segunda caneca.

Há ainda outras coisas que o homem de 28 anos precisará mudar. Começou a deixar crescer a barba e ainda não se habituou à sua nova imagem no espelho.

— Poderia ter continuado com os cigarros, não há ninguém que *me proíba* de fumar, mas a barba é obrigatória. Jesus tinha barba.

Após ter posto o bebê para dormir, Jelena, a mulher de Sveta, aparece no bar. Ao contrário dos padres católicos que não podem se casar, na igreja ortodoxa é necessário estar casado para ser ordenado. Foi o pai de Sveta, o padre Rasja, que os casou. Propôs que Sveta conhecesse melhor Jelena, que vivia na paróquia da mesma igreja; e foram visitar os seus pais.

— Caso goste dela, deve dizer sim quando ela perguntar se quer café, se não gostar dela, então diga que não — ensinou-lhe o pai. O filho disse que sim, o romance começou, e alguns meses mais tarde estavam casados. Sveta acha certo que os pais tomem parte na decisão do casamento dos filhos.

— Eles conhecem você e sabem do que você precisa. É muito melhor do que procurar alguém na cidade.

O futuro padre já parece um pregador. A mesa começa a encher. O diácono Dejan aparece com a mulher para tomar uma cerveja. Está sem batina e fuma um cigarro atrás do outro.

— Quando saio para a cidade não quero chamar atenção — explica Dejan.

Sveta não resiste mais e pega um cigarro dele.

— Pronto, então este será o último — promete, rindo.

A serviço de Deus 109

Quando a conversa volta à religião e cultura sérvias, fica novamente sério.

— Somos dominados pela cultura do Ocidente, pela América — diz. — Se mergulhássemos um coração e um fígado em Coca-Cola durante a noite, desapareceriam na manhã seguinte. Sabia? — pergunta. — Assim a América vai eliminar a cultura genuína na Sérvia. Querem governar o mundo todo, atacaram-nos porque não aceitamos a subordinação — a mesa acena em concordância. — Hoje não tenho nada de positivo a dizer da cultura do Ocidente — diz Sveta. — Lá não existe nada verdadeiro. A cultura é oca, seriados, McDonald's, Coca-Cola, use e jogue fora — diz e acrescenta a infidelidade, a criminalidade, o consumismo e o estresse. — Não vivem, só consomem. De resto, que civilização ocidental é essa que em pleno século XX utiliza bombas para resolver um problema? Que espécie de cultura é essa? — Sveta parece um eco de Milosevic, embora seja um forte oponente seu. — Milosevic é comunista e um pagão nacionalista. Mas se vocês desocuparem a Sérvia, então vamos conseguir nos livrar dele.

A igreja ortodoxa tem como base um sistema tradicional, nacionalista e patriarcal, e sempre encarou a cultura do Ocidente com ceticismo. Depois dos bombardeios da Otan em 1999, a igreja fortaleceu a retórica contra o Ocidente. O Ocidente foi culpado pela perda do Kosovo, pelo incêndio, explosão e vandalização por albaneses de várias dezenas de igrejas e mosteiros e pela expulsão do Kosovo, que a igreja considera o coração da Sérvia e o berço espiritual da igreja ortodoxa, de centenas de milhares de sérvios. A crença é baseada na doutrina de Sava, o monge que em 1219 foi o primeiro arcebispo na igreja ortodoxa sérvia e que mais tarde ocupou todos os bispados com sérvios. Estabeleceu a doutrina de que a igreja ortodoxa sérvia é a própria nação sérvia. Esta doutrina foi mais tarde utilizada pelos bispos para distinguir os sérvios. Isso explica por que muitos deles apoiaram Slobodan Milosevic, quando este utilizava retóricas nacionalistas para tomar o poder. Sempre mencionando as atrocidades cometidas contra os sérvios e sem mencionar as crueldades que os próprios sérvios cometeram, a igreja ajudou a aumentar as tensões étnicas. Como agradecimento pelo apoio, Milosevic deu mais poder à igreja. Permitiu que construíssem mais templos e, em alguns casos, trocou o ensino do marxismo pelo ensino da religião. Quando Milosevic acabou com os líderes bósnio-sérvios e o sonho da Grande Sérvia se perdeu, os líderes da igreja distanciaram-se dele. Continuaram a afirmar que todos os sérvios deveriam viver num só Estado e que as novas fronteiras entre as repúblicas iugoslavas foram criadas pelo Ocidente para dividir os sérvios. Só no sínodo de 1999 a igreja se afastou oficialmente de Milosevic e exigiu a sua demissão. A igreja ortodoxa sérvia se vê como uma igreja sofrida e considera que os sérvios são as vítimas. Apela ao povo usando mitos do passado. A luta não é no reino terrestre mas no reino divino, e alguns líderes da igreja afirmam que os mitos são mais verdadeiros do que a própria história. A publicação eclesiástica *Pravoslavlje* diz: "A ciência da história pode mudar a verdade com cada fato novo. A tradição não precisa alterar nada porque não se baseia em fatos, e, sim, numa imagem da verdade divina."

A voz de Bane sobressai em meio ao barulho dos copos e das conversas. Ele quer me falar sobre o glorioso passado sérvio e me mostrar estátuas, monumentos, mosteiros e igrejas nas zonas em torno de Nis.

— Você deve reservar uns dez, 12 dias — diz.

— E tem que visitar a nossa igreja — diz Sveta.

A serviço de Deus

— E ver o nosso bebê — diz Jelena.

— Pode ficar em nossa casa o tempo que quiser — afirmam.

Sveta me convida para a cerimônia de sua ordenação. A ordenação tem sido constantemente adiada, porque o bispo em Nis está ocupado, em viagem ou doente. A cerimônia chama-se *rukupolagnje* — imposição das mãos — e consiste em o bispo colocar a mão na cabeça do novo padre para consagrá-lo.

Então um dia Sveta telefona:

— Osy, vai ser na segunda-feira de Páscoa! Imagina só, no dia da alegria! — grita. — Você pode vir na Quinta-feira Santa e celebrar a Páscoa toda conosco — convida. Ele me chama de Osy porque acha que soa melhor do que Åsne.

Sveta encontra-se comigo na rodoviária e vamos diretamente para a sua igreja — São Nicolau. Chegamos a tempo para a missa da noite, a igreja está completamente cheia. A congregação está de pé, perto das paredes há algumas poucas cadeiras para velhos e doentes. Foram montados alto-falantes e muitos acompanham a missa do lado de fora, na noite fresca de primavera. Assistimos às últimas duas horas com cânticos de louvor, incenso, orações em comum e a bênção do padre. Sveta ensina-me a fazer o sinal-da-cruz à maneira ortodoxa. Da testa para o peito, depois do ombro direito para o ombro esquerdo. O polegar, o indicador e o dedo médio têm de se manter juntos, significa Trindade — Pai, Filho e Espírito Santo. O anelar e o dedo mínimo são dobrados contra a palma da mao e mantêm-se juntos, o que simboliza a união entre Deus e os seres humanos.

No fim, vamos receber a bênção do padre. O padre é Rasja, o pai de Sveta.

— Faça como eu — diz Sveta. Estamos numa fila enorme perante a imagem de Jesus. Sveta faz o sinal-da-cruz e ajoelha-se três vezes, beija o ícone, deixa algumas moedas numa taça e vai ter com Rasja, que lhe desenha na testa uma cruz com óleo santo. Sveta faz o sinal-da-cruz outra vez e beija a mão do pai. Eu faço o mesmo e me sinto um pouco tonta.

Voltamos à casa de Sveta e de Jelena para beber vinho, falar sobre a Páscoa, a ordenação e o jejum que está quase terminando. Sveta exibe com orgulho a batina, veste-a, olha-se no espelho e me mostra como deve sentar-se para não deixar aparecer as pernas. É como um rapazinho que recebeu o seu primeiro uniforme de futebol. Mesmo antes da meia-noite, o jovem teólogo assusta-se:

— Agora temos que nos apressar para beber! Não podemos beber após a meia-noite, porque será Sexta-feira Santa! — engole o resto que estava no copo num só trago, um minuto antes de meia-noite. — Pode fazer como quiser, você não é ortodoxa — diz. Sinto que é melhor seguir a regra e atendo ao pedido de Sveta de não beber álcool no dia em que Jesus foi crucificado. Deito-me no quarto de hóspedes enquanto Sveta fica de pé, na sala, rezando em frente à imagem e à chama da lamparina.

A Sexta-feira Santa é uma maratona de idas à igreja. A primeira missa começa às oito horas e dura de duas a três horas. Depois vamos ao mosteiro idílico de Sicevo, que fica numa colina fora de Nis. Aí, ao meio-dia, começa a cerimônia, que dura algumas horas e termina com a imagem de Jesus sendo envolvida simbolicamente num pano. A congregação faz fila para beijar os pés da imagem, uma Bíblia em prata e uma cruz. Depois beijamos a mão do padre e uma outra cruz é desenhada com óleo santo em nossas testas. Então bebemos água da fonte do mosteiro e comemos o pão da Páscoa, feito com água benta e farinha de trigo. É a primeira refeição do dia porque não se pode comer nem líquidos nem sólidos antes de Jesus ser envolvido no pano. Na Sexta-feira Santa, muitos nem comem ou bebem durante todo o dia. Mas voltamos para a casa dos pais de Jelena, para o almoço que consiste em pepinos e feijão refogado. A carne é proibida. O pai oferece *rakija*.

— Não, não posso beber na Sexta-feira Santa — diz Sveta. Muda de idéia quando vê todo mundo bebendo.

— Está bem, está bem — diz ele.

Após o almoço há missa outra vez na igreja de São Nicolau. Já conheço quase metade da congregação. Depois da missa da tarde, voltamos para casa e descansamos antes da missa da meia-noite. A igreja está novamente cheia, muitos têm que ficar do lado de fora. Em volta dela foram dispostas grandes caixas com areia onde as pessoas podem acender velas e rezar pelos seus entes queridos, tanto mortos como vivos. A missa é, no início, um simbólico *opelo*, funeral, depois tudo transcorre como de hábito. A congregação participa na oração e no cântico de salmos. A cerimônia se estende até as três e meia da manhã. Nessa altura já cambaleio atordoada pelo incenso, o cântico e o óleo santo na casa de Deus.

Na manhã seguinte tenho que voltar a Belgrado. Por mais estranho que seja, devo cobrir o encerramento da Fashion Week. É uma mudança abrupta depois de tanta religião, espiritualismo e devoção que Sveta, Jelena, seus amigos e famílias compartilharam comigo. Mas Sveta não esqueceu de mim. Quando acordo, no primeiro dia de Páscoa, há uma nova mensagem no celular: "*Osy, Xristos Voskrese! From Sveta!*" "*Osy*, Cristo ressuscitou!" À noite volto a Nis. Desta vez é Bane que vai me buscar, carrega um saco plástico cheio de prospectos, postais e pequenos livros sobre estátuas, monumentos, igrejas e mosteiros em torno de Nis.

— Alguns estão ultrapassados, deve desconsiderar a propaganda comunista — diz ele.

Sveta está em casa e prepara-se para o dia seguinte. Está visivelmente nervoso antes da ordenação, no dia seguinte, e quase não repara que chego. Está de pé recitando orações diante da lamparina tremeluzente da imagem de Jesus.

Antes das seis da manhã está de novo murmurando orações. Às sete horas estamos na igreja, ainda falta uma hora até o início da cerimônia. Sveta veste a batina preta, as calças, a camisa e os sapatos que finalmente acabou por comprar. Sobre a batina tem uma túnica vermelha bordada a ouro. A igreja vai enchendo e o bispo entra solenemente para celebrar a missa. Sveta está virado para o altar durante grande parte da cerimônia. Parece estar balançando, mas talvez seja eu. Depois de algumas horas Sveta é chamado diante do bispo. Ajoelha-se e o bispo põe a mão na sua cabeça, lê a Bíblia e o abençoa. Sveta beija a mão do bispo e dá lentamente três voltas no altar, uma vez para o Pai, outra vez para o Filho e uma outra vez para o Espírito Santo. Beija todos os objetos no altar, sob o olhar austero do bispo e dos padres — o crucifixo, os ícones, a Bíblia. Após os homens santificados voltarem à congregação, Sveta lê uma oração e o bispo encerra a cerimônia com um sermão. Finalizada a cerimônia, Sveta tornou-se padre e haverá uma celebração. Cinqüenta convidados sob a liderança do bispo se reúnem no restaurante Stara Kuca — "A Casa Velha". A Quaresma acabou e o restaurante está repleto, com vários pratos diferentes, *rakija*, vinho e cerveja. Sveta não consegue ficar quieto, conversa com todos.

— Estou tão nervoso! — exclama o anfitrião do dia. Fico sentada ao lado da sua avó, que se benze durante a refeição.

— Imagine que um neto meu se tornou padre! Jesus diz que os padres são a luz do mundo e o sal da terra — suspira enquanto mastiga ruidosamente cebolas inteiras da primavera e pedaços grandes de carne de cordeiro.

No dia seguinte, Sveta celebra a sua primeira missa na igreja de São Nicolau. Só se atrapalha um pouco quando tem que colocar sobre os ombros a fita vermelha, que simboliza as asas dos anjos. Depois de a missa ter acabado, passamos pelo escritório dos padres para compartilhar alguns ovos de Páscoa, um pouco de pão e alguns copos de *rakija*.

Quando saímos, dois jovens desajeitados e cheios de espinhas aproximam-se de Sveta. Benzem-se e beijam a sua mão. Sveta a retira.

— Não é necessário — contrapõe. — Acabei de ser ordenado — explica.

Os rapazes contam que são soldados em licença e querem acender uma vela na igreja. Para eles, Sveta, com a batina preta, é uma autoridade.

— Ainda não tenho nada para partilhar, por isso não queria que me beijassem a mão — explica sério. É o pregador dentro de Sveta que fala. — A congregação deve crescer. É minha missão que a Sérvia volte à ortodoxia. Jesus disse: "Ide e fazei de todos os povos os meus discípulos, em nome do Pai, do Filho e do Espírito Santo."

Sveta embarca em sua missão numa velocidade impressionante, no primeiro dia de trabalho ele vai batizar uns vinte bebês, crianças e adultos.

— Você deve voltar quando estiver pronta para ser batizada, Osy — diz e me benze à saída. — Deus a abençoe!

Durante as semanas e meses seguintes sou sempre atualizada em relação às atividades de Sveta e à igreja ortodoxa. A internet é o meio. Sveta me manda fotos de bispos em viagem, petições da igreja, orações em inglês e sérvio e pequenos bilhetes dizendo que reza por mim e que tudo está bem com ele, Jelena e a filha Angelina. Quando se aproximam as eleições em 24 de setembro de 2000, informa-me que vai votar em Vojislav Kostunica.

— Kostunica é um homem da igreja e um verdadeiro cristão.

Recebo um e-mail radiante depois de Kostunica finalmente ter conseguido a vitória, após a revolução em Belgrado. Alguns meses depois, Sveta me escreve dizendo-se ansioso por uma nova revolução.

— Precisamos de uma revolução espiritual. E isso passa pelo Salvador. Devemos ser purificados do que Ele chama os três inimigos da humanidade: pecado, morte e maldade. Estou tentando começar esta revolução, mas é difícil — admite Sveta.

Viajo a Nis para ouvir mais.

— Se isso for apenas uma mudança de poder em que novas pessoas substituem as antigas, pessoas que não querem uma revolução cultural e espiritual, então estamos no caminho errado.

Vestido com sua batina na sala de estar da casa dos sogros, Sveta parece um apóstolo ávido pelo combate. Angelina, que agora já anda, é a única que pode interromper a pregação e o entusiasmo revolucionário de Sveta. Quando ela se aproxima dele, este faz um intervalo para beijar o seu anjinho.

— Em relação à revolução espiritual, nada aconteceu — diz ele. — Mas a igreja passou a ter um espaço maior na sociedade desde que Kostunica assumiu o poder. A religião e as atividades da igreja têm mais cobertura nos meios de comunicação e as autoridades tentam introduzir nas escolas o ensino da religião e da pregação. Talvez eles consigam já no outono — diz. Sveta acha que os padres deviam ser responsáveis pelo ensino. Também acha bom que a igreja participe mais dos assuntos do Estado. — Kostunica aconselha-se muitas vezes com o patriarca Pavle — diz. — O líder supremo da igreja.

Sveta também obteve um lugar na mídia. É convidado fixo num programa da televisão local em Nis, onde se discutem valores espirituais, e tem a sua própria coluna num jornal.

— Freqüentemente recebo perguntas dos espectadores. Mas quase sempre tratam daquilo que a igreja pode fazer por eles. Ninguém pergunta o que eles próprios podem fazer pela igreja e pelo seu país. As pessoas se esqueceram do que significa ser responsável. Não haverá mudanças até que mudemos esta mentalidade.

Pouco depois, Sveta, contente, pôde confirmar que tinha razão. O jornal local em Nis disse que uma escritora norueguesa estava na cidade para retratar dois habitantes da cidade — o padre Sveta e o ex-prefeito Zoran Zivkovic. Eles me pedem uma entrevista e Sveta me leva até a redação do jornal. Estamos sentados, esperando, num local onde o barulho das máquinas de escrever ecoa pelos corredores. Como um som da infância, um som de que eu quase tinha esquecido. Conversamos com uma funcionária, que se queixa da falta de tudo e de como é difícil editar um jornal sem computadores. A mulher conta que talvez recebam ajuda de uma fundação estrangeira. Tomamos café e bebemos água mineral, e nos informam que não estão encontrando a jornalista que deveria fazer a entrevista. Mais tarde nos dizem que ela está ocupada com outra entrevista. Depois de quarenta minutos, saímos — sem termos visto a jornalista. Vamos visitar o bispo e não queremos chegar atrasados. Sveta vira-se triunfante para mim quando saímos do prédio.

— Vê, queixam-se e queixam-se, não têm o suficiente disto ou daquilo. Mas ser pontual não custa nada! Este povo deve ser purificado, como você pode ver.

E Sveta cuida para que cheguemos à visita ao bispo exatamente na hora combinada.

Na primavera de 2001 estou de volta a Nis para celebrar o dia de São Sava. Como fundador da igreja ortodoxa sérvia, o santo é o grande exemplo de Sveta. Cada família e cada instituição na Sérvia têm o seu santo, que celebram um dia por ano. São Sava é o santo da escola e da universidade.

Como de costume, as celebrações de Sveta são uma corrida de revezamento em alta velocidade. A primeira etapa é a missa da manhã, depois vamos buscar o bispo e visitar as escolas em Nis para pregar a mensagem de Sveta sobre orações, aprendizagem e trabalho duro. As escolas que visitamos estão decoradas com balões e desenhos do santo, as crianças cantam sobre o homem que deu aos sérvios a sua própria igreja, o bispo fala sobre a vida de São Sava e Sveta anda às voltas com incenso. Acendem-se velas e, por fim, o bispo vai benzer um bolo grande e redondo — um *kolatsj*. Com uma faca faz uma cruz funda e enche-a com vinho. O vinho tinto é absorvido pelo bolo, e o bispo e uma criança selecionada cobrem o bolo com beijos na borda.

Depois das visitas às escolas vamos a diversos departamentos na Universidade. Por todos os lados há cânticos de louvor e orações. De vez em quando nos servem *rakija* ou conhaque e pequenos bolos doces. Passamos por uma igreja em construção e tanto Sveta como o bispo se benzem.

— Temos quatro igrejas em Nis e agora estamos construindo mais duas — relata o bispo. — Mas deveríamos ter pelo menos 15. Se Nis fosse na Grécia, a cidade teria cinqüenta igrejas.

À noite, no clube militar, há um espetáculo festivo com mais cânticos e discursos. Fico sentada ao lado da mulher de um amigo de Sveta que sabe falar inglês. *"This is a song about St. Sava. This is a poem about St. Sava. This is a speech about St. Sava"* — diz durante a primeira hora. Depois se esquece da tarefa de traduzir, e quando pergunto sobre o que uma pequena e encantadora moça canta, diz: *"Oh, it's a song about St. Sava."* Não pergunto mais nada.

Depois do espetáculo festivo há um coquetel na residência do bispo, onde os ilustres políticos e religiosos da cidade se reúnem. Serve-se uísque, vodca, conhaque, cerveja e vinho, e o bufê frio está cheio de pratos diferentes. O coro do espetáculo entoa um salmo, alguém enxuga uma lágrima, outro se benze, mas a maioria continua só comendo e bebendo. Por volta da meia-noite vamos à casa dos pais de Sveta, onde comemos mais. O pai de Sveta me pergunta o que achei da celebração. Menciono os cânticos de louvor porque comecei a gostar da música da igreja ortodoxa, que inebria e fascina.

— O cântico de louvor é tanto místico quanto pacífico. Faz a alma flutuar — digo.

O padre Rasja fica tão contente com isso que diz que vai me arranjar um marido e me converter.

Na manhã seguinte é Rasja quem celebra a missa na igreja de São Nicolau. No sermão de repente ele menciona a visita de uma norueguesa.

— *Norvesjanka* ficou encantada com o cântico de louvor no dia de São Sava — diz. — Mesmo o povo do frio norte sente o calor da fé ortodoxa. *Norvesjanka* disse que se sentia em casa na fé ortodoxa e que tinha sido bem recebida por nós. Que sempre recebamos as pessoas com calor e amor — diz e abençoa a congregação.

A caminho de casa para o almoço, Sveta repete a oferta de me arranjar um marido.

— Ou você já tem um namorado? — pergunta.

— Não, nada sério — respondo suavemente.

Sveta fica calado durante bastante tempo, então pergunta:

— Osy, como pode uma pessoa ter uma relação que não seja séria?

Há silêncio no carro até chegarmos à casa dos sogros dele, onde o almoço de domingo nos espera com ovos mexidos, pimentão no vinagre e presunto cozido. Jelena come mingau, está enjoada. Sveta já tinha me contado a grande novidade — sua mulher está grávida de novo.

— Vamos ter pelo menos cinco — diz Sveta radiante. Jelena ri discretamente sobre o mingau e o chá de menta.

Depois do almoço há novas missões para Sveta, Rasja e o bispo. Um homem rico construiu uma nova casa e agora quer protegê-la contra infortúnios e acidentes. Pediu ao bispo e acompanhantes para benzer a propriedade. Canta-se, reza-se e o bispo benze e beija todos os objetos sacros, ícones, crucifixos e lamparinas de oração. O homem rico doou vários milhares de marcos alemães à igreja e a casa é benzida como agradecimento à doação.

Pergunto a Sveta se este homem bondoso é o tal ser humano exemplar que ele procura, o que dá em vez de pedir.

— Não — responde Sveta firmemente. — Este é um homem que, por acaso, tem dinheiro e que, da sua abundância, faz uma doação à igreja. Mas não tem qualquer educação e leva uma vida desregrada. O ser humano exemplar deve ser instruído e viver segundo as regras da igreja, rezar e, evidentemente, fazer ofertas — explica.

E, acima de tudo, não entrar em relações não-sérias, penso comigo mesma.

A revolução espiritual tarda a aparecer. A Sérvia caminha aos trambolhões, os governos se sucedem, a população trabalha arduamente enquanto a igreja se decepciona com os novos poderosos, pois estes não abrem as carteiras para construir novas igrejas e restaurar as antigas. Ao fim de cada governo, Sveta continua a me enviar e-mails com informações sobre as atividades da igreja. Eu própria fico absorvida por outros acontecimentos no mundo e me esqueço dos Bálcãs.

Em 17 de março de 2004, a igreja ortodoxa sérvia é atingida pela sua "noite de cristal". Os kosovo-albaneses destroem cerca de trinta igrejas ortodoxas e mosteiros no Kosovo. Muitos são queimados, outros explodidos. Várias construções datam do século XII, com afrescos insubstituíveis. Vandalizam-se ícones; túmulos de santos são abertos e carbonizados; altares, blasfemados; campanários, deitados abaixo; crucifixos, injuriados. Várias dezenas de sérvios são mortos em poucos dias sangrentos. A força de paz internacional é surpreendida por uma multidão de milhares de pessoas. A destruição é uma retaliação à morte de três kosovo-albaneses, afogados num rio depois de afugentados por ferozes cães sérvios.

Como uma vingança dos sérvios ortodoxos em Nis, a mesquita da cidade é incendiada, e, algumas horas depois, também a mesquita em Belgrado. Como o imame em Belgrado pouco lamentou os incêndios repulsivos no Kosovo, assim também a igreja ortodoxa sérvia pouco lamentou que as mesquitas tivessem sido destruídas. O ódio entre cristãos e muçulmanos — que fazem ambos papel de vítimas e lembram apenas os crimes dos rivais — se intensificou.

Quero procurar Sveta mais uma vez após os tumultos de março. Encontro o número dele num velho bloco e envio-lhe uma mensagem. Meio minuto depois recebo a resposta: "*I await you*. Sveta."

Uma semana depois, estou em frente ao prédio onde ele mora em Nis. Sob a luz fria de uma lâmpada na entrada, subo as escadas até a porta e toco a campainha.

O rosto estava mais redondo. A barriga também. A vida fora benevolente com Sveta e lhe dera boas condições de crescimento. Até a barba parecia ter crescido bem. Só algumas olheiras sinalizavam noites em claro e dias longos. Mas a época religiosa mais dura do ano acabara de terminar.

Sveta me enche de bênçãos e me convida a entrar na sala, que está meio às escuras. A lamparina das imagens sagradas arde em frente a Jesus crucificado. O olhar de São Nicolau pousa sobre o sofá. São Mihailo olha janela afora, São Pantokratov para a porta e Santa Sofia e as três filhas vigiam todos.

Um vulto pesado levanta-se do sofá. Jelena estica-se nas pontas dos dedos, me beija três vezes e acaricia a grande barriga.

— Estamos à espera do terceiro — ri. — Pareço estar sempre grávida quando você vem!

Sveta me oferece um lugar no sofá de couro marrom.

— Vinho branco? Cerveja? *Rakija?* Coca-Cola?

— *Rakija.*

Sveta vai buscar uma garrafa de aguardente na geladeira. A Quaresma já acabou e ela pode outra vez apreciar os prazeres da vida.

— Parece mais nova do que antes — elogia.

— E você parece mais santo — sorrio.

— Tenho a minha própria igreja — diz orgulhosamente.

— A igreja da Mãe de Deus, Presvete Bogorodice. As fundações são do século IV! Amanhã vou lhe mostrar. Está situada num lugar lindo, rural, fora da cidade. Em novembro do ano passado recebi a minha própria paróquia, quando o bispo finalmente me benzeu como verdadeiro padre. Quer ver a cerimônia em vídeo?

— Com muito prazer.

Sveta procura o vídeo e se aproxima, observando-me antes de pôr o vídeo.

— Imagine que já se passaram três anos desde a última vez que a vi. Você casou?

— Ah, não comece outra vez!

Batem à porta.

— O padre Rasja — diz Sveta enquanto se levanta para abrir. — Está tão contente por você estar aqui outra vez!

O pai de Sveta veste a batina comprida, um chapéu debruado e uma longa corrente. Entra dignamente na sala. Sei que deveria beijar sua mão, mas prefiro apertá-la firmemente, e faço uma saudação como para compensar a falta do beijo.

— Então você veio ver o que se passa com a gente — afirma o padre Rasja ainda de pé. — Você casou?

— Não...

— Qual a sua idade?

— Trinta e quatro.

— Alarmante. Alarmante.

Rasja, cofiando a barba, franze as sobrancelhas e olha pensativamente para o ar. Fixa o olhar no teto e conclui:

— O tempo para você está quase acabando. É meia-noite e cinqüenta e cinco, por assim dizer. Não, falta um minuto para a meia-noite. Um minuto para a meia-noite.

Faço uma careta e fico sentada calmamente até o sermão acabar. Eu quase tinha me esquecido desta parte. Prefiro pensar que ele está apenas preocupado.

— Sabe, antes de nos casarmos somos apenas metade de um ser humano. Só casando nos tornamos inteiros, duas metades que se encontram. E viram uma.

Aceno que sim e bebo um gole de *rakija*.

— Perdi a conta de quantos casais já uni. Quantos casamentos celebrei. Se você se converter, então lhe encontro um marido. Um sérvio puro. O que diz? E sabe que o casamento deve ser um dueto e não um duelo.

O padre Rasja ri, visivelmente contente com o seu jogo de palavras.

— Você é protestante, não é? — continua. — Lutero. Sim, Lutero sabia das coisas. Pelo menos era trabalhador.

— A nossa catedral foi incendiada, sabia? — pergunta Sveta. — E cem mosteiros no Kosovo. Centenas de mosteiros.

Desde que as forças sérvias deixaram o Kosovo em junho de 1999, aproximadamente 150 igrejas e mosteiros foram totalmente destruídos, assim como milhares de objetos sagrados.

Sveta está sentado na beira da poltrona. Os cotovelos repousam sobre os joelhos.

A serviço de Deus

— Islamismo — diz.

Deixa que o silêncio encha a sala de significados implícitos e olha para mim como se esperasse que eu assentisse com a cabeça.

— O islamismo é o câncer da Europa.

O padre Rasja também se sentou.

— O tumor se espalha. Só desaparecerá se for cortado. Se não lutarmos, o islamismo vai engolir tudo. Primeiro os da Europa ocidental, porque eles não estão atentos.

Rasja passa a mão pela barba e me fita com os olhos tristes.

— Sabe qual é o problema com os muçulmanos? Eles não respeitam a crença dos outros. Queimaram trinta igrejas num só dia. Mataram padres e freiras. Crentes inocentes. Os fundamentalistas do Islã só sabem combater com violência. Não entendem qualquer outra linguagem. Veja só o que Israel nos ensinou. Veja contra quem eles lutam. Se queremos lutar contra o Islã, os fundamentalistas do Islã, temos que mostrar força. Não podemos conviver, veja só o Kosovo!

O calor nos olhos de Sveta, o calor que me abraçou quando me benzeu à entrada da porta, começa a incandescer e a estalar. Chamas violentas sobem até os seus olhos.

— Para os muçulmanos não é nenhum pecado matar. Matam com total paz de espírito, entende? Mas para nós, ortodoxos, é um pecado matar, independentemente de quem se mata. Cada ser humano é um filho de Deus.

— O mundo está em crise — o padre Rasja diz do sofá.

— O mal está avançando. A globalização é a torre de Babel do nosso tempo.

Sveta assente com a cabeça. Jelena bebe suco. Eu esvazio o copo.

126   *De costas para o mundo*

— Não, agora vamos comer — diz o padre Rasja, levantando-se.

Sveta veste a batina. Eu vou atrás dele. Jelena fica em casa. Sento-me no banco traseiro do Golf de Sveta.

— É uma luta incessante pregar o Evangelho — diz o padre Rasja enquanto vamos a caminho do centro. — E nós que acreditamos que o novo governo ia ajudar. Mas não. Nem sequer temos aquecimento em nossa igreja.

Rasja resmunga tanto que até começa a tossir.

— Estive lado a lado com os democratas para derrubar Milosevic. Mas não recebemos nada em troca. Pelo menos a minha igreja não recebeu.

O carro entra num estacionamento sujo por um caminho de cascalho. Um grande letreiro anuncia: "Clube de Futebol dos Trabalhadores da Estrada de Ferro". Entramos no que é o restaurante do clube, um prédio de apenas um andar com mesas marrons, cadeiras de pinho e um tecladista que toca canções de amor iugoslavas no fundo da sala. Os dois homens de batina recebem acenos respeitosos. E o criado nos dá uma excelente mesa no meio da sala.

— Aguardente de pêra ou aguardente de damasco? Ou a habitual de ameixa?

Acaba por ser *krusjka* — aguardente de pêra — para todos.

O padre Rasja pede salada, carne, queijos e um vinho tinto macedônio. O garçom traz uma travessa com vários tipos de carne, tão grande que enche a mesa toda. Cordeiro, galinha, porco e *pleskavitsa* — um bolo chato de carne e temperos. Parte da carne é grelhada, parte é frita. De acompanhamento temos malaguetas frescas e verdes. Rasja reza uma oração curta à mesa antes de podermos levantar os copos, pegar os talheres e começar.

— Talvez haja derramamento de sangue — diz Sveta.

Olho para os pedaços de carne grelhados.

— Talvez haja derramamento de sangue. Sei que parece bárbaro. Mas para evitar que o Islã nos esmague, temos que utilizar a força e a violência. É cruel, mas é assim.

Fico surpresa com a intransigência de Sveta e com a mudança radical. Da última vez que estive aqui, a América e o Ocidente eram os grandes inimigos. Agora é o Islã. Serão os EUA os heróis?

— Bem, na verdade os dois são inimigos. Foram os EUA que conduziram ao crescimento do fundamentalismo do Islã. Os americanos são a origem do avanço do mal-estar — diz Sveta.

— Os EUA criaram Bin Laden — continua Rasja. — Agora ele voltou para mordê-los. Foi exatamente assim que os EUA criaram Milosevic, que depois se virou contra eles. Como o nosso ditador, Bin Laden tem o seu próprio plano. Eu era um forte opositor da guerra no Iraque. Sabia que ia ser como agora, um parque de diversão para os muçulmanos fundamentalistas. Agora estão afiando as espadas e a cada dia têm mais coisas a vingar. Os americanos estão lutando na areia movediça, não imagino como vão escapar.

— O que você acha de Bush, que diz lutar em nome de Deus? — pergunto.

— Não se deve mencionar o nome de Deus em vão — é a resposta seca de Rasja.

— É pecado mencionar o nome de Deus em vão — explica Sveta.

Larga a faca e o garfo.

— Não existe nenhum Deus no Ocidente — diz Rasja.

— Muitos crentes no Ocidente não concordariam com isso — contraponho.

128   *De costas para o mundo*

— O próprio estilo de vida dessas pessoas confirma que para elas não existe nenhum Deus. Ser cristão significa viver como Ele deseja: rezar, ser devoto, jejuar, viver de acordo com os mandamentos. O Ocidente é puro negócio, *Judas was a business man*.

— Não existe qualquer Deus no sistema deles — reforça Sveta. — A crise que o mundo vive neste momento também é um teste. Deus nos testa. Temos que encontrar o caminho certo e segui-lo.

Já terminamos os *krusjka* e o vinho tinto macedônio, mas tanto os pedaços de carne grelhada como as canções de amor no teclado parecem não ter mais fim.

— Sabe qual será o fim do Islã? — pergunta o padre Rasja.

— Não — respondo e espero pelo sangue.

— O fim do Islã será a libertação da mulher — diz o padre. — Enquanto os homens governam tudo, o fundamentalismo islâmico persiste. As mulheres não escolheriam esta religião se lhes fosse dada a opção.

— Por que não?

— Pergunto a você outra vez: o que é mais importante para uma mulher?

— Bem...

— O mais importante para uma mulher é ter filhos.

— Sim, bem...

— Alá não tem filhos. Mas o *nosso* Deus, o *nosso* verdadeiro Deus, tem um filho.

— Hum.

— Alá é um Deus frio, o *nosso* Deus irradia calor.

A carne esfriou e secou. A gordura em volta endureceu e brilha na travessa. Que Deus, o Deus ortodoxo, seja severo mas caloroso, é a última coisa que se diz à mesa. Esvaziamos os copos e vamos para casa.

Sveta e eu nos despedimos do padre Rasja nas escadas. Ele vive no andar de baixo. O velho padre brinca ao dizer que a mulher vai reclamar por ele não ter trazido nada de bom do restaurante.

— Mulheres — ri. — Mulheres. Mesmo no Paraíso vão encontrar algo de que se queixar!

De volta ao apartamento Sveta nos reúne para orar. Angelina e Elisabete dormem. Sveta, Jelena e eu estamos diante dos ícones, cada um com a sua Bíblia na mão. Sveta aponta um trecho do livro e pede que leiamos. Primeiro Jelena, depois eu e em seguida ele. Um estado de graça cai sobre a sala. A voz musical de Sveta enche o lugar. Leu as mesmas linhas tantas vezes que elas mais parecem um zumbido vindo de seus lábios. Não só as sabe de cor, é como se os músculos da boca atuassem por si próprios produzindo os sons. Quase não compreendo o que diz. Mas Deus deve entender.

Jelena fez a minha cama no sofá da sala. O quarto de hóspedes, onde dormi da última vez, virou quarto de criança.

— Consegue dormir de luz acesa? — pergunta-me Sveta.

— Como você pode perceber, a lamparina dos ícones nunca se apaga. Tem certeza de que consegue dormir mesmo com ela acesa?

Tinha. Pelo menos durante algumas horas, até ser acordada outra vez para ir à igreja no alvorecer. A manhã chama-se Sexta-feira da Luz — uma semana após a Sexta-feira Santa.

— Na semana após a Páscoa, todos os dias têm nome — explica Sveta. Ele, Rasja e mais alguns padres vão celebrar uma missa em conjunto, numa das igrejas da cidade.

Descemos à casa do padre Rasja. Ele está se vestindo, portanto falo um pouco com a mulher dele sentada no sofá. A mãe de Sveta está vestida de preto, como da última vez. O cabelo grisalho está esticado para trás, preso. No lábio superior tem pêlos grisalhos e espessos. Olha-me com olhos redondos e curiosos.

— Você casou?

É cedo e ainda não tomei café.

— Não — respondo aborrecida.

— Que idade você tem?

— Trinta e quatro.

— Na sua idade eu já tinha três filhos — diz orgulhosa, quase sonhando, enquanto me olha diretamente. Ela espera aplausos?

Ainda não bebi sequer um copo d'água, nada pode passar pelos lábios antes da missa.

— E eu escrevi três livros — murmuro, esperando que ela se cale.

A mulher de Rasja sorri.

— Não me parece a mesma coisa — diz condescendente, como para uma criança que não entende a diferença entre o certo e o errado.

— Não, certamente que não, mas por que precisamos fazer todos a mesma coisa? — replico.

Rasja interrompe a discussão desagradável. Levanto de um pulo quando o vejo, podemos ir embora.

— Por acaso você sabe o que aconteceu ao homem rico cuja casa você benzeu? — pergunto depois de termos entrado no carro. — Aquele que doou montes de dinheiro e que não era nem devoto nem instruído? — especifico quando não recebo resposta.

A serviço de Deus

131

Sveta e Rasja trocam olhares.

— Aconteceu alguma coisa com a casa? Ou com a família? Há algo errado?

— Está preso na Alemanha — responde Rasja, apertando mais a batina. — Antes de ir embora ele doou muito dinheiro à nossa igreja, sim, quase 50 mil euros, financiou a pintura dos ícones e, além disso, o nome dele foi gravado em ouro num quadro. Um dia ele apareceu e me pediu para abençoar uma viagem de negócios à Alemanha. Tentei mostrar a ele que Deus só pode abençoar negócios feitos com boas intenções. Algo me disse que a viagem não era pura, digamos assim. Suspeitava que ele talvez estivesse indo fazer contrabando ou algo parecido. Portanto, foi embora sem ter a viagem abençoada. Uma semana depois foi preso pela polícia alemã — diz Rasja. Muito sério, adianta: — Nós, os padres, devemos avaliar quando as pessoas querem abençoar isto ou aquilo. Imagine se eu tivesse abençoado a viagem e ele tivesse sido preso, eu teria sido seu cúmplice. Teria usado mal o nome de Deus. E o nome do Senhor não deve ser proclamado em vão.

Rasja olha para o ar pensativamente.

— Teria tido participação no crime. Agradeço a Deus por ter me dito que não o fizesse.

A igreja para onde vamos tem a sua própria fonte de água, e, neste dia, as pessoas vêm de longe para levar uma garrafa de água abençoada.

Sveta me indica um lugar antes de desaparecer detrás do altar. As paredes estão cobertas de ícones. Alguns barrocos, outros bizantinos. Sveta me explicou a diferença. Os barrocos têm caras abertas, bochechas cor-de-rosa e lábios avermelhados. São pintados com formas arredondadas e parecem em movimento. Muitos fazem lembrar cromos ou heróis dos livros de histórias. Vários têm sabres nas mãos, são retratados em combate, de preferência a cavalo, e, além disso, em luta com dragões. Os ícones bizantinos têm olhos amendoados que fitam você. São severos e rígidos. O fundo é pintado de ouro ou de azul-celeste carregado, isto quando a igreja não tem dinheiro para pintar de ouro. Ao contrário dos barrocos, não têm detalhes românticos que desviem a atenção dos santos.

— De quais você mais gosta, dos ícones barrocos ou dos bizantinos? — pergunta-me Sveta.

— São todos tão bonitos — respondo para ficar do lado seguro.

— Eu prefiro os bizantinos — diz Sveta. — São mais puros. E ficam tão bonitos com o ouro.

Estou de pé entre os santos e um mar de velas acesas que irradiam um cheiro de cera no interior da igreja. Devagar, a igreja vai-se enchendo. Perto do altar-mor pende um grande crucifixo.

— Preste atenção em Jesus — explicara-me Sveta. — Onde quer que você esteja na igreja, Ele a vê. Para onde quer que vá, os olhos Dele sempre vêem você. Jesus sempre sabe o que fazemos.

Durante duas horas acompanho a liturgia. Os seis padres vão em procissão atrás do altar, levantam a Bíblia, beijam-na, pousam-na, fazem o sinal-da-cruz sobre ela, beijam-na novamente. Levantam as relíquias, benzem-nas, pousam-nas. Começo a pensar em quem inventou os diferentes elementos na liturgia — três beijos, virar, sinal-da-cruz, esticar os braços, levantar os braços, virar de novo, repetir três vezes, passar o crucifixo ao vizinho, passar a Bíblia, beijá-la três vezes. É como uma dança coreografada em ritmo lento, em câmera lentíssima. Ao meu lado duas mulheres sussurram, as vozes parecendo assobios no espaço. Estão pobremente vestidas, como a maioria das pessoas no local, e cada uma tem um saco plástico. Jesus olha diretamente para elas também.

Cânticos. Orações. Incenso. Bênçãos. Então os padres saem da igreja em procissão. A congregação os segue. Três vezes temos que dar a volta à casa de Deus. A igreja está idilicamente colocada dentro de um grande jardim. A fonte sagrada dá num pequeno lago, e o sol desponta por cima das árvores. Reflete no lago e me sinto bastante feliz quando dou a volta à igreja. Daqui a pouco vamos tomar café. As pessoas trazem pão para ser benzido e listas de pessoas que querem que os padres benzam. Os homens santos têm dificuldade para escapar da fila de pessoas, na maioria mulheres, com pães e listas de nomes: Slavitsa, Radomir, Jelena, Vera, Janko, Bogoljub, Drago...

Café da igreja. Para dentro do escritório. Partimos os ovos de Páscoa e bebemos *rakija*. Os padres batem seus ovos uns contra os outros; perde aquele que primeiro tiver o seu ovo quebrado. Comemos um ovo atrás do outro e brindamos todos. Depois vem o café, forte e com muito açúcar.

— Almoço! — alguém grita. Na sala ao lado há um banquete de *pleskavitsa*, carne de cordeiro, queijo, pimentões, saladas e mais *rakija*. Os padres tomam seus assentos segundo uma ordem hierárquica, com o padre Rasja na cabeceira. Após alguns *rakija*, mudamos para um vinho branco fabricado num mosteiro e de sabor leve e agradável. Os padres misturam-no com água mineral para fazer uma bebida mais refrescante.

A conversa volta novamente para o Kosovo, os muçulmanos, os sofridos sérvios, os eternamente sofridos sérvios, os sempre maltratados sérvios.

134   *De costas para o mundo*

— Algo deve ser feito contra a influência dos muçulmanos.

— Nós, os sérvios, fomos intimidados por tempo demais.

— Deixamos que eles nos tirassem tudo.

— Vão acabar nos engolindo.

— Só existem dois homens dignos de ser comparados com Karadjordje* — diz Rasja. — Radovan Karadzic e Ratko Mladic.

Fico surpresa que Rasja saúde estes dois guerreiros. Os homens são procurados por crimes de guerra, mas são protegidos por grupos na Bósnia e na Sérvia. Rasja não teria se referido a ele desta maneira há alguns anos; agora, de certa forma, é aceitável admirá-lo novamente. Como nunca houve um ajuste de contas, é permitido esquecer ou, melhor dizendo, lembrar-se somente daquilo que convém.

— Lutaram por nós. Lutaram pela posição dos sérvios nos Bálcãs.

— E Srebrenica — diz um deles. — O que era de fato Srebrenica? Sim, durante muito tempo os sérvios foram aterrorizados pelos muçulmanos. Daquela vez lutaram. Era a guerra. Infelizmente, na guerra, morrem civis. Muitos sérvios sofreram durante a guerra, muitos foram mortos nas suas casas, forçados a fugir, muitos foram mortos a sangue-frio.

Os homens olham para mim. Sabem que o resto do mundo condenou o comportamento em Srebrenica, o maior massacre isolado na guerra da Bósnia, quando 7 mil homens e

---

* Karadjordje liderou a primeira revolta contra os turcos, em 1804. É o fundador da última família real sérvia a ocupar o trono.

jovens muçulmanos foram mortos em poucos dias. É como se todos na mesa soubessem que, com o pedido de reavaliação do acontecimento, um limite tivesse sido ultrapassado. E, assim, as guerras nos Bálcãs muitas vezes começaram ao se brincar com a história, alterando-a para encaixá-la num determinado estado emocional, mentindo em relação a estatísticas e mitos. As grandes guerras começam com cantigas folclóricas e histórias de aventuras e terminam num banho de sangue.

— Agora, o genocídio contra os sérvios no Kosovo continua — diz um deles. — Os sérvios outra vez estão sendo mortos e têm que fugir. É o momento de resistir. Os sérvios têm que reconquistar o Kosovo. Os sérvios têm que voltar à fé ortodoxa. Só isso pode nos salvar.

Saímos e sentamos num banco perto da fonte. O padre Rasja enxuga algumas gotas de suor na testa. Um garoto cigano aparece com um balde de plástico que enche com a água benta. Deve ter uns 6 ou 7 anos, e tem olhos lindos e profundos. Os dedos que seguram o balde são magros e sujos, o cabelo está despenteado.

— Você foi batizado, meu filho? — pergunta o padre Rasja.

O garoto olha fixamente para o jato que entra no balde. Inseguro, levanta a cabeça quando o padre repete a pergunta.

— Sim...

O garoto prolonga a palavra como se quisesse responder o que o homem desejava ouvir.

— Traga a sua mãe e os seus irmãos e eu então vou batizá-los — diz Rasja.

— Sim... — diz novamente o garoto antes de arrastar o pesado balde.

Sveta está pensando. Com os braços cruzados, olhando para a torre da igreja, não parece perceber o garoto nem a água.

— De que modo a revolução espiritual está chegando? — pergunto.

— Está chegando, está chegando. Quando Deus quiser — diz ele com o olhar voltado para o céu.

Poder encenado

Navigare necesse est
Vivere non est necesse
(Navegar é preciso
Viver não é preciso)
POMPEU

PERTO DA ESTRADA, na periferia de Belgrado, existe um oásis — um palácio brilhante com palmeiras, chafarizes e aves raras. Belas mulheres dão as boas-vindas na porta, acompanhadas do canto dos pássaros e de música clássica.

Você pode andar a pé no jardim-de-inverno iluminado e observar o teto de vidro em que a água corrente forma desenhos estranhos ou ir ao salão indiano onde são servidos pratos deliciosos. Pode sentar-se nos sofás macios no salão italiano ou nas espreguiçadeiras no salão francês, se não preferir uma poltrona ao pé das várias lareiras. Quando se cansar de olhar para as chamas, você pode olhar para o mapa de estrelas de pequenas lâmpadas no teto. O mínimo gesto é percebido pelos empregados atentos. Quer um vinho do Porto antes do espetáculo?

Este é o hall de entrada do teatro KPGT e o parque de diversões do diretor teatral e político Ljubisa Ristic. Numa noite fria de inverno, estamos, após uma apresentação, sentados em frente à lareira que crepita.

— Comecei a construí-lo há cinco anos, quando todo mundo pensava que era impossível fazer algo na Iugoslávia. Só podíamos destruir. Agora temos três palcos e planejamos mais quatro — diz orgulhosamente.

O teatro, que foi erguido sobre as ruínas de uma antiga fábrica de açúcar, ficou pronto em 1999.

— Nos primeiros quatro anos atuamos do lado de fora ou nas salas destruídas da fábrica, com janelas partidas e pombos no teto. No inverno, as pessoas ficavam sentadas com seus sobretudos e gorros — ri Ljubisa e olha para o agora luxuoso hall de entrada. Nenhum detalhe escapou, não há duas pernas de mesa iguais, cada uma tem sua forma exclusiva. A balaustrada ao longo do mezanino foi transformada em arte escultural. — O primeiro espetáculo no novo palco aconteceu durante um bombardeio. Não podíamos fazer nada senão atuar, porque imagine se tivessem nos bombardeado e não tivéssemos aberto a nova sala ao público; vários anos de trabalho teriam sido perdidos — conta Ristic. — Venha. — E me puxa para fora da poltrona.

Subimos escadas com tapetes macios, atravessamos salas e corredores. Tudo é novo e moderno, as salas são espaçosas e no camarim dos atores há cadeiras estofadas em seda e colunas de estilo pseudoclássico. Os atores têm sua própria biblioteca de literatura dramática e vários computadores onde podem fazer suas "pesquisas de personagem".

— Já construímos 7 mil metros quadrados — diz Ristic apontando aqui e ali.

Gradualmente, ele continua apontando castelos no ar. No fundo do foyer com estrelas piscando, uma das paredes é como uma grande janela emoldurada em ouro. Por trás do vidro vê-se uma cratera na qual escadas e cordas conduzem ao abismo. Parece uma escavação arqueológica, mas o buraco será uma ópera com cinco andares de balcões.

— Será construída num estilo barroco inspirado em Gaudí — precisa Ristic. — No porão haverá um clube de jazz, decorado como uma sala chinesa de Charles Rennil Mackintosh. No prédio ao lado serão construídas quatro salas de cinema, uma enorme galeria de arte, uma passarela e um centro de moda com ateliê para os estilistas. Teremos também uma academia de ginástica, salões de beleza e clínicas de massagem, e o quinto andar será coroado com uma piscina sob uma enorme cúpula de vidro.

Enquanto Ristic sobe e desce as escadas, um delicioso aroma de chocolate espalha-se no gelado ar invernal da cratera.

— Também se fazem bombons no porão — explica Ristic. — E eu já disse que vou construir mais quatro restaurantes, um grego, um italiano, um chinês e um mexicano?

As más línguas afirmam que Ljubisa Ristic se vendeu a Milosevic para poder construir o seu palácio. Ou, melhor dizendo, à mulher do ditador, Mira Markovic. Em 1995, Ristic surpreendeu todo mundo quando apareceu com Markovic numa coletiva de imprensa, como presidente do seu novo partido — JUL, a esquerda iugoslava. O artista, dissidente e rebelde, estava de repente lado a lado com uma das pessoas mais odiadas do executivo iugoslavo. Foi um escândalo. Ristic tinha trabalhado em toda a Iugoslávia e era quem mais vezes representara a Federação nos festivais de teatro no exterior. Durante a revolução dos estudantes foi um dos líderes nos protestos contra o regime de Tito. Foi preso e espancado pela polícia, e quando acabou o curso de diretor em 1971 foi, por causa de suas opiniões rebeldes, proibido de encenar suas peças num perímetro de 100 quilômetros de

Belgrado. Foi forçado a trabalhar nos teatros da província, e a única peça que apresentou na capital foi a de final do curso na escola de teatro.

— Foi a peça mais vista de todos os tempos na Iugoslávia e ainda está no repertório do Teatro Dramático de Belgrado, 29 anos após a estréia! — gaba-se ele.

Em 1995, já não era um subversivo, mas presidente do partido do mais exclusivo *establishment* do país. Enquanto os diretores de várias indústrias estatais apoiavam o SPS, o partido de Milosevic, no setor privado a maioria dos barões da mídia, capitães da indústria e personalidades da área de entretenimento alinhou-se com a mulher dele. Era aí que havia dinheiro e contatos. Muitas vezes era necessário um pistolão para obter contratos e concessões. Por causa desse nepotismo generalizado, o JUL era um partido pouco popular. Mesmo com uma enorme verba para propaganda, o partido não costumava passar de 2% nas pesquisas de opinião.

— Muita gente no partido pensa que financiou o meu teatro. "Esta é uma obra nossa", dizem. Isso é tão idiota como dizer que o Departamento de Cultura ajudou em alguma coisa. Eu mesmo paguei por tudo, com dinheiro proveniente de negócios bem-sucedidos. E tive a ajuda de um grupo grande de doadores. Ninguém me pagou por apoio político. Agora, além do mais, interrompemos a construção. Desde o bombardeio não construímos nada de novo. Hoje não há dinheiro para centros culturais na Sérvia, primeiro temos que reconstruir pontes e prédios destruídos pelas bombas da Otan.

O artista polivalente não concorda em não ser mais um rebelde.

Poder encenado 141

— Sempre lutei pelas idéias da esquerda e pela cultura iugoslava, e continuo a fazê-lo, ao contrário dos meus antigos camaradas, que viraram moleques de recado do Ocidente — diz e conta por que decidiu entrar na política em 1995. — Foi um período extremamente difícil para a Sérvia, a ideologia dominante era o nacionalismo. Havia uma guerra terrível na Bósnia. Falar da Iugoslávia era tabu, e idéias de esquerda eram marginais. Sempre neguei ser membro de qualquer partido, mas Mira me telefonou e disse que o desejo dela era paz e antinacionalismo. Era algo que eu podia apoiar. "Você precisa da minha ajuda para isso?", perguntei. "Sim, porque o meu marido é presidente, portanto não posso liderar este partido eu mesma", respondeu Mira.

Ljubisa Ristic nunca se encontrara com Mira Markovic antes desta conversa telefônica, mas ela conhecia bem sua reputação artística. Logo começaram a se ver socialmente e depois encontravam-se quase que todo dia. Ljubisa Ristic freqüentemente era convidado à residência do casal presidencial.

— Nunca vi um casal tão unido. Irradiam uma harmonia raramente vista; a maneira como escutam um ao outro, se elogiam, se olham e se admiram é muito especial — diz Ristic, e descreve os bons sanduíches que o presidente faz, como dá banho no neto, declama poemas e canta durante horas. — Dos dois, é ele o doméstico. Mira é a pensadora, Slobodan é o prático. Quando ela está aqui no teatro, dá voltas, olha para a construção do prédio e comenta sobre o andamento das obras.

Mira vem para ver Shakespeare. Uma típica encenação KPGT de Shakespeare deveria agradar o casal presidencial. Na versão de Ristic de *Júlio César*, os romanos são americanos viciados em chiclete que destroem a cultura egípcia, tal como, de acordo com Ristic, vão fazer com os sérvios.

Ljubisa Ristic adora falar do lado humano de Milosevic. Como Milosevic, depois de um jantar, teve ciúmes quando Ristic e o editor-chefe da publicação do governo *Politika* se preparavam para ir a um *nightclub*.

"Passa da meia-noite, está tarde", tentou Milosevic.

"Não, agora é que a noite começa", assegurou-lhe Ristic. Quando os dois foram, Milosevic ficou para trás, desanimado.

— Ele queria muito ir, mas não tem liberdade nenhuma — diz Ristic. Quase parece querer ser o "coitadinho". — Durante a guerra do Kosovo, na noite anterior ao encontro de Milosevic com o enviado russo, Viktor Tsjernomyrdin, para uma rodada de negociações, Milosevic insistiu em dormir em sua residência em vez de, como costume, sair da cidade — continua Ristic. — Mas Mira recusou e o presidente cedeu. Naquela noite caiu uma bomba no meio da cama do casal.

O diretor de teatro insiste obstinadamente em que Milosevic é o melhor homem para a Sérvia.

— Não pode se demitir agora. Não há nada que ele queira mais do que se aposentar, mas só ele pode governar o país neste momento.

Digo que Mira poderia ser eleita presidente. Ristic fica zangado.

— Este é um país normal, não uma monarquia como a Noruega. Aqui o poder não é hereditário, pare de dizer bobagens!

Entrevistar Ljubisa Ristic é uma tarefa difícil. Ele é um mestre dos cancelamentos de última hora, há sempre coisas mais importantes acontecendo. As entrevistas são interrompidas pelo telefone, pelo coreógrafo, pelo cenógrafo ou por um dos atores. De vez em quando chega o poderoso ministro da Informação iugoslavo, e sou empurrada para um sofá ou Ristic tem que sair às pressas. Mas, pelo menos, vi muitos espetáculos do teatro enquanto aguardava. Quando quer, Ristic é um cavalheiro. Numa entrevista, foi me buscar no seu Audi A8 prateado. E, como cavalheiro à maneira iugoslava, beijava-me a mão sempre que dava uma resposta com a qual ficava contente. Um pouco estranho, mas eu reparava que fazia assim com todo mundo. Uma noite em que me levou para casa, praguejou em voz alta sobre a mudança de nome das ruas. Depois de terem tido nomes de *partisans* e comunistas, agora têm nomes monárquicos e clericais. Trata-se de uma obra da prefeitura de Belgrado, dirigida pelo SPO, o partido de oposição monárquica. Ristic é, ele próprio, ateu e nascido numa família comunista. A mãe e o pai estiveram na resistência *partisan* durante a Segunda Guerra Mundial quando tinham 16 e 17 anos. O pai foi general no exército iugoslavo. Aproximamo-nos da minha rua e pergunto se podemos continuar a entrevista no dia seguinte. Mas Ristic vai a Novi Sad para assistir à inauguração de uma ponte reconstruída depois da agressão da Otan — explica. Pergunto se posso acompanhá-lo.

— Não, é uma viagem "de alta segurança", vamos viajar num veículo blindado.

— Quem vai inaugurar a ponte? — pergunto.

— Isto é "ultra-secreto".

No dia seguinte, vinte minutos do noticiário na televisão estatal são dedicados à ponte e aos discursos.

— Esta é uma ponte moralmente superior — grita Slobodan Milosevic. As pessoas em volta batem palmas. — Mostra que somos um povo superior, que somos o país mais europeu em toda a Europa! — As pessoas batem ainda mais palmas e acenam com imagens do presidente iugoslavo. — Que a Europa aprenda com a pequena Sérvia e que esta ponte represente o orgulho histórico e a liberdade do ser humano. Vencemos os nossos inimigos, não por sermos mais fortes, mas por sermos melhores — grita Milosevic, e o regozijo parece nunca mais acabar. Depois inspeciona o ônibus. Todos os lugares estão ocupados por homens e mulheres sérios. Parece que também eles acham que é uma ponte moralmente superior, sem mencionar a honra que sentem em viajar no mesmo ônibus que Slobodan Milosevic. De repente, Ristic aparece desfocado na tela, num assento no corredor e parecendo aborrecido.

Ristic se aborrece com facilidade, e a maioria das coisas que faz é por impulso, mesmo quando encena peças de teatro. Ele pode deixar os ensaios de uma peça depois de dez minutos se estiver mal-humorado, ou pode agüentar a noite toda. Tenta me explicar o constante cancelamento de nossos compromissos:

— Não é que não tenha tido tempo, mas preciso estar com a disposição certa.

Neste dia de junho, obviamente está. Sentamo-nos, cada um no seu sofá com vista para a cratera da ópera emoldurada em ouro. Ele tem dois maços de cigarros Davidoff em cima da mesa à sua frente e um empregado com freqüência vem perguntar se precisamos de alguma coisa. Finalmente Ristic vai expor suas idéias políticas, construídas sobre o conceito de Iugoslávia — *irmandade e unidade*. Ser iugoslavo é o mais importante de tudo. O nome do teatro KPGT simboliza a unidade iugoslava. Representa "teatro" nas quatro línguas da federação anterior: croata, sérvio, esloveno e macedônio — Kazaliste, Pozoriste, Gledalisce e Teatar. O grupo de cultura KPGT foi criado em Zagreb em 1978, mas só em 1995 conseguiu o seu próprio teatro em Belgrado.

Tal como as autoridades, Ristic vê as guerras dos últimos dez anos como um resultado da manipulação do Ocidente.

— A América quer colonizar a Sérvia por causa da nossa posição geoestratégica. A principal rota comercial entre a Europa e a Ásia passa pela Sérvia. A América teme que a Europa venha a controlar essa passagem e fique muito forte, ou então a Rússia. Os EUA querem estar presentes na Sérvia tal como no Panamá — diz Ristic. — As guerras na antiga Iugoslávia foram todas produzidas pelos EUA para controlar o comércio na zona. Quando a guerra na Bósnia começou, o maior projeto de investimento na Europa, o canal Danúbio-Meno-Reno, tinha mesmo terminado. Os americanos não toleraram isso. Por que bombardearam sobretudo pontes no ano passado? Sim, para cessar o comércio e o trânsito. A mesma coisa com as sanções. Querem nos asfixiar para nos colonizar. Veja só as antigas repúblicas iugoslavas, foram todas colônias do Ocidente, menos a Sérvia. Fomos bombardeados no ano passado porque nos atrevemos a dizer não.

— Ristic fala acaloradamente dos desejos dos EUA e do Ocidente de conquistar o seu país e da resistência perseverante do povo sérvio.

— Os sérvios não teriam alguma parcela de culpa nas guerras? — pergunto.

— No princípio, Milosevic tinha uma idéia bastante ingênua ao defender os interesses dos sérvios na antiga Iugoslávia. Acho que não percebeu que construir uma nação sérvia não respondia ao nacionalismo agressivo dos outros povos, que começou a se manifestar nos anos 1980. Ele deveria ter sido mais esperto, porque a república iugoslava era a única solução para o problema de uma nação sérvia, com centenas de sérvios vivendo nas outras repúblicas. Os croatas já tinham, há muito, falado de uma Croácia independente; o mesmo aconteceu com os eslovenos. Depois os bósnios também quiseram a independência, mas quando os sérvios começaram a sonhar com uma Grande Sérvia era contra os nossos próprios interesses. Milosevic não compreendeu como era catastrófico para a Sérvia perder a Iugoslávia. Agora Milosevic quer uma federação forte, e foi para reforçar a Iugoslávia que fundamos o JUL — explica Ristic.

Os críticos dizem que o JUL, a esquerda iugoslava, foi formado pelo casal presidencial porque o SPS se comprometeu demais durante as guerras nos Bálcãs. Estabelecendo um partido alternativo, podiam reconquistar a confiança do povo sem no entanto perder poder, tudo ficaria em família. Não existia, por assim dizer, nenhuma diferença entre os dois partidos.

— Não é o momento de discussão sobre coisas pequenas. Agora luta-se pela nossa soberania nacional. Nada de direita e de esquerda. Mas espero que possamos ser críticos uns dos outros no futuro. Agora só vale uma coisa: ser patriota.

Assim como a da companheira de luta, Mira Markovic, a retórica de Ljubira Ristic contra o Ocidente é agressiva. Os países do Ocidente são agressores e colonialistas.

— Agora foram tão longe que até matam pessoas, uma após a outra.

Ristic acha que o Ocidente está por trás dos assassinatos políticos para desestabilizar e tomar o poder do país.

— Mas nunca vão conseguir, como não conseguiram no ano passado. Pensam que Milosevic é um nacionalista, mas ele nem sequer se preocupa com as ideologias, é um banqueiro. É tão pragmático que nem sabem com quem lidam. É por isso que não conseguem apanhá-lo, mesmo que tentem com todos os truques sujos. Milosevic nunca deixará escapar o controle se significar deixar a Sérvia nas mãos do Ocidente — ruge Ristic, tanto quanto se pode rugir deitado num sofá branco, descalço, com um Davidoff na mão e uma xícara de expresso à frente.

Apesar da atitude contra o Ocidente, Ristic chama o seu teatro de "International Art Center".

— Isto vai se tornar um espaço de encontro internacional para artistas — assegura.

Mas ele já não recebe visitas de grupos do Ocidente e também não pode encenar suas peças fora. A última encenação que fez no exterior foi em Londres, em 1995. Ljubisa Ristic está na lista de pessoas indesejáveis na maioria dos países da Europa e nos EUA devido a "sua proximidade com o regime de Slobodan Milosevic". É o preço por ser o braço direito de Mira, e ele não perde o sono por causa disso.

— Posso viajar para lugares muito mais interessantes no mundo, para a América Latina, a África e a Ásia. Além disso, não estou mais interessado em viajar para o Ocidente, eles nos mataram a sangue-frio. Não sou nenhum turista curioso e não vejo qualquer evolução positiva na Europa. Nós sobrevivemos enquanto a Europa foi abatida moralmente.

Se o ódio contra o Ocidente é grande, a admiração pela China é enorme e "um exemplo a seguir". Ristic brilhava de orgulho quando foi designado para ser anfitrião do primeiro-ministro Li Peng durante a sua visita de três dias à Sérvia. Li Peng agradeceu a recepção calorosa com um discurso inflamado de apoio ao país.

Apesar de uma posição cada vez mais importante, Ristic diz que não está na política por causa do poder.

— Fiz a minha carreira, sou um artista independente. Estou no JUL enquanto necessitarem de mim. Mas nunca diga nunca, talvez, de repente, tenha ambições, perca o controle e queira o poder — ri. — Honestamente, acho que é minha falta de ambição que torna Mira tão confiante em mim, a posição dela não está ameaçada.

Ristic interrompe-se:

— Não, isto é chato, vamos almoçar. Você quer conhecer a minha mãe?

Aos 53 anos, o artista vive com a mãe Jelitsa e com o irmão um ano mais novo numa casa geminada na periferia de Belgrado. Tirando os anos em que esteve casado, Ljubisa sempre viveu com a mãe em Belgrado. O irmão também voltou para casa depois de ter se separado. Jelitsa nos recebe na porta. Tem cabelo azul e está com um vestido de flores azuis. No apartamento sinto o cheiro do almoço de domingo, vamos comer cordeiro assado.

— A Noruega sempre foi um país simpático à Iugoslávia, mas no ano passado também nos bombardearam. São traidores — diz ela rispidamente, olhando para mim. O filho a acalma.

— Mamãe, seja agradável com a nossa visita, não é culpa dela.

Mas a mãe demora-se sobre a traição do Ocidente enquanto esperamos o assado ficar pronto.

— Estava sentada aqui na varanda e vi as bombas caindo. Bombas da América, um país que tem mais gente na prisão do que qualquer outro, um país onde só 5% da população têm educação, um país que põe os índios em reservas — cospe ela.

Então o assado fica pronto e nos sentamos à mesa. Jelitsa, Ljubisa, a sua namorada Danka, eu, o irmão Branko e seu filho Sasja, que está de férias dos estudos de economia e marketing em Brighton. Não se fala muito durante o almoço porque assistimos à reprise do jogo entre Itália e Romênia, realizado na véspera, pela Eurocopa, mesmo sabendo que o resultado é de 2 a 0. Depois do almoço, Ljubisa dorme a sesta até o próximo jogo, as quartas-de-final entre Iugoslávia e Países Baixos. Fico sentada com Jelitsa e Danka, comendo bolo de chocolate e damascos recém-colhidos no jardim. Às seis horas, a família senta-se novamente em frente à televisão. Ljubisa e Branko xingam em voz alta a cada falha da defesa. Amaldiçoam os "maconheiros holandeses" que, segundo Ljubisa, parecem criminosos.

— Vamos embora — diz ele quando o placar está em um lamentável 4 a 0 para os holandeses. Já está quase na rua, Danka e eu precisamos correr atrás dele e, nas escadas, abraçamos Jelitsa rapidamente.

Vejo em casa o fim do jogo. A Iugoslávia perde por 6 a 1. Mais uma derrota iugoslava no cenário internacional. Eu fico pensando em como Ljubisa vai conseguir transformar esta catástrofe numa vitória. Quando pergunto, apenas responde:

— Pelo menos batemos bonito a Noruega!

Ljubisa Ristic parece angustiado. Uma angústia que tenta encobrir com uma autoconfiança exagerada. É tarde da noite em 4 de outubro de 2000. A oposição acusa o regime de Milosevic de ter roubado a vitória no primeiro turno, manipulando a contagem dos votos. Todos os dias há protestos nas ruas; os mineiros fazem greves e ameaçam suspender o fornecimento de eletricidade no país, cada vez mais sindicatos decidem não trabalhar. As coisas caminham para uma greve geral. É a noite anterior à grande manifestação planejada pela oposição.

Não sabemos que é esta manifestação que vai afastar Milosevic do poder, o que por sua vez removerá Ljubisa Ristic de sua poderosa posição. Não sabemos que muitos generais no exército iugoslavo vão tomar uma decisão difícil — não atirar contra os manifestantes mesmo sob ordens de fazê-lo.

— A Suprema Corte decidiu agora mesmo que não vai haver outro turno nas eleições — conta Ristic quando chega.

— Por causa das queixas da oposição, as eleições foram anuladas. A oposição conseguiu o que queria. Apesar de o presidente continuar, até a convocação de novas eleições. Milosevic não pode abdicar do poder agora, o país está muito instável. Agora mesmo telefonei para os fiscais e informei-os de que não precisam voltar para o outro turno.

Fiscais de vários países estavam presentes durante o primeiro turno, mas só de países amigáveis, como o Iraque, a Índia, a Bielo-Rússia e mais um ou outro "amigo da Sérvia" dos países do Ocidente. Os fiscais aceitaram as eleições como justas, apesar de a oposição informar uma série de irregularidades na contagem.

O teatro está vazio. Ristic acende um cigarro atrás do outro. O telefone não pára de tocar. Ele discute os últimos acontecimentos com camaradas e amigos.

— Milosevic está furioso com o cancelamento do segundo turno. Estava contando com ele.

O que Ristic me conta é uma mentira deslavada. A decisão da Suprema Corte deu um último sopro de vida a Milosevic. Ele sabe que teria perdido no segundo turno.

Três horas depois da meia-noite, Ristic me guia pelas ruas silenciosas, enquanto manobra para escapar das barricadas que os manifestantes levantaram. Passamos por cartazes das eleições com os dizeres "O povo elege, Otan não" do Partido Socialista. Mas também *"Ko? Kostunia!"*. *"Ko"* quer dizer "Quem", e a pergunta subentendida é "Quem pode salvar a Iugoslávia?".

No dia seguinte estou com meio milhão de pessoas em frente ao parlamento. Somos dispersos por meio de gás lacrimogêneo e nos juntamos de novo, somos dispersos e nos juntamos. Vejo Ristic sentado na minha frente, fumando e falando nervosamente ao telefone com camaradas do partido. Nos noticiários da noite ele pode ver Vojislav Kostunica sendo nomeado o novo presidente da Iugoslávia. Nas semanas seguintes estou muito ocupada cobrindo a revolução e suas conseqüências para a NRK. Passam-se algumas semanas até eu estar novamente com Ristic.

Numa tarde vou ao teatro e encontro-o no jardim-de-inverno. Cumprimenta-me friamente e me chama de agente e espiã dos serviços secretos do Ocidente.

— Devíamos ter nos livrado deles quando tivemos chance, Djindjic, Kostunica, toda a quadrilha. Tê-los colocado na prisão, acabado com eles. Devíamos ter utilizado métodos mais duros contra os estúpidos em Otpor; deixamos que tivessem espaço livre. Ficamos sentados vendo os traidores venderem o nosso país.

Ristic cospe as palavras.

— Não esperava assistir a um golpe de Estado neste país. Um golpe pelo qual você e também o seu governo são responsáveis — acusa. — O governo norueguês financiou a greve dos mineiros.

Ele me acusa de informante com o indicador tremendo. A situação é desagradável. Estou quase indo embora. Então a fúria dele passa para amargura.

152 *De costas para o mundo*

— Milosevic cometeu erros demais, ouvia as pessoas erradas. Seus conselheiros trabalhavam tanto para Djindjic como para o presidente.

Ristic resume:

— O primeiro erro foi convocar eleições um ano antes do previsto na constituição. Com o país numa situação tão difícil, quase ocupado por agentes estrangeiros que despejaram milhões numa oposição inflada, foi uma atitude irresponsável. O outro erro foi confiar na lealdade da polícia e do exército, que mudaram de lado após algumas horas com os manifestantes nas ruas. Mas ele evitou o terceiro erro deixando o poder. Se não o tivesse feito, teríamos tido aqui um banho de sangue, e os conspiradores teriam pedido a ocupação internacional.

— Como ele pôde cometer tantos erros? — pergunto.

— Acho que está exausto de governar, da pressão, de lutar contra as forças de ocupação estrangeiras. Já não pensava direito. Quase parece que desistiu de lutar.

Vamos para o bar do teatro. Já passa da meia-noite e não há mais ninguém. Ristic está mexendo na máquina de café expresso. Acende um cigarro com o seu isqueiro JUL.

— Milosevic é honesto quando diz que anseia poder passar mais tempo com a família e, especialmente, com o neto — explica.

Isso não vai acontecer. O filho Marko vai em breve deixar o país com a mulher e o filho, com medo de ser preso e de haver represálias. Marko é um dos homens mais odiados na Sérvia, por causa da sua conduta brutal na cidade de Pozaravac, governada por Milosevic. Há diversas histórias sobre Marko e sua ligação com a máfia. Saiu da escola porque era "impossível ir à escola e divertir-se ao mesmo tempo". A filha Marija é conhecida por suas várias e trágicas histórias de amor, em geral com seus guarda-costas. Para que se recuperasse de uma destas decepções, recebeu como presente de aniversário dos pais uma emissora de televisão.

— Milosevic não teve sorte com os filhos — diz Ristic de repente. Ele próprio não se queixa. — Tenho o meu teatro e agora preciso lutar na oposição.

A cada vez que visito Ristic, ele fica mais agressivo. Deixo de visitá-lo, mas ouço dizer que está ativo nas eleições. Em 23 de dezembro, nas eleições parlamentares sérvias, seu partido obtém apenas 0,4% dos votos.

Quando o visito, depois da passagem de ano, metade do foyer do teatro está interditada. Enfio a cabeça na parte fechada. Faz um frio glacial ali.

— A eletricidade foi cortada — diz. — Não pagamos a conta. Não temos dinheiro.

O número de patrocinadores diminuiu. Eram empresários no JUL que já não têm interesse em custear o presidente de um partido sem poder. Muitos já deixaram o JVL, que era mais uma empresa de negócios do que uma associação política. Ristic torce o nariz para os oportunistas que já passaram para o lado dos novos poderosos.

— Já nos livramos dos oportunistas, os que restam no JUL são aqueles que de fato acreditam na idéia iugoslava — diz Ristic. Mas está preocupado com o teatro. — Os novos poderosos fazem o que querem. Um dia talvez apareçam aqui com metralhadoras, tal como fizeram com o banco central, só por eu não colaborar.

Vejo a peça da noite, *Cuspir no público*, de Peter Handke. Foi dirigida por Ljubisa e é uma série de insultos contra o público. Só metade da sala está ocupada. Estou sentada com o sobretudo de inverno e procuro as luvas e o cachecol na bolsa. Quase todos à minha volta vestem sobretudos, como se fosse a coisa mais natural do mundo; talvez seja assim numa cidade onde outras pessoas, além de Ljubisa Ristic, têm problemas em pagar a conta de luz.

Durante a primavera de 2001, o artista parece se resignar com sua impotência. A Sérvia espera ansiosamente apenas uma coisa: a detenção de Milosevic. Há intensos rumores sobre quando será, se em 48 horas, na próxima semana, dentro de duas semanas.

Ristic mantém contato estreito com o antigo casal presidencial.

— Slobodan luta pelo seu futuro político e está mais ativo do que nunca no partido. Não tem medo porque é inocente. Mira está furiosa. Furiosa com a injustiça que é cometida contra eles e o que está acontecendo no país. Criminosos e desertores são glorificados enquanto aqueles que nos defenderam são chamados de traidores. Aguardam a presa como abutres — acusa Ristic. — Mas nunca vão conseguir pegar Milosevic, por isso temo o pior. Que o matem — diz Ristic. — Agora há muito terror — diz e conta como as pessoas são atacadas por jovens do Otpor ou expulsas de seus escritórios.

Quando pergunto a outras pessoas sobre essas histórias, nunca ninguém ouviu nada.

— É porque a imprensa não tem coragem de escrever sobre isto — explica Ristic.

Quando argumento que a imprensa estrangeira certamente escreveria sobre uma campanha de terror dirigida pelo novo regime, caso existisse, Ristic ri sarcasticamente.

— A imprensa estrangeira! São todos agentes dos seus próprios governos. Conseguiram o que queriam.

Um dos empregados aproxima-se da mesa.

— O chocolate acabou — diz.

— Então vá comprar. Ou quer que eu vá? — diz Ristic subitamente. — Sim, é melhor. Já é tarde — decide-se rapidamente.

Eu vou com ele até a loja que fica aberta durante a noite. Ristic encontra o chocolate, entra na fila e fala comigo muito alto em inglês, para que todos possam escutar.

— *Anything else you need?* — pergunta. Ainda que esteja na lista de pessoas indesejáveis no Ocidente, pode mostrar que recebe visitas de lá e que é um homem completamente normal, que compra uma caixa de chocolate na loja da esquina.

Sua namorada, Danka, aparece e ficamos sentados, falando durante a noite, comendo ravióli e bebendo vinho. Falamos sobre teatro, música e cultura iugoslavas. De repente Ristic é um conhecedor de cultura muito crítico e bem informado. Tento imaginar por que fica cego quando se trata de política.

Então Ljubisa e Danka começam a me falar de fenômenos sobrenaturais, adivinhação, magia, cura com as mãos e cartas de tarô. Superam-se um ao outro nas histórias de coisas inexplicáveis a que têm assistido. Muitas vezes consultam o *I ching*, o livro de sabedoria chinesa com mais de mil anos que oferece respostas para tudo. Jogam-se os dados e o *I ching* interpreta os hexagramas com base nos resultados.

— Durante os bombardeios, o livro dizia que eu estava em perigo de vida. No dia seguinte estava a apenas alguns metros de ser atingido e morto por estilhaços de uma bomba — conta Ljubisa. — O livro tem sempre um recado ou um aviso, mas muitas vezes as respostas são enigmáticas, a idéia é pensar tanto no enigma como na vida — explica Danka.

Quando Danka e eu, por volta das quatro da manhã, chegamos ao tema "O que é o amor", Ljubisa diz que chega. Atravessamos de carro a rua onde Ljubisa cresceu, no centro de Belgrado.

— Aqui jogávamos futebol — diz, quando atravessamos um cruzamento na Kalenic. — Nos anos 1950 aparecia às vezes um carro de meia em meia hora, e então só nos afastávamos — diz nostálgico.

De repente um policial nos pede para encostar. O policial grande e forte verifica a carteira de motorista e os documentos pessoais de Ljubisa. Olha muito tempo para os papéis, como se não soubesse o que dizer antes de devolvê-los.

— Começaram a fingir que não me conhecem. Antes faziam sempre uma piada qualquer, agora é como se tivessem vergonha de me ver — diz Ristic. Os respeitosos policiais talvez tenham vergonha da queda tão drástica de Ljubisa Ristic, figura antes destacada da poderosa elite da Sérvia e agora um diretor teatral cheio de dívidas e de passado duvidoso sobre o qual paira uma possível ordem de prisão.

Na noite de 1º de abril, encontro-me outra vez com Ristic, que parece nervoso. Tenta esconder isso com cumprimentos e charme, e consegue manter o tom durante aproximadamente um minuto. Arranca algumas folhas amarelas de uma de suas plantas.

— Ficam muito boas na sopa — diz.

— É mesmo? — respondo sem prestar atenção.

Penso mais em como ele está se sentindo no momento em que seus bons amigos, o casal Milosevic, estão cercados pela polícia e pelas forças de segurança. Na noite anterior, Ristic

Poder encenado   157

tomou café com eles, mas não quer falar disso. Sentamo-nos no restaurante italiano. As mesas à nossa volta estão vazias, como se as pessoas entendessem que não deviam estar ali esta noite. Ristic acende o primeiro cigarro. Suas mãos tremem.

— Vão acabar matando-o — diz. — Você e os seus agentes fizeram um bom trabalho!

Eu nunca o vira tão agitado. Ele fica brincando com o maço de cigarro, o cinzeiro, o copo e alguns pedaços de papel, enquanto fala. Mexe de um jeito maníaco em tudo que lhe cai nas mãos. Faz em pedaços o maço de cigarro. Depois disso, dobra o papel prateado do maço até reduzi-lo a um pedaço pequeno, estica-o e dobra-o outra vez. Limpa nervosamente a poeira invisível da mesa.

— Devíamos tê-los matado quando tivemos a oportunidade — repete vezes sem fim. — E Milosevic devia ter matado aqueles que ontem à noite arrombaram a casa dele — diz em relação às forças de segurança. — Você não faria o mesmo se alguém arrombasse a sua casa à noite? — pergunta retoricamente.

Deixa-se provocar por todas as perguntas que faço. O ambiente é pesado e me preparo para ir embora. Mas Ristic não deseja isto. Pergunta-me se estou com fome. É como se o homem perseguido não quisesse ficar sozinho.

— Vou pedir a minha pizza favorita — diz. — Com mozarela e azeitonas.

Fico e aguardo a continuação do drama. Silêncio total. Fico sentada apenas imaginando o que ele vai fazer para quebrar o silêncio e deixando minhas cordas vocais descansarem. A refeição permanece silenciosa, só se ouve o som dos talheres e duas pessoas mastigando.

— Começou a ventar forte — diz após ter comido a pizza toda.

Chega Branko, o irmão dele.

— Vão pegá-lo depois da meia-noite.

Ljubisa acena com a cabeça.

— Mas vamos reconquistar o país. Mesmo que tenhamos de começar uma guerrilha.

Deixo o teatro para assistir à prisão de Milosevic em outro lugar e telefono a Bojana.

Mais tarde é anunciado que o JUL, de fato, tinha planos para dar um golpe de Estado. A mídia informa que um plano detalhado e armas foram encontrados na residência de Milosevic. Ristic diz que foram plantados pelas autoridades. Uma contra-revolução na Sérvia exigiria, de qualquer forma, mais do que um diretor de teatro frustrado e uns poucos soldados decepcionados.

Alguns dias após a prisão, estou de volta ao teatro. Ristic não quer falar sobre Mira e Milosevic a não ser que estão "indignados e abatidos".

— A tragédia está completa — diz. — Encenada e executada pelos americanos. O drama acabou e o herói trágico foi capturado. Os vencedores receberam o seu troféu.

— E o que é? — pergunto.

— A Sérvia — responde Ristic, fixando, calado, o seu olhar em mim. — A Sérvia já não é um país, mas um território. Esta é a tragédia — diz. — Esta é a tragédia.

O portão de entrada está quebrado. Grandes poças de água da chuva encharcaram o chão. O tapete estendido para absorver a água não serve praticamente para nada e está, em parte, desfeito. No foyer do teatro há baldes e bacias recolhendo a chuva que penetra pelas rachaduras no telhado de vidro. Sob uma grande fissura dispôs-se um grande balde

Poder encenado 159

de água. De resto está tudo como antes, as mesas elegantes, as cadeiras artesanais; não, na verdade as cadeiras estão ficando corroídas. Os bancos de tecido estão se rasgando, em alguns lugares há grandes buracos. Poeira e imundície juntaram-se sobre as mesas, o chão precisa ser lavado. A pintura das paredes está descascando.

Três anos depois, parece não haver vivalma aqui.

Abro a porta de vidro e entro no saguão onde antes havia estrelas no teto, e ando pelas salas às escuras. Só onde a luz do dia penetra através do jardim-de-inverno pode-se ter uma idéia da decadência.

Sigo um barulho que vem do bar mais para dentro. Gritos cortantes. No meio da sala estão todos juntos em cima de uma mesa. Os papagaios e periquitos parecem viver sem se deixar afetar pelo ambiente degradado, e só levantam arrogantemente o bico quando assobio algumas notas contra as gaiolas. De repente tenho o pressentimento de não estar sozinha; viro-me, não vejo ninguém. Das paredes bailarinas indianas seminuas me observam. As pinturas estão tão douradas como antes, devem ter utilizado tintas de qualidade, penso.

Nas escadas vejo uma jovem olhando para mim. Gaguejando, pergunto por Ristic.

— Não está aqui.

— Sabe onde posso encontrá-lo?

— Quem é você?

Digo-lhe que sou uma amiga da Noruega. Ela olha para mim desinteressada e escreve, num pedaço de papel, o novo número de celular do diretor.

— É a Åsne, voltei!

— Ah — responde uma voz exausta.

— Você tem tempo para nos encontrarmos?

160   *De costas para o mundo*

— Claro.

— Quando seria conveniente?

— Quando seria conveniente para você?

— Quando você quiser.

— Diga apenas uma hora.

— Hoje?

— Sim, quando pode?

— Agora.

— Onde?

— Tanto faz.

— Diga apenas uma hora e um local.

— Não, diz você a hora e o local.

— Bem...

— Está bem. Eu telefono em uma hora.

Espantada, fico com o telefone na mão. Este é o homem que sabia sempre o que queria, onde e quando deveríamos nos encontrar se porventura ele conseguisse um horário na agenda. Portanto é isso que se ganha quando se perde o poder: tempo. Agora ele não consegue nem mesmo pensar num lugar. Por que não sugeriu o teatro, como de costume? Por estar tão abandonado? Porque simboliza a sua queda?

Enquanto espero a sua chamada, dou um passeio ao longo do Danúbio. A chuva começa a ficar torrencial e procuro abrigo num dos barcos-restaurante na margem do rio. Famílias bem vestidas reúnem-se para o almoço de domingo, estão sentadas às mesas enquanto terrinas quentes com sopa de peixe são trazidas. Um aroma de ervas e alho vem dos tachos onde peixes inteiros, com espinhas, pele e cabeça, são cozidos. Copos de *rakija* são erguidos e esvaziados, ouvem-se vozes baixas e explosões de risos. Escolho uma mesa à janela com vista para a chuva que cai como estilhaços de granada sobre o Danúbio. O rio absorve as gotas de chuva e corre serenamente. A família na mesa ao lado pede bife Karadjordje, grandes pedaços de carne de porco enrolados com queijo branco e passados em farinha e migalhas de pão. Os rolos de carne são grossos e têm quase meio metro de comprimento. As duas crianças atacam seus pratos, adicionam maionese com picles e comem grandes bocados. Os pais sorriem e apóiam-se um no outro.

O telefone toca.

— Vamos ao Mercator — diz Ljubisa. — Onde posso pegar você?

O Mercator é um novo e moderno centro comercial. Fico espantada que Ljubisa queira marcar um encontro lá, num baluarte do capitalismo. O empregado mostra-se graciosamente decepcionado por eu não ter experimentado a sopa de peixe.

Ljubisa desce do carro quando me vê e me empurra para o banco do carona. No banco de trás há dois jovens que me cumprimentam com um aceno preguiçoso. O carro é um cinzeiro sobre rodas, com pontas de cigarro e cinzas por todo lado.

— Esta é Biljana. É modelo fotográfica e agora quer ser atriz — apresenta-a Ljubisa. — E este é Darko, o faz-tudo do teatro.

Vira para o estacionamento subterrâneo do Mercator e pára o carro. Sigo a bunda empinada de Biljana e os ombros largos de Darko nas escadas rolantes que conduzem ao centro de um enorme átrio.

— Aqui temos os melhores bolos da cidade — promete Ljubisa.

Mas o pior ambiente, penso.

Sentamo-nos para comer bolo enquanto os dois jovens vão fazer compras. Ljubisa lhes dá dinheiro e pede para lhe comprarem um vidro de Chanel Allure embrulhado para presente.

Ljubisa pede uma torta Floresta Negra. Faço o mesmo.

E então lá estamos sentados, sem saber bem por onde começar.

— Ela trabalha como modelo desde os 13 anos — diz Ljubisa. — Teve uma entrevista grande com ela no jornal de hoje, está lá no carro, posso mostrar a você depois. Talvez ela comece comigo como atriz.

— Sim, como vai o teatro? — digo para continuar a conversa.

— Bem. Atuamos e o público vem nos ver.

À nossa volta há um outro tipo de público. Felizmente não é preciso pagar para olhar os artigos caros que são vendidos aqui. As famílias em torno de nós têm olhares vazios sob a luz forte. Penso nos momentos alegres do barco e no que separa as famílias que utilizam os domingos para ir aos centros comerciais das que saboreiam longos e bons almoços. Alguns clientes se sentam, tomam café e comem bolos antes de desaparecerem nos labirintos do Mercator. A conversa flui lentamente.

— Mais café?

— Sim, obrigada.

— Lembra-se do golpe de alguns anos atrás?

Ljubisa sempre usava o termo golpe para falar da manifestação que levou à queda de Milosevic, e, aparentemente, não mudara nada desde a última vez.

— Depois disso, 10 mil, 100 mil perderam os seus empregos e foram impedidos de ter uma vida normal. Em vez de criar democracia, os "democratas" utilizaram métodos stalinistas para assegurar o poder. Forças no exterior, os seus educadores exigiam isto. Milosevic foi banido e agora estamos assistindo à repetição. Agora o novo governo está destruindo o partido que tomou conta do poder depois de Milosevic. Eles vão conseguir, e depois o mesmo vai acontecer a eles. Há forças no exterior que pedem... querem o caos...

Ristic começa a se repetir.

— Acha mesmo que essas forças no exterior se preocupam com alguma coisa? — pergunto. — O mundo tem novas guerras, não tem?

— Não poderiam se preocupar menos com a nossa economia, nem com a nossa cultura ou a tentativa de estabelecer aqui uma sociedade. Só se preocupam com os aspectos militares da região, querem uma zona sob vigilância — diz Ristic. — Tínhamos um exército forte e era aí que estava o problema; o exército era forte demais, sim, um dos mais fortes do mundo. No fim a Otan fez o que tinha de fazer, e destruiu o país. Depois de tantos anos compreendi finalmente o que realmente aconteceu.

"A oferta da semana... o melhor na Sérvia... pela primeira vez podemos oferecer... oferta gigantesca... descontos... descontos de quantidade... qualidade... a melhor qualidade... da Alemanha... do Japão... compre três e leve..."

Ljubisa não se deixa incomodar pelo alto-falante e continua em voz baixa e intensa.

— Primeiro a Eslovênia deveria deixar a Iugoslávia sem o uso da força. Depois deveriam enviar armas para a guerra na Croácia e na Bósnia, enquanto a Macedônia deveria ser esvaziada de armas pesadas para evitar derramamento de sangue por lá. Durante muito tempo mantiveram a guerra fora da Sérvia e adiaram o conflito no Kosovo. Lembra, nada aconteceu no Kosovo nos anos em que a guerra devastou a

164   *De costas para o mundo*

Bósnia. O conflito na Bósnia só começou quando a Otan quis. E conseguiram o que era o objetivo final deles: o controle sobre o antigo exército iugoslavo.

Ljubisa é interrompido pela sua própria tosse.

— Não tenho mais pulmões — soluça. — De vez em quando tenho dificuldades para respirar.

Acende outro cigarro antes de continuar.

— A nossa história está sempre ligada à luta pela soberania. Na Idade Média fizemos parte do Império Bizantino, depois reinaram os turcos. Mas os sérvios mantiveram sua língua e cultura. Construímos igrejas e mosteiros. Depois, o Império Austro-Húngaro tentou conquistar a Sérvia e não conseguiu, nem a Grã-Bretanha, nem a França e nem a Rússia. Tudo mudou quando Tito morreu: a Rússia apoiou a reunificação da Alemanha e os alemães ficaram obcecados com a idéia de formar um Estado franco-alemão com o objetivo de obter uma nova hegemonia. Os Estados Unidos não entenderam o que estava acontecendo e quase foram deixados de lado. Mas então acordaram e planejaram a fase seguinte, que era empurrar toda a Europa do Leste para dentro da União Européia e da Otan, de modo que pudessem controlar tudo. A Iugoslávia não estava incluída neste plano e agora perdemos tudo, não existem mais fronteiras entre Estados, a economia vai mal, a cultura decai, a corrupção aumenta, somos governados do exterior. Veja à sua volta, tudo é degradação.

— E você? Perdeu?

Ele faz um barulho com os lábios secos, torce-os numa careta antes de continuar formando as palavras.

— Não se trata de minha situação pessoal. Os indivíduos não são importantes.

— Mas tudo aquilo por que você lutou está perdido?

Poder encenado 165

— Já estava perdido há muitos anos. Antes de eu começar na política. Tentei influenciar o processo para não perder inteiramente a idéia de uma Iugoslávia. Tentei contrariar a forma selvagem de um capitalismo vulgar que estava invadindo o país. Mas não consegui.

Ofertas sedutoras continuam a sair dos alto-falantes. Do café podemos ver diversas lojas. Pessoas vagueiam de uma a outra. Mas não têm os carrinhos muito cheios, nem muitos sacos plásticos nas mãos.

— Houve uma época em que produzíamos comida suficiente para a população, agora temos que importar. Tínhamos mais do que o suficiente em energia e exportávamos eletricidade, agora dependemos de doações — diz Ljubisa com amargura. — Ficamos pobres.

Mas Ljubisa não quer falar mais sobre a perda.

— Sou muito experiente para esperar algo. Se não precisamos de nada, então somos livres. Aquele que não espera nada não é infeliz.

— Mas será feliz?

— Não preciso de nada — diz Ljubisa.

— Mas deve ter havido momentos em que você esperava ganhar?

— Na verdade não.

Ljubisa quer acender um novo cigarro. Mas a caixa de fósforos está vazia. Em vez de pedir fogo a alguém, guarda o cigarro de novo. Fico imaginando se as pessoas o reconhecem e se o relacionam ao regime anterior.

— Você tem contato com Milosevic ou com Mira?

— Ele telefona de vez em quando, quando tem dinheiro para usar o aparelho. Em Haia eles têm que pagar, como você sabe. Eu não posso telefonar para ele, não existem linhas para Haia. Telefona para me consultar sobre a defesa. Ele está conduzindo o seu próprio processo, sem advogado. Mas há muitos aqui para ajudá-lo a encontrar material, mesmo entre os opositores. Eles sabem que não se trata da defesa de Milosevic, mas sim da honra da Sérvia. Ele está lá para defender o nosso país.

Ljubisa ri forçadamente.

— Continuam chamando-o de senhor presidente.

Levanto as sobrancelhas.

— Ah, sim?

— Mostram-lhe grande respeito. Os outros presos no andar dele lavam a sua cela. Sim, deve saber que o Tribunal de Haia não é propriamente um hotel, todos têm que lavar os seus quartos. Depois cozinham juntos. Ajudam-se uns aos outros. Mas não pode ter contato com Mira. Não lhe é permitido encontrar-se com ele. O passaporte dela foi confiscado quando pediu um visto para os Países Baixos. Dizem que está na Rússia. Não sei. Talvez ele saiba onde ela está, talvez não.

— O que ele pergunta a você?

Ljubisa olha à sua volta e diz que devemos mudar de lugar. Com os olhos indica um homem na mesa vizinha debruçado sobre um jornal. Mudamos para uma mesa mais ao fundo do café. O homem do jornal continua lendo, não ergueu os olhos quando nos levantamos. Talvez Ljubisa já não seja tão interessante como pensa.

— Nunca se sabe. Há ouvidos em toda parte — diz com a boca apertada. — Milosevic está lutando a boa luta — recomeça Ristic. — Recobrou seu espírito de luta e compreendeu a sua missão histórica. Que tem que lutar. E ele é um guerreiro. Mas, apesar disso, não acredito que algum dia vá deixar a prisão.

A modelo e o faz-tudo estão de volta. Decidimos ir ao teatro para jantar. No carro, Biljana me passa uma revista de fofocas sérvia em que ela aparece rindo, pouco vestida e sedutora.

— Uau! — digo. — Linda!

Já não há uma longa fila de carros de luxo em frente ao teatro. Na realidade não há ali nenhum carro. Ljubisa vendeu o seu Audi 8. Entra a passos leves e rápidos na antiga fábrica de açúcar, olha para os pássaros, fala com eles, chilreia um pouco forçadamente. Passa a alguns atores instruções apressadas, faz o mesmo com o pessoal da cozinha e desaparece. Fico sentada sozinha. Está frio e úmido no foyer do teatro. Acendo a lareira e puxo a cadeira para perto. As chamas lançam um brilho apaziguante sobre a degradação.

Penso naquilo que Ristic disse sobre Milosevic nunca conseguir sair da prisão. Bem, Milosevic nasceu em 1941. Qualquer sentença ruim, no seu caso, é no máximo equivalente à prisão perpétua.

A sentença mais longa já pronunciada em Haia foi de 46 anos. Proferida contra Radislav Krstic, general do exército da República Srpska e vice-comandante de Ratko Mladic do batalhão Drina na Bósnia. Foi o primeiro criminoso de guerra condenado por genocídio pelo Tribunal de Haia.*

Slobodan Milosevic é, até agora, o único chefe de Estado a comparecer perante um tribunal internacional por atos cometidos no cargo. É acusado de genocídio na Bósnia e crimes contra a humanidade durante a guerra na Croácia e no Kosovo.

---

* No enclave de Srebrenica, protegido pela ONU, foram mortos, por ordem de Krstic, mais ou menos 7 mil muçulmanos entre 13 e 19 de julho de 1995. Krstic conseguiu que lhe reduzissem a pena para 35 anos, pois não foi provado que ele esteve presente durante o massacre. A sentença foi alterada de "responsável por genocídio" para "participante do genocídio".

Na sala do tribunal, por trás da parede de vidro, ele faz discursos políticos. Tenta provar que forças estrangeiras estavam por trás das guerras na Iugoslávia. Suas teorias são bastante compatíveis com as de Ristic.

— Quais são as chances dele no processo? — pergunto a Ljubisa quando vem sentar-se ao meu lado em frente à lareira.

— *We will see, we will see.* [Veremos, veremos.] Não é culpado daquilo de que é acusado. É um processo político.

— Então quem é o culpado pela morte de 200 mil pessoas durante a guerra na Bósnia?

— Você é muito amável por me questionar a respeito disso. O que você quer que eu responda? Que os sérvios são culpados, que Milosevic é culpado, que somos todos assassinos?

— Mas o que você acha?

— *Things went wrong.* [As coisas deram errado.]

— Assim, sem mais nem menos?

— Assassinos são culpados. Aqueles que matam os outros são culpados. Mas desde o início o nosso presidente foi apelidado de carniceiro sem ter matado uma única pessoa!

— Mas Milosevic não teria uma parcela de culpa por causa da política que levou a tantos milhares de mortos?

— *Look*, Åsne, me aborrece muito discutir estas coisas neste nível. Você sabe quem transgrediu neste país, sabe quem treinou as pessoas para destruir o que sobrou, sabe quem doou dinheiro, sabe quem expulsou 400 mil sérvios da Croácia, sabe quem expulsou 250 mil sérvios do Kosovo. E, mesmo assim, você faz estas perguntas! Estamos em 2004, minha querida, as suas perguntas são de 1993, 1992! É vergonhoso fazer estas perguntas agora, depois de tudo o que aconteceu. E você não pára de fazê-las. O que você pretende? Qual é o seu objetivo? Esse julgamento de Milosevic é apenas um pretexto para justificar o que outros poderes fizeram para saírem ilesos. Ninguém quer a verdade em Haia. *Forget it*. Querem declarações proveitosas a serem utilizadas na propaganda para poderem continuar fazendo lavagem cerebral nas pessoas. Conseguiram pegar Milosevic, mas não vão conseguir manipular os sentimentos das pessoas. Você é norueguesa, sabe que o seu país foi traído, é parte da sua história, você sabe o que patriotismo significa. E esse julgamento, quem acredita nele?

— A maioria dos países reconhece o Tribunal de Haia.

— *Good for them*. [Bom pra eles.]

Ljubisa Ristic respira.

— Você considera Milosevic uma vítima?

— Milosevic é tratado por todos como um símbolo. Eu o conheço como um ser humano real. Nem herói, nem vítima, tampouco carniceiro... tudo aquilo que se diz sobre ele.

— Por que você gosta dele?

— Disse que gostava dele? Isto não é uma questão de gostar ou não. Discutimos política. Acontecimentos históricos. Nunca fui membro do partido dele, tinha as minhas próprias idéias. Fui envolvido na política porque havia necessidade para o *meu* programa. Tinha o programa de que o país precisava, um programa antinacionalista, iugoslavo e com orientação esquerdista. Era o programa para aqueles que queriam parar a guerra sem se esquecer da história do país e das suas tradições: idéias iugoslavas, idéias esquerdistas, o núcleo da história deste país. Era um período em que eu pensava ser possível ajudar, agora vejo que era *inútil*. Agora é tarde demais. Tarde demais. Nada é possível agora.

— Você está triste?

170   *De costas para o mundo*

— Sim, é horrível. Possivelmente vai piorar. É assim. As coisas têm que bater no fundo para poderem subir novamente. Veja a Bósnia, que situação bizarra. Há uma semana, um padre ortodoxo e o seu filho foram espancados pelas forças internacionais até ficarem inconscientes. A SFOR suspeitava que escondiam Karadzic e puseram explosivos na porta do mosteiro. Agora o padre e o filho estão em coma, mas a SFOR não encontrou Karadzic. São estes métodos que utilizam contra "os sérvios assassinos". Mas durante todos esses anos não matamos ninguém, nunca protestamos contra a ocupação do terror internacional. Os sérvios são mal compreendidos, não somos tão corajosos, violentos e brutais como dizem. Sem protestar vivemos calmamente em nossas casas. Qual é o resultado de tudo isso? O que aconteceu de fato? Onde foi cometida a limpeza étnica?

— Sim, o que você acha? — pergunto.

— O que você acha? Onde houve limpeza étnica?

Ristic olha diretamente para mim, os olhos penetrantes como facas, os lábios tremendo.

— Onde houve limpeza étnica? Onde? — repete.

— Bem, Srebrenica...

Sou interrompida por um suspiro sarcástico.

— Não houve limpeza étnica em Srebrenica! O que houve lá foi o assassinato de um certo número de pessoas. Pode-se discutir quem foi morto e quem matou. Por que e como. Foi um assassinato em massa, não uma limpeza étnica.

— Mas só mataram muçulmanos.

— Não interessa. Sérvios tinham sido mortos lá antes. Srebrenica foi um assassinato em massa. Além disso, sabe-se quem participou. Nos passaportes têm um visto de Schengen e viajam livremente, todo mundo sabe quem são, o Tribunal de

Haia conhece os seus nomes mas ninguém os prende porque querem que Milosevic seja culpado. Mas lhe pergunto novamente: Qual é o resultado da limpeza étnica na Iugoslávia?

O corpo de Ljubisa estremece, ele aproxima a cabeça de mim e pergunta:

— Qual a população na Croácia?

— Hum, cerca de 4 milhões.

— Qual a porcentagem de sérvios antes e depois da guerra?

— Bem...

Ljubisa responde ele próprio:

— Agora somos uma porcentagem pequena. Antes da guerra éramos 20%.* Então o que há com a limpeza étnica? E as estatísticas no Kosovo antes e depois da guerra? Isto também não é uma limpeza étnica?

— Então você acha que os sérvios é que foram alvo de limpeza étnica?

— Com certeza. Os sérvios sofreram limpeza étnica, e foram os únicos. Você acha isso aceitável?

— Não... mas...

— Haia pensa que sim, o seu governo também, todos os governos acham que sim. *How come?* Porque existem dois tipos de limpeza étnica. Aceitável ou não-aceitável.

O diretor de teatro estende a mão como um conferencista que acaba de introduzir o próximo convidado. Os pássaros chamam a minha atenção, estão sentados, fazendo um concerto espontâneo. Chilreiam muito alto nas gaiolas, mas a voz grave de Ljubisa os abafa.

---

* Em 1991, 14% da população na Croácia era constituída por sérvios. Em 2001, um terço disso.

— Oitenta mil kosovo-albaneses viveram em Belgrado durante o período de guerra, têm as suas padarias, as suas mesquitas, as suas vidas. Como antes. Ninguém criou problemas para os albaneses no Kosovo. Os albaneses no Kosovo tinham todos os direitos na época de Milosevic. Sei porque nasci lá. Mas os albaneses mataram o carteiro, o guarda-florestal, o policial. Deveríamos ficar sentados e assistir a isto? Não há qualquer diferença entre aquilo que eles fizeram em 17 de março deste ano e o que fizeram há dez, 15 anos. Também naquela época eram terroristas. No Ocidente são chamados lutadores da liberdade. Mas talvez o Ocidente se arrependa do apoio, porque os kosovo-albaneses se tornaram um importante braço da al-Qaeda. Serão o próximo inimigo. Já começaram a matar americanos no Kosovo. E lembre-se de que os sérvios nunca mataram americanos, apesar de sermos grandes inimigos. Não matamos um único alemão depois da Segunda Guerra Mundial, ou um francês, ou um britânico. Mas agora matam-se soldados americanos em Belgrado. Por que você não escreve um livro sobre isto?

— Bem...

— Por que não?

— Ah, já se escreveram tantos livros.

— Ah, sim. Muitos. Muitos. Não é a ocasião para os livros.

— Sim, é a ocasião para os livros.

— *No. There is a job to finish.* [Não, há um trabalho a ser terminado.] E você e o seu governo estão de acordo a respeito disso!

Não agüento mais Ristic e me despeço. Ele me diz friamente que serei bem-vinda em outro momento. Vira-se, dá alguns passos e diz em tom de reconciliação:

Poder encenado

— Daqui a alguns dias Danka chega.

— Vou tentar vir — digo saindo até o jardim-de-inverno para esperar pelo táxi. A chuva ressoa no telhado de vidro e pinga nos baldes. Lá fora, desaparece na escuridão. Viro-me e olho para Ljubisa e o coro dos pássaros. Está a caminho do computador em cima do balcão vazio do bar. Sigo-o com os olhos. Ele se senta, pressiona o teclado e começa a jogar paciência. Tem um cigarro no canto da boca, e está encolhido num banco do bar. O táxi chega.

A mulher do criminoso de guerra

> *Os sérvios têm o direito de viver num país.*
> *Se tivermos que lutar, então,*
> *valha-me Deus, lutaremos.*
> SLOBODAN MILOSEVIC, 1991

— SABE QUE ELE obrigava os presos a arrancar com os dentes os testículos uns dos outros? — pergunta Danijela. — Era um dos guardas mais brutais, um sádico que matava e torturava. — Danijela tinha, como de costume, feito um pouco de pesquisa. É jornalista na *Jefimia*, uma espécie de *Cosmopolitan* sérvia, onde ela cobre moda e tendências. Além disso, fala inglês fluentemente e me ajuda quando pode.

Ela me pega em frente à minha casa, atrasada como de costume, elegante como sempre. Nesse dia está de calças brancas largas, um *top* branco e tênis brancos. Danijela é uma das poucas pessoas que consegue parecer sofisticada com a barriga à mostra.

— Mas você devia telefonar a Zoran antes, ele sabe tudo sobre ele — diz. Continuamos falando de outras coisas e não pensamos no criminoso de guerra até chegarmos a Pancevo, a meia hora de Belgrado: *Dusjan Tadic — preso em Munique em 12 de fevereiro de 1994 — sentenciado a vinte anos de prisão em Haia, em 7 de maio de 1997, por crimes de guerra e crimes contra a humanidade.*

Tadic é o primeiro a ser condenado por um tribunal internacional de crimes de guerra desde os processos de Nuremberg, depois da Segunda Guerra Mundial. Foi condenado por ter participado da limpeza étnica de muçulmanos e croatas e por participação na tortura, nas violações e nos assassinatos, nas aldeias e campos, de prisioneiros no noroeste da Bósnia.

Vamos visitar a mulher dele. Após algumas voltas no bairro, encontramos a rua e o prédio, e entramos numa portaria suja e malcheirosa. Numa porta, no terceiro andar, está escrito "Tadic" em letras cirílicas.

Mira Tadic nos recebe, com um olhar sombrio. Deixa-nos entrar, mas não esconde o que pensa sobre os jornalistas. Somos mentirosos e espalhamos boatos. Eu gaguejo uma resposta, Danijela pergunta se pode fumar. Sentamo-nos em torno da mesa na cozinha do apartamento escassamente mobiliado. Nem mesmo Danijela consegue aliviar o ambiente pesado.

— Não costumo receber jornalistas. Foram eles que inventaram todas essas mentiras — prossegue Mira, olhando-me asperamente. — Mas você vai dar a minha versão, não é? — Afirma, mais do que pergunta. Olho para a sala, que está cheia de quadros com pinturas inspiradas em Dalí. Tadic-96 e Tadic-97 é a assinatura na maioria delas. — Pintou-as em Haia — conta Mira. — Dusjan sempre sonhou em ser pintor, mas na Bósnia nunca teve tempo, agora tem. Alguns amigos queriam organizar uma exposição, mas as autoridades negaram expor os quadros de um criminoso de guerra. Mas ele vai fazer a capa do livro de memórias de um preso de Ruanda — diz.

Várias pinturas têm um forte simbolismo. Uma delas mostra mãos algemadas. As algemas estão sendo cortadas com um sabre ornado com quatro esses: *Samo Sloga Srbina Spasava* — "Só a união salvará os sérvios". Nas paredes também estão penduradas fotografias da então sorridente família. Duas vezes por semana, Mira recebe o desejado telefonema. Fala alguns minutos. Desliga e continua o dia como antes. Compartilha os poucos minutos de conversa com as filhas, Aleksandra, de 11 anos, e Valentina, de 20.

— Falamos do que fazemos, do que planejamos, de como vão na escola e de quando iremos visitá-lo. Dusjan é tão sensível, sempre nota quando Aleksandra teme qualquer coisa ou quando Valentina tem problemas com o namorado. — A voz de Mira está cheia de amor pelo homem por quem ela se apaixonou quando tinha 15 anos e ele 16. — Era inverno e ele tinha flocos de neve no cabelo, nunca tinha visto um rapaz tão bonito. Desde então nunca mais olhei para ninguém.

Duas vezes por ano, Mira visita o marido. Uma vez sozinha e outra com as filhas. Os poucos dias de visita têm uma rotina firme. Às nove horas da manhã a porta da prisão, fechada a chave, abre-se e ela entra. É revistada com um detector de metais. Os guardas revistam os sapatos, os bolsos e até mesmo a boca. Não é permitido levar nada para o local de visitas, exceto cigarros, e mesmo estes são apalpados e revistos na contraluz. Pode-se enviar presentes para os presos, mas não comida.

— Devem ter medo que envenenemos nossos maridos, assim eles perderiam seus bodes expiatórios — diz Mira amargamente. — Mas Dusjan, de qualquer maneira, come muito pouco, não quer engordar. Prefere frutas e iogurte. É um atleta, treina várias horas por dia, corre na esteira e levanta pesos. Agora também recebeu um saco de boxe. Também faz judô e ioga, diz que a ioga o salvou de ficar louco. Dusjan é muito forte. Não conseguem vergá-lo.

178   *De costas para o mundo*

Quando Mira passa pelo controle de segurança, Dusjan está à espera no local de visitas. Podem ficar ali até as cinco horas, momento em que o guarda abre a fechadura e Dusjan volta à sua cela para esperar que Mira volte na manhã seguinte, às nove horas. Os seus encontros acontecem sempre na estéril sala de visitas, sem janelas, com uma mesa e cadeiras de pinho.

— Não vemos o céu juntos há seis anos — diz Mira, olhando-nos tensa. Cerra os dentes e puxa para a frente o lábio inferior. — Dusjan costuma trazer o gravador da cela, então ouvimos música bósnia para nos sentirmos um pouco mais em casa. Ou ficamos muito alegres ou ficamos muito tristes, faz-nos lembrar como era a nossa vida antes. Aleksandra traz sempre consigo as fitas favoritas que quer tocar para o pai. Quando vamos embora, Dusjan diz: "Que o nosso próximo encontro não seja nos Países Baixos." É muito triste, porque o próximo encontro é sempre nos Países Baixos.

Dusjan Tadic foi preso em Munique, em 12 de fevereiro de 1994, enquanto a guerra na Bósnia ainda transcorria. No outono anterior, a família Tadic tinha viajado para a Alemanha, de forma a se afastarem do país em guerra. Mira foi primeiro, com as crianças, em agosto. Conseguiu um visto porque o marido estava novamente na Bósnia. Em novembro ele também conseguiu chegar à Alemanha. Conseguiu emprego no café do irmão em Munique. Mira sempre sonhara em viver no Ocidente, finalmente tinham conseguido chegar lá. Tinha escondido e esquecido as más memórias da guerra e tudo parecia correr bem quando ela, alguns meses depois, arranjou emprego como enfermeira.

— Estava tão contente por finalmente termos conseguido nos estabelecer em outro país.

A *mulher do criminoso de guerra*

179

Uma expressão dolorida corre como uma sombra sobre seu rosto quadrado antes que ela consiga se recompor e retomar a expressão amarga e dura.

— No dia seguinte à celebração por causa do meu emprego, Dusjan foi ao café como de costume. Nunca mais voltou. Quando chegou no emprego, foi preso pela polícia alemã. Só muitas horas mais tarde fui visitada pela polícia, que me disse que ele tinha sido preso. Não percebi nada e tinha certeza de que era um mal-entendido. À noite vi a prisão na televisão. Parecia irreal.

Mira teve que deixar a Alemanha, mas não queria voltar para a Bósnia. Mudou-se com as filhas para Pancevo, uma cidade industrial no Danúbio. O advogado sérvio que iria defender Dusjan em Haia comprou-lhes um pequeno apartamento.

— Mais tarde percebi que era só para eu passar para o lado dele, para me fazer confiar nele. Tentou nos comprar — diz abatida, cerrando os lábios.

Mira olha para o relógio, é hora do turno da noite. Ela é enfermeira da área de cirurgia, com especialização em pediatria. O salário mensal é de 50 euros. Damos carona a ela até o hospital, para o turno de 12 horas. Normalmente ela vai de ônibus e gasta uma hora e meia na ida e o mesmo tempo na volta. Mira quer que a deixemos um pouco longe da entrada.

— Não quero ninguém perguntando por que vim de carro — diz. E temos que prometer não procurá-la no hospital. Ela não contou aos colegas que Tadic é seu marido.

Combinamos de nos encontrar no dia seguinte. Com duas horas de atraso, Danijela vem me buscar. Ela veste calças capri e uma blusa cinza.

180   *De costas para o mundo*

— Não se encontra gasolina nesta cidade — desculpa-se.

Por fim, compramos o combustível de um homem que o vende ilegalmente na rua. Quando finalmente chegamos, encontramos Aleksandra, de 11 anos, na loja perto do bloco de apartamentos. Acordou tarde e não quis ir à escola.

— Não ouvi o despertador e não havia ninguém para me acordar, porque mamãe estava dormindo profundamente depois do turno da noite — conta. Agora vai para casa de uma amiga apanhar as anotações da aula. Mas primeiro nos acompanha até a casa dela.

Desta vez, a recepção de Mira, na porta, é totalmente diferente. Ela nos recebe sem meias e com um vestido azul-celeste.

— Entrem e venham tomar café — diz alegremente. — Esperei para tomar o café-da-manhã com vocês.

Aleksandra queria ficar sentada no sofá e ouvir a mãe falando sobre o pai. Mas Mira é severa.

— Primeiro os deveres, depois o balé, anda logo — ordena. Diz que tem que ser severa para que elas não sintam muito a ausência do pai. — É difícil para as minhas filhas — diz, depois de Aleksandra ter saído. — Algumas vezes sinto que teria sido melhor para elas que Dusjan tivesse morrido. Elas têm um pai mas só o vêem alguns dias por ano, entre as nove e cinco horas — diz baixinho. — Valentina me disse um dia destes: "E quando eu me casar? Quando será que papai vai se encontrar com o meu namorado?"

Lembro-me da placa na porta, "Tadic". Será que os vizinhos olham para ela como "a mulher do criminoso de guerra"?

— Os vizinhos não sabem — diz Mira abruptamente. — Por que eu deveria contar a eles? Não quero que tenham pena e me olhem com desconfiança: Aqueles que precisam saber, sabem. Aleksandra também não contou aos seus amigos que o pai está preso em Haia. "Papai vive nos Países Baixos", diz, quando alguém pergunta pelo pai.

A família Tadic vivia em Kozarac, uma pequena cidade na Bósnia com uma história sangrenta. Durante a Segunda Guerra Mundial, todos os homens e jovens sérvios foram deslocados para uma planície e mortos. Só três rapazes escaparam, um deles o pai de Mira. Não que muitos sérvios vivessem em Kozarac; a cidade sempre fora essencialmente muçulmana, com poucas famílias sérvias. Antes da guerra na Bósnia, 95% da população era muçulmana. Agora Kozarac fica na República Srpska, a parte sérvia da Bósnia.

Mira e Dusjan tinham um relacionamento bom com os vizinhos muçulmanos antes de a guerra começar. Dusjan tinha um café e era um conhecido atleta com faixa preta em caratê. Quando a situação começou a ficar tensa, em 1990, a família recebeu cartas de intimidação com ameaças para deixar Kozarac.

— Tudo mudou em 1990. De repente, amigos viraram inimigos.

O casal filiou-se ao partido de Radovan Karadzic, o Partido Democrata sérvio, o SDS.

— Era o único partido que poderia defender os sérvios — conta Mira, elogiando Radovan Karadzic. — As idéias dele eram boas e ele fez muitas coisas boas, mas depois perdeu o controle. Durante a guerra só existia caos, irmão matando irmão, vizinho matando vizinho.

Dusjan ficou cada vez mais ativo no SDS. Então os vizinhos começaram a virar a cara quando se encontravam com Mira. Dusjan estava convencido de que a população precisava ser transferida de lugar para que se estabelecessem aldeias etnicamente puras. E sustentava que Kozarac deveria ser uma cidade sérvia pura. Recebiam cada vez mais ameaças. Em maio de 1992, a família Tadic viajou de Kozarac para a cidade sérvia de Banja Luka. Dusjan foi servir nas forças policiais e entrou para a polícia rodoviária.

A partir do fim de 1992, as forças sérvias atacaram cidades muçulmanas e croatas. Dusjan Tadic participou dos ataques às aldeias em torno de Prijedor, na Bósnia, entre elas Kozarac. Nestas áreas, os habitantes muçulmanos e croatas foram forçados a deixar suas casas e foram presos. Milhares foram trazidos para os três campos: Omarska, Keraterm e Trnopolje. Marcharam em filas, amarrados uns aos outros. Outros foram mortos no local. Kozarac foi esvaziada de muçulmanos, todas as casas muçulmanas foram queimadas. Só as casas dos sérvios ficaram de pé. Dusjan Tadic foi condenado por ter participado da limpeza étnica da cidade, e também por ter torturado e matado seus vizinhos muçulmanos no campo de concentração de Omarska. (A sentença pode ser encontrada em www.un.org/icty.)

O Tribunal de Haia descreve assim o campo: a situação era terrível. Os presos ficavam amontoados e não existiam condições de higiene, eles recebiam rações uma vez por dia e tinham apenas três minutos para comê-las. Não havia mudança de roupa, nem lençóis, nem qualquer tratamento médico. No campo viam-se três prédios diferentes: o da administração, onde os interrogatórios aconteciam; a casa branca, onde a maioria das torturas foram efetuadas; e a casa vermelha — os presos que eram levados para lá raramente saíam com vida. A tortura era habitual, os guardas utilizavam paus, bastões de metal, cabos elétricos, espingardas e facas. Tanto

A *mulher do criminoso de guerra*

mulheres como homens foram brutalizados e abusados sexualmente.

— Ele foi julgado por ter sido guarda no campo de Omarska, mas trabalhava na polícia rodoviária, e a única coisa que fez foi escoltar presos para lá — jura. — Nem sequer estava lá quando aconteceram os crimes dos quais foi acusado. O Tribunal de Haia só ouviu os muçulmanos, muitos deles foram pagos para mentir. O que as testemunhas sérvias diziam não foi considerado na sentença. Eu mesma ouvi as mentiras dos nossos vizinhos muçulmanos.

Mira fala do sujeito que disse ter visto Dusjan matar dois homens no pátio dos fundos.

— Este homem é psiquicamente instável, fazia sexo com animais, era doente. Como o tribunal pôde dar ouvidos a ele? — pergunta. — Ouviram as mentiras mais diversas. — A voz falha. — Dusjan é inocente, está pagando por aquilo que outros fizeram. Dusjan não pode, de maneira alguma, ter feito aquilo pelo que foi julgado. Dusjan é bom como um cordeiro, é elegante, bonito, tem uma alma de artista. Todos que o conhecem ficam caídos por ele, poderia ter todas as mulheres que quisesse. Isto não faz sentido, por que violaria muçulmanos se poderia ter qualquer mulher sérvia que quisesse? — pergunta Mira.

Aceno com a cabeça, ouço e anoto. Não sou nem o Tribunal de Haia nem as mulheres que testemunharam contra Dusjan Tadic.

Mira reivindica que o tribunal não tinha uma única prova contra o marido e que tudo fora uma conspiração, pois era necessário encontrar um culpado para outros saírem em liberdade. Segundo ela, nenhum dos verdadeiros líderes foi preso. Mira também não tem nada de bom a dizer sobre as autoridades sérvias ou sobre o advogado que deveria defender

184   *De costas para o mundo*

o marido. O primeiro advogado designado era muito ligado a Milosevic e aos serviços secretos. Mira acha que ele não defendeu Dusjan, mas sim o regime. E Dusjan e o regime não tinham os mesmos interesses. De acordo com Mira, o advogado pediu às testemunhas que não mencionassem outro nome a não ser o de Tadic enquanto estivessem sendo interrogadas. Algumas testemunhas foram pagas para dar falso testemunho e o defensor fazia sinais com a cabeça para indicar o que deveriam dizer.*

— Por exemplo, quando o processo sobre Omarska começou, o advogado usou todo o seu tempo para provar que o campo nunca tinha existido, enquanto Dusjan queria provar que nunca tinha trabalhado lá — conta Mira. Também menciona os testemunhos grotescos sobre os presos serem obrigados a arrancar os testículos uns dos outros. — O advogado queria provar que, clinicamente, isto era impossível, enquanto Dusjan queria apenas provar que não o tinha feito. Provavelmente nunca vão alterar a sentença — continua Mira. — Já se gastou muito dinheiro e prestígio nela, e o Tribunal de Haia nunca vai admitir que errou. Mas é absurdo que o advogado tenha sido condenado por "negligência no processo" e isso não representar nada para o caso de Dusjan — suspira Mira.

Já é fim de tarde e estamos sentadas, encolhidas, olhando seriamente uma para a outra.

— Preciso tomar ar — diz Danijela. — Vamos dar um passeio?

---

* O advogado foi mais tarde julgado pelo Tribunal de Haia por estas atitudes. Foi despedido, colocado na lista negra e condenado a uma multa de 13 mil marcos alemães. As atitudes por que foi julgado foram: desrespeito ao tribunal, negligência no processo e obstrução ao trabalho do tribunal. A sentença pode ser encontrada em www.un.org/icty.

Vamos a um parque perto dali. Tem poucas árvores e está descuidado. Andamos muito tempo, em silêncio, por baixo das copas das árvores. Flores e ervas daninhas crescem amontoadas e há um silêncio fúnebre. É como se tivéssemos trazido o horror da guerra conosco. Está escuro, mesmo sob o sol ardente. Ele não ilumina o lugar onde estamos, e não conseguimos ver as flores.

Mira quebra o silêncio e começa a falar sobre a aldeia bósnia onde cresceu. Tinham vacas, carneiros e cabras.

— Antes da guerra, nas férias de verão, ia sempre lá com as minhas meninas. Agora, faz anos que não vou — suspira. — Meus pais ainda vivem lá.

Depois da guerra, Mira não voltou a Kozarac; está situada na zona muçulmana.

— Estão com fome? — pergunta de repente.

— Sim — grita Danijela.

Mira quer cozinhar para nós um verdadeiro prato da Bósnia. Empada de queijo, salada de coalhada e cebolinha e picles em conserva. Enquanto Mira prepara a refeição, a conversa toma um outro rumo, como se nenhuma de nós quisesse voltar nem à guerra nem a Haia. Danijela e eu ficamos sentadas no sofá com os álbuns de fotografias enquanto Mira dá explicações da cozinha. Há fotos da infância, do casamento, fotos de quando as crianças eram pequenas e várias séries de Dusjan praticando caratê em Kozarac e fazendo poses para a câmera.

Danijela faz comentários sobre uma fotografia de Mira e Dusjan, onde ela está com um vestido longo e elegante.

— É do baile de formatura do curso. Ainda o tenho — diz Mira. Vai ao quarto e volta com um vestido de seda. — Quando saímos de Kozarac, trouxe este vestido, que eu não usava há quase vinte anos. Trouxe este, as mantas das crianças e os álbuns de fotografias. Não me lembrei de mais nada. O vestido sempre me seguiu, sobreviveu a todas as guerras — sorri ela.

O telefone toca. Mira desaparece por alguns minutos.

— Era Dusjan. Manda saudações — diz Mira alegremente. — É bom vocês estarem aqui, acabei de falar a Dusjan de como nos apaixonamos, o baile de formatura, o vestido preto, o nosso casamento. É raro nos lembrarmos do passado — diz Mira. — Ele disse que estava bem e que espera a próxima visita.

Mira ouviu dizer que há um ônibus para Amsterdã. É mais barato, assim talvez possa escapar das viagens da Cruz Vermelha. Mas os 50 euros por mês que recebe provavelmente não chegam para uma viagem extra. Não é fácil viver com o salário de enfermeira.

— Penso todos os dias no que botar à mesa. Aleksandra já me disse três vezes que há morangos no mercado, como se eu não tivesse visto. Mas não tenho dinheiro.

Durante a refeição, Mira se descontrai cada vez mais e nos conta o segredo de como encontrar e conservar o marido perfeito.

— Procure um que seja um pouco mais feio do que você, porque assim ele nunca a deixará — afirma.

— Ótimo — diz Danijela contente —, Zoran é absolutamente mais feio do que eu.

— Além disso, deve ter um pouco de dinheiro, ser bondoso e meigo — adverte Mira. — Sempre digo isto às minhas filhas. — A partir de agora a conversa trata de homens e de amor. No fim, Danijela faz previsões nas borras do café. Vamos embora quando começa na televisão a novela favorita de Mira. — Muito interessante — diz Mira sobre a série latino-americana, nos acompanhando até a entrada degradada. — Voltem quando quiserem — grita-nos das escadas.

— Viu como ela era bonita quando jovem? — pergunta Danijela quando saímos. — Parecia mesmo elegante em algumas fotografias. E o vestido preto, gostei muito dele; cairia em mim como uma luva — diz Danijela. Mira Tadic está em seu próprio mundo, aproveitando a fuga que a novela lhe oferece. Olho para as suas janelas e vejo a luz azul da televisão através das cortinas. Ali vive uma mulher completamente normal, um pouco gorda, de 40 anos, com um vestido de algodão azul-celeste e um marido nos Países Baixos.

Em setembro de 2000, Tadic é transferido para uma prisão na Alemanha, para cumprir o resto da pena. A rotina de visitas é apertada. Ele pode telefonar para casa uma vez por mês e Mira pode visitá-lo uma vez por mês, por apenas uma hora.

— Uma hora — repete. — É como reviver a prisão dele mais uma vez. Já estava acostumada aos telefonemas várias vezes por semana.

Quando me encontro de novo com Mira, faz cinco meses que Dusjan está na nova prisão. Só o visitou uma vez.

— Não tenho dinheiro para ir e voltar de Munique todos os meses para ficar lá apenas uma hora — suspira. — Mas estou querendo ir de novo na primavera. Dusjan está vendo se podemos juntar as horas que não utilizamos para que da próxima vez eu fique lá cinco ou seis horas.

Mira serve o café e calcula as horas e os meses. Restam a Dusjan 14 anos da sentença. Na mesa há um bolo bósnio recém-preparado. No sofá, Valentina e uma prima assistem televisão. Mira, de vez em quando, dá uma espiada, mas felizmente ela não está perdendo sua série favorita por causa da nossa visita, minha e de Danijela.

— Portanto, agora escrevemos cartas — diz, e vai buscar as últimas cartas recebidas. Começa a ler em voz alta, como Dusjan tem saudades suas e das crianças, sobre o que falaram e o que ele pensava durante a última conversa telefônica, dos outros presos, do treino. — Ele escreve tão bem — diz Mira. — Agora está escrevendo as suas memórias. Me deixou ler uma parte da última vez que o visitei. É muito poético, tudo que ele toca torna-se romântico. Ele vive de acordo com ideais românticos. É como se tentasse reescrever *Guerra e paz* — diz rindo. — Para mim, os textos dele são, às vezes, um pouco sutis, ele escreve, por exemplo, com grande emoção, durante várias páginas, sobre estar vendo alguns pássaros entre as árvores. Durante a guerra!

Dusjan também incluiu uma fotografia na última carta. Está sentado, vestido com uma camiseta listrada, com as mãos no colo e olhando com um ar matreiro para a câmera. "Envio esta foto para lembrar você que ainda sou bonito", escreve, e no verso da foto lê-se: "Sempre vou amá-la, Mira. O seu único, Dusjan."

Mira fica sentada e lembra as coisas de que falamos da última vez. Sobre o vestido que nos mostrou, o que dissemos sobre as fotografias. É muito óbvio que ela raramente se permite reviver lembranças. Diz que não quer regressar à Bósnia porque esta nunca mais voltará a ser o que era. Quer esperar na Sérvia até a volta de Dusjan, e depois começar aqui uma nova vida com ele.

— Pobre Dusjan — diz, e conta como ele detesta a nova prisão. Em Haia fez amigos entre os outros presos. Ele e um outro acusado de crimes de guerra até combinaram fazer negócios juntos quando estivessem livres. Na prisão em Munique, Dusjan mantém-se isolado. — Tem problemas com os muçulmanos presos e, várias vezes, teve que trocar de cela. Ameaçam-no, os albaneses também, e controlam para que os outros presos não entrem em contato com ele. Mentem sobre aquilo que ele fez, para que ninguém queira ter alguma coisa a ver com ele. Mas acabou por me contar nas cartas. Assim tenho outra vez pesadelos com os muçulmanos — diz, crispando a boca. — E, imagine, ele está com criminosos comuns.

Fixa os olhos em nós.

— Com criminosos comuns: assassinos e estupradores — repete para compreendermos a injustiça da situação. — E não com presos políticos.

— Você considera Dusjan um preso político? — pergunto.

— E o que mais seria?

Mira me olha espantada e explica por que Dusjan é um preso político, quase um preso de consciência.

— O Tribunal de Haia foi criado para nos punir, a nós, os sérvios, para nos culpar pela guerra. É financiado por dinheiro americano e faz o que os americanos ordenam. Porque praticamente só prenderam sérvios, embora haja lá espaço suficiente tanto para croatas como muçulmanos e americanos — diz. — A guerra é como o casamento, quando um não quer, dois não brigam.

Na primavera de 2001, acontece na Sérvia o debate sobre crimes de guerra e responsabilidade. Pela primeira vez, as mídias governamentais questionam criticamente a condução da guerra pelos sérvios na Croácia, Bósnia e Kosovo, e são transmitidos documentários e debates sobre a guerra. Mira

190   *De costas para o mundo*

não quer participar em nenhum debate. Quando lhe pergunto o que acha que deve ser feito com Milosevic, responde que deveríamos deixá-lo em paz.

— Não quero atirar lama em nosso líder. Deveríamos fazer um círculo em volta dele quando todos os outros estão contra nós. Outros povos protegem os seus líderes quando são atacados, mas nós, sérvios, cuspimos em cima deles.

Mira não acredita em nenhum acerto de contas com o passado.

— Teria sido melhor riscar tudo e começar de novo. Se começássemos a discutir de quem é a culpa, só acabaríamos daqui a cem anos, e o mundo já teria escapado de nós.

Mira está cansada de falar sobre assuntos de Estado. Desde a última vez, ela mudou a disposição da mobília, a televisão e o sofá agora estão do outro lado da sala. Pergunta-nos se não achamos melhor agora.

— Sim, muito melhor — respondemos, como era de se esperar.

Na televisão, a novela já acabou e está passando um *talkshow*. Mira está descontente com a alteração da programação.

— Eles nos forçam a ver estrelas pop croatas e muçulmanas. É bom que venham aqui, mas por que as sérvias não vão lá? E com todas as canções da Croácia e da Bósnia, quase não há tempo para as canções sérvias na televisão — diz Mira indignada. O comentário fica no ar. — Mas tenho uma colega muçulmana muito simpática no trabalho, do centro da Bósnia — fala abruptamente.

Lembra-se do trabalho, vai fazer o turno da noite. Valentina estuda à noite também. Está no primeiro ano de direito.

— Era a escolha natural depois de toda a injustiça cometida contra Dusjan. Valentina quer lutar pela justiça — diz

Mira orgulhosamente. Aleksandra fica em casa para fazer os deveres e tem que ir para a cama sozinha.

Levamos Mira de carro até o hospital. No carro ela comenta como é difícil educar as crianças sozinha.

— Um dia Aleksandra chegou em casa chorando. Tinha discutido com uma amiga que gritara: "Tomara que o seu pai nunca saia da prisão!" Aleksandra, que pensava que ninguém sabia nada sobre o seu pai, ficou arrasada. Não desejo a ninguém ser mãe sozinha e pobre, ou ter um marido na prisão — afirma.

Chegamos ao hospital. Como da vez anterior, deixamos Mira antes do portão. Os últimos metros ela quer andar sozinha, de forma a deixar para trás "Mira — a mulher do criminoso de guerra", e tornar-se "Mira — a enfermeira".

— Vocês têm champanhe?

— Não, mas temos uísque.

Belgrado mostra o seu lado mais triste, nem mesmo os postes de luz parecem querer estar lá, lançando seu brilho sobre poças enlameadas em que pisamos ao passar. As pessoas tremem de frio para chegar em casa. Ouve-se o barulho monótono do limpador de pára-brisas contra o vidro da frente, enquanto uma voz sofrida emana do rádio. Atormentado e infeliz, o baladista pós-iugoslavo parece à beira do desespero completo. Aguardente de ameixas é fácil de encontrar em qualquer esquina, mas o líquido borbulhante está ausente das prateleiras.

— A propósito, o que vamos festejar? — pergunta Danijela. — Que o marido dela continua na prisão, que o salário de enfermeira não é suficiente para alimentar a família, que a filha dela não avançou nos estudos de direito?

— Por isso mesmo precisamos animar o ambiente — argumento nas ruas escuras. A chuva cai em diagonal. Mesmo no remoto sul, abril é o mais cruel dos meses.

Enfim, vemos uma pequena loja com duas garrafas desbotadas na vitrine. Parecem estar lá há anos, mas ainda assim é champanhe.

— Grande presente.

Danijela parece sincera. Acabei de dizer a ela que comprei um cesto com sabonetes, cremes, pomadas, espuma de banho e velas perfumadas para um banho aromático.

Depois de as garrafas serem embrulhadas num papel cinzento e metidas num saco amassado, pegamos a estrada. Danijela procura uma estação de rádio menos deprimente e se depara com U2. Excelente música para dirigir. De repente, temos vontade de continuar dirigindo, para muito longe. É como se tivéssemos medo de reencontrar Mira, queremos evitar o reencontro. Mas saímos em Pancevo como de costume, encontramos a rua, o prédio, o andar e a porta. A placa de metal com as letras cirílicas é a mesma. Tocamos a campainha.

O mesmo olhar avaliador.

— Já passou muito tempo — diz Mira. O olhar é ponderado, reservado.

— Três anos — digo.

— Sim, sim. Querem café?

— Trouxemos champanhe — contrapõe Danijela.

— Não gosto muito de champanhe — diz Mira. — Mas muito obrigada. Não era preciso.

— Temos que festejar o fato de estarmos juntas novamente, podemos beber o café mais tarde — diz Danijela. Mira desaparece, foi buscar taças. Abro a garrafa, que deixa sair um pequeno som, e encho as taças que Mira trouxe.

— Você tem taças de champanhe muito bonitas — elogia Danijela.

— Saúde!

— Saúde!

Brindamos e olhamos umas para as outras. Uma desconfiada, uma curiosa e uma pseudo-alegre. Primeiro Mira quer saber as novidades sobre o que temos feito desde a última vez. Danijela esteve desempregada durante algum tempo, mas começou agora a trabalhar para a Cruz Vermelha. Terminou com Zoran. Ele vai se casar com uma atriz. Eu falo da minha vida errante pelo mundo. Danijela e eu bebemos rapidamente. Danijela enche os nossos copos novamente e completa o de Mira. Ela quase não tocou no champanhe.

Aleksandra, agora com 15 anos, está sentada no sofá. A saltitante menina transformou-se numa adolescente desajeitada e cheia de espinhas. Olha rígida e quieta para a MTV, onde Britney Spears dança como uma serpente. Britney é uma aeromoça num avião e está prestes a seduzir um loiro ao estilo David Beckham no banheiro, após o que volta a servir bebidas e a cantar.

— É a sua vez de falar — diz Danijela.

Mira fixa o olhar, primeiro em Danijela e depois em mim. Maquiou-se e fez o cabelo. Está vestida com uma blusa elegante muito colorida e calças pretas. Parece ter se preparado para a visita e já ter tomado a decisão sobre qual versão de si mesma quer mostrar.

— Faço tantos turnos da noite quanto possível, de forma a aumentar o salário. Me esforço para que Aleksandra e Valentina andem bem vestidas. Tento dar a elas boa comida, sem gastar muito dinheiro. Estou bem.

Reforça com as suas palavras que não é de se queixar. É uma pessoa que não sucumbiu.

— Como vai Dusjan?

— Bem — responde. — Está fazendo serviços de cozinha. Está contente. Ajuda a passar o tempo. Treina, come saudavelmente, conta os dias. De resto, nada mais. Deixou de escrever. De repente ficou vazio, possivelmente não vai haver nenhum *Guerra e paz*. Não tem dinheiro para telefonar.

— E cartas?

— Cartas?

Mira olha-me como se perguntasse: o que você sabe sobre cartas?

— Você recebe cartas freqüentemente? — tento outra vez.

— Agora não tão freqüentemente.

— E quanto a você, escreve?

— Não gosto de escrever.

— Por que não?

— Bem, provavelmente você gosta de escrever, já que escreve livros. Eu não gosto. É assim.

— Mas lê as cartas dele muitas vezes?

Mira fixa o meu olhar durante muito tempo. Torna-se um pouco zombeteira.

— É agora que devo responder que as leio cinco vezes por dia e que as lágrimas correm e borram as letras? Que as tenho lido até se desfazerem? Isso é conveniente para a sua história?

As borbulhas do champanhe estão morrendo. Deixamos os copos de lado.

— Não tenho mais 15 anos. O dia-a-dia exige muito de mim. Leio as cartas e depois as guardo. Quanto você acha que é possível escrever sobre a prisão? Mas uma coisa eu posso dizer: desde o dia em que Dusjan foi preso, eu parei de viver. Durmo mal à noite. De vez em quando tenho pesadelos. Sonho que sou perseguida. Ou então fico deitada, acordada, pensando.

— Em que você pensa?

— O que você acha?

— Dusjan?

— Durmo sozinha há dez anos. É nisso que penso.

Sérvios do Kosovo — Entrada proibida

A Sérvia sem o Kosovo é como
um ser humano sem alma.
Veritsa, refugiada sérvia do Kosovo

— Os homens bebem e fumam, as mulheres choram e fumam.

Veritsa esmaga uma barata com o pé e acende um novo cigarro.

— Ninguém aqui precisa da gente. Ninguém nos quer aqui.

É de manhã e Veritsa já quer que o dia acabe. Tem todo o tempo do mundo. Há quase um ano que espera voltar ao Kosovo.

— O Kosovo é sérvio, precisamos voltar — diz. — Se não acreditasse que vamos voltar, seria melhor que me matasse.

Lança um olhar vago para o ar. O marido enche o primeiro copo de *rakija*. Ainda falta algum tempo para o almoço

— Se tivermos de ficar aqui mais um ano, vou enlouquecer — diz.

Veritsa e Radovan são refugiados sérvios do Kosovo. Saíram às pressas quando as forças sérvias deixaram a área em

11 de junho de 1999, pois logo atrás dos soldados sérvios chegou o UCK dos albaneses.

— Tivemos que ir embora para salvar nossas vidas. A única coisa que conseguimos levar foram algumas roupas e nossos álbuns de fotografias. Fizemos as malas em poucos minutos. Os líderes sérvios na aldeia nos disseram que poderíamos voltar dentro de algumas semanas, por isso trancamos a porta e fomos embora. Agora já estamos aqui há quase um ano — diz Veritsa.

Ela e o marido vivem juntos com duas de suas filhas, Aleksandra, de 3 anos, e Dragana, de 7, num quarto no abrigo de refugiados em Adrani, no sul da Sérvia. As duas filhas mais velhas vivem num internato em Nis, a algumas horas daqui. O quarto consiste numa cama, algumas cadeiras e um monte de caixas de papelão e sacos plásticos arrumados uns em cima dos outros num canto. Não há armário e as paredes estão vazias, exceto por um espelho redondo com moldura de plástico vermelho e um calendário com imagens de santos. Por baixo do olhar e da bênção de São Nicolau, dormem, comem e vivem.

— Isto não é vida — diz Veritsa e mostra como os dias passam. — Assim — diz e cruza os braços sobre o peito e acende um cigarro.

A família sobreviveu e escapou das represálias dos albaneses, mas foi um choque chegar à Sérvia. Nos primeiros meses viviam numa escola, numa sala de aula com mais trinta pessoas. No outono de 1999 surgiu uma vaga no abrigo em Adrani, fora de Kraljevo. Kraljevo é a primeira cidade depois da fronteira do Kosovo, e lá chegaram, em poucos dias, 30 mil refugiados sérvios em junho de 1999, para se somar aos 20 mil sérvios do Kosovo que lá viviam e que chegaram ao longo dos últimos dez anos e aos milhares de refugiados bósnios e croatas. Originalmente, a cidade tinha uma população de 60 mil habitantes, que logo foi duplicada.

Veritsa evita sair e fica a maior parte do tempo em casa com os cigarros e as memórias. Refugiados do Kosovo não são bem-vindos em Kraljevo.

— "Voltem para o Kosovo, não queremos vocês aqui", uma senhora no mercado me disse outro dia — conta. — "Por que não foram para a Albânia?", perguntou o motorista do ônibus quando fui à cidade na semana passada — diz. — Somos indesejados em nosso próprio país.

Depois de alguns dias em Kraljevo, sinto, eu mesma, como o ambiente está tenso. "Entrada proibida para sérvios do Kosovo", lê-se na porta de um dos cafés mais freqüentados em Kraljevo.

— São grosseiros e arrogantes. Comecei a perder a clientela depois da chegada deles — diz o proprietário.

Um hoteleiro nas termas Mataruska Banja, fora da cidade, acha que os turistas não aparecem por causa deles:

— As pessoas se afastam por causa dos refugiados sujos e barulhentos — diz.

Os moradores ameaçaram usar de violência para afastar os refugiados dos prédios municipais que lhes foram concedidos à guisa de abrigo, das casas de show aos estábulos.

— Decidimos tomar a lei nas nossas próprias mãos. Se não saírem de Mataruska Banja — sangue vai ser derramado — ameaça o hoteleiro.

Também a classe média em Kraljevo está cheia de desprezo.

— Parecem mais albaneses que sérvios — diz-se comumente.

— Falam o sérvio pior que os albaneses — dizem daqueles que falam o dialeto kosovo-sérvio.

— Comportam-se como os albaneses, falam alto, estacionam onde querem. Vendem os produtos da ajuda humanitária no mercado, têm muito dinheiro, que escondem antes de pedir mais, têm tantos filhos como os albaneses, as crianças são barulhentas e vandalizam as escolas — os comentários circulam na cidade.

A pressão dos refugiados originou confrontos em Kraljevo e nas aldeias vizinhas. Carros com placas do Kosovo foram danificados. Na aldeia de Lazac, houve grandes manifestações quando as autoridades quiseram alojar os refugiados no centro de cultura local; a aldeia de Vitanovac lhes negou acesso à rede de água. Já há falta de água e a empresa responsável receava que a distribuição fosse afetada. Em várias escolas, o número de alunos por turma subiu de trinta para cinqüenta, os serviços de saúde estão sobrecarregados e os preços dos imóveis subiram.

— Encontro hostilidade por todo lado — diz Veritsa. — Tinha um relacionamento melhor com os meus vizinhos albaneses no Kosovo do que com os sérvios aqui. Vivíamos em paz com os albaneses até a guerra começar. Nossas crianças brincavam juntas, visitávamo-nos uns aos outros, ajudávamo-nos em tudo. Quando a guerra começou e nossos vizinhos fugiram para a Albânia, meus filhos choravam querendo ir também — conta Veritsa. — Dragana falava albanês melhor do que sérvio — diz sobre a filha de 7 anos. Veritsa não se sente culpada pelo fato de os albaneses terem deixado o Kosovo quando a guerra começou. — Não sei por que foram embora. Ninguém os forçou a isso, deviam estar com medo das bombas — diz em relação às centenas de milhares de albaneses que atravessaram as fronteiras para a Albânia e para a Macedônia, depois de os sérvios terem começado a limpeza étnica em março de 1999.

Alguns meses depois, foi a própria Veritsa que teve de fugir. Com os 350 mil não-albaneses, dos quais 270 mil eram sérvios, ela deixou a sua casa. Quando cruzou a fronteira, ligou para a vizinha. Primeiro a vizinha não quis dizer nada. Mas depois contou que a casa de Veritsa e Radovan tinha pegado fogo.

— Não me perguntou nada, nem onde estava, nem como estavam as minhas crianças, nada. Está tudo destruído — assegura. — Como podemos viver juntos depois disto?

Veritsa está sentada em cima da cama, falando, as mulheres dos quartos vizinhos entraram para ouvir. Veritsa fala da casa que eles próprios construíram, da máquina de lavar roupa, que é o que lhe faz mais falta, da comida que comiam, do trabalho no município de Urosevac, onde registrava casamentos, nascimentos e óbitos.

— O pior é não ter um emprego, ninguém precisa de mim — diz e começa a chorar.

As outras mulheres ficam sentadas com olhares vazios, algumas levantam-se e vão embora. Muitas lágrimas são derramadas no abrigo em Adrani.

— Basta de lamentações — diz Veritsa limpando os olhos. Dragana tem que ir para a escola à uma hora. Vai no período da tarde porque de manhã a escola está cheia. O seu uniforme está bem dobrado e lavado numa maleta. Veritsa pede emprestado o ferro de passar no vizinho e se curva sobre a cama que faz as vezes de tábua de passar e de sofá durante o dia e onde dormem quatro pessoas durante a noite. A camiseta vermelha e as calças azuis de Dragana quase não estão amassadas. — A minha filha deve, pelo menos, parecer arrumada, mesmo que vivamos assim — diz Veritsa.

Também a criança sofre com a hostilidade aos refugiados. Dragana ainda não tem nenhuma amiga entre os residentes fixos. Veritsa escova com cuidado o seu cabelo bonito e ondulado, põe um prendedor amarelo e leva a filha para fora. Parece uma pequena princesa. Escovada e recém-banhada, com vestes limpíssimas. Dragana parece a mais feliz da família e a única com algo certo para fazer. Mesmo que as colegas de turma não queiram brincar com ela, há muitas crianças refugiadas com quem brincar.

Depois que a filha vai para a escola, Veritsa e Radovan ainda têm que esperar algumas horas até o carro da Cruz Vermelha chegar com o almoço. Tudo está lavado, limpo e arrumado, não há muito para fazer, portanto o negócio é esperar e fumar de novo.

— Que bom você estar aqui — diz Veritsa. — Assim o dia passa mais depressa.

Vai buscar um álbum de fotografias e mostra fotos do passado, as fotos do casamento, as crianças quando eram menores, festas em família, férias, a construção da casa.

— Felizmente conseguimos trazer os álbuns — suspira Veritsa. Acende um cigarro e oferece mais café. Então buzinam lá fora — o carro do almoço. Os refugiados recebem uma refeição todos os dias. A refeição consiste em arroz, feijão, batatas ou macarrão. Hoje é sopa de feijão. As pessoas estão à espera com um balde ou um tacho, e cada família é servida. Também é distribuído meio pão por pessoa e hoje há 200 gramas de queijo para cada um. "*Aid from Czech Republic*", lê-se no queijo. Além disso, as famílias recebem um jornal, *Politika*, fiel ao regime. O abrigo não tem nem televisão nem rádio, portanto as notícias no *Politika* são as únicas que chegam a Adrani. "Pequim adverte Washington novamente", diz a manchete principal da primeira página. Há ainda "Apoio na UE para suspender as sanções", "Putin declarado presidente", "Imperialismo americano é condenado" e "Multidão protesta contra a América em Atenas". Ninguém liga para o jornal e para aquilo que o regime considera a notícia mais importante. Agora é hora de comer. Mais um *rakija* e depois para a mesa. Veritsa pede desculpas pela refeição pobre e sonha com o Kosovo:

— Tínhamos carne todos os dias, tínhamos porcos e também galinhas. — Ela própria não come nada. — Só quero chorar e fumar — diz. — A única coisa que me mantém de pé são as crianças. Digo às duas mais velhas que têm que manter a coragem, são jovens, têm que estudar para que possamos voltar ao Kosovo — diz. — E começar a viver novamente.

Depois do almoço, as pessoas juntam-se no corredor, o lugar de encontro no abrigo. Ao longo das paredes há dois bancos e algumas cadeiras, e no fundo do corredor uma placa de cozinha. Aqui se passam mais horas de espera. A porta está aberta para o pátio, onde o sol queima. Mas ninguém se preocupa com o sol, ninguém tem tarefas lá fora tampouco. Estamos sentados, cada um com a sua xícara de café. Agora sou eu que tenho que responder.

— Foi ao Kosovo? O que você acha dos albaneses? O que dizem sobre nós, sérvios? O que lhe disseram sobre nós? Quando pensam que poderemos voltar?

Todos olham muito sérios para mim.

— É uma situação muito complicada e tensa no Kosovo, e muito difícil para eu julgar — tento responder e me sinto uma idiota. — Não sei mais do que vocês — digo finalmente e enfrento os olhares decepcionados dos refugiados. Um homem me mostra fotos de sua aldeia. Estivera no Kosovo no dia anterior, fora levado até lá com uma escolta do KFOR para ver a sua cidade natal.

— Pegou fogo em tudo. Aqui — aponta para uma das fotos — ficava a minha casa. Só restaram ruínas. Meu tio, meu padrinho, meus pais, todos moravam lá — mostra. — A igreja também foi incendiada. Mas vamos voltar e construir tudo de novo.

Pergunto se conseguirão conviver com os albaneses depois disto. Faz-se um silêncio.

— Temos que matar os albaneses culpados, com os outros podemos conviver. O mesmo temos que fazer com os sérvios — diz um homem de certa idade. É a primeira vez que alguém menciona que os sérvios também podem ter culpa. Mas ninguém quer admitir que alguma vez houve ataques contra os albaneses no Kosovo.

— Eles tinham todos os direitos — diz alguém.

— Aterrorizaram-nos — diz Slavitsa, a irmã de Veritsa. Ela morava nos arredores da aldeia albanesa de Brezovica e trabalhava como telefonista. — De vez em quando, os vizinhos deixavam de nos cumprimentar. Esquivavam-se quando me viam. Um dia encontrei um colega meu e fui eu quem se esquivou. "Slavitsa, por que não me cumprimenta?", perguntou. "Não me atrevo", respondi. Disse-me para não nos preocuparmos com a política à nossa volta. Foi o último albanês a me dizer algo agradável.

Os refugiados são obstinados na maneira de avaliar a guerra: nunca houve limpeza étnica e os albaneses saíram espontaneamente. O apoio dos sérvios do Kosovo a Milosevic é uma das razões do ceticismo e da hostilidade das pessoas. Foi entre estes que ele conseguiu mais votos. Uma vez que os albaneses boicotaram as eleições, todas as vagas no parlamento sérvio para o Kosovo foram para o SPS. Os sérvios no Kosovo viram Milosevic como uma proteção contra a população muçulmana em crescimento. Durante uma manifestação que os sérvios do Kosovo fizeram em Kraljevo para protestar contra as condições miseráveis, os passantes gritaram: *Uzivaj!* Que significa "Aproveita!", no sentido de "Vá pro inferno!"

— Ele conseguiu nos proteger até agora — diz Radovan sobre o presidente da Iugoslávia, e serve o terceiro, quarto, quinto ou sexto *rakija* do dia. Talvez, entre os sérvios, ainda mais típico que o *rakija*, seja a opinião de que são eternas vítimas.

— Sempre fomos vítimas — diz Veritsa outra vez, chorando e novamente com um cigarro na mão. — Os americanos começaram a guerra no Kosovo, incitaram os albaneses.

Eles insistem que as valas comuns estão cheias de albaneses porque estes foram mortos nos bombardeios e tiveram de ser enterrados às pressas.

— Bill Clinton, Madeleine Albright e Hashim Thaci é que deveriam ser enviados para Haia. Milosevic é inocente — sustenta Radovan mostrando orgulhosamente o cartão de militante do SPS. — Ele é o maior líder de todos os tempos, depois de Tito — conclui. Os refugiados tampouco querem culpar o regime em vigor pela sua situação degradante. São outra vez os americanos que estão por trás de tudo.

— A Sérvia é punida pelas sanções econômicas, é incrível que ainda consiga funcionar e que recebamos alguma ajuda — diz um.

Mas num ponto os refugiados em Adrani não concordam com Milosevic. O presidente afirma que a Sérvia ganhou a guerra no Kosovo. Quando pergunto se concordam, faz-se um silêncio.

— Não, perdemos — diz um homem.

— Perdemos tudo, mas vamos nos reerguer — diz outro rapidamente. — Precisamos que o KFOR se retire, assim poderemos enfrentar os albaneses. Mas precisamos de armas e voltaremos com as forças sérvias, para exigir nossos direitos.

Radovan afirma que 11 de junho de 2000 é o dia em que poderão voltar para casa.

— É o dia em que o KFOR vai embora — diz, embora ele próprio não pareça completamente convencido. Um mal-entendido disseminado entre os refugiados é que o acordo que Milosevic assinou só é válido por um ano. As mídias controladas pelo regime escrevem muitas vezes que o acordo é vá lido por "um período inicial de um ano", sem mencionar que é renovável automaticamente. Parece que os próprios refugiados, no fundo da sua alma, compreendem que um regresso tão cedo é um sonho. Os sérvios que restam vivem em enclaves protegidos por soldados bem armados do KFOR. Caso se movimentem fora das suas aldeias são presas fáceis. As crianças têm escolta militar para ir à escola.

Quando as circunstâncias são deprimentes demais para merecer comentários, os refugiados começam a falar sobre o tema recorrente dos sérvios — o passado. Contam-me sobre Tsar Lazar, que teve de escolher entre o reino espiritual e o terrestre na batalha contra os turcos em 1389, sobre todas as igrejas e mosteiros, sobre o Kosovo como o coração, a alma e a terra espiritual.

— O Kosovo é sérvio, sempre foi sérvio e será sempre sérvio — diz Veritsa. — E se eu não voltar ou se as minhas filhas não o conseguirem, meus netos terão que lutar para reconquistar o Kosovo.

Hoje é um dia especialmente triste — o dia de São Markus, quando se visitam os túmulos de família e se acendem velas.

— Todos os nossos estão no Kosovo — diz Veritsa. Ela não sabe a situação do túmulo dos pais. Muitos túmulos sérvios foram destruídos e vandalizados. — Não tenho forças para pensar nisso — diz.

Uma das mulheres muda de assunto. Depois de ter perdido tudo, a família é a única coisa que resta e é o assunto mais importante para falar.

— *Nisi udata?* Você não é casada?

Os refugiados me olham incrédulos, mas já está passando da hora, dizem os seus olhares. Chovem ofertas de casamento. Posso escolher entre jovens desde os 18 anos para cima. Os candidatos ignoram, felizmente, que estão sendo prometidos em casamento, as mães é que decidem tudo.

— Meu filho tem 24 anos e estuda engenharia em Nis, isto lhe agrada? Você pode levá-lo para a Noruega — diz uma mulher de certa idade. — É fácil conseguir um emprego lá? Você pode nos ajudar?

De novo, todos os olhares estão sobre mim e todos aguardam uma resposta. Veritsa quebra o silêncio.

— Não a chateiem! Anda, vamos ver as fotos que ainda não viu. — Empurra-me para dentro do quarto, sentamo-nos na cama e folheamos o passado dela. Veritsa chora novamente, indesejada pelos vizinhos, negligenciada pelas autoridades. Para elas, Veritsa é apenas uma lembrança de mais uma guerra que os sérvios perderam.

Leva quase um ano até eu voltar a Adrani. O sol de março brilha alegremente no pátio entre as casas brancas de cimento. Crianças jogam bola, meninas pulam corda. No portão encontro uma jovem carregando baldes d'água e pergunto se Veritsa e Radovan ainda vivem lá.

— São os meus pais — responde, larga os baldes e me acompanha até lá dentro. Cumprimento alguns dos rostos da última vez até chegarmos ao quarto de Veritsa, ao fundo do corredor. Veritsa me enche de beijos. Tem olheiras escuras, muito mais rugas e uma erupção no queixo. A existência como refugiada a deixou dez anos mais velha.

Sou levada para o sofá e me oferecem café e um cigarro, o menu de sobrevivência de Veritsa do ano anterior.

— Sim, ainda estamos aqui — diz antes de eu perguntar. — E agora não somos só quatro, mas seis neste quarto.

Há um mês, a mãe de Radovan chegou do Kosovo. Vivia numa aldeia sérvia em Bresovica, mas mesmo com a proteção do KFOR, havia sempre assassinatos. Viu o seu irmão ser morto antes de os vizinhos albaneses levarem tudo de valor da casa, inclusive os animais. Mesmo assim, estava decidida a ficar no Kosovo até há um mês, quando um ônibus com sérvios explodiu, 11 pessoas morreram e várias ficaram gravemente feridas. Então ela decidiu repartir o quarto em Adrani com Veritsa e Radovan.

A sogra, que fica sentada num banco, num canto, pronuncia os seus ai, ai, ai com uma voz lamuriosa e os olhos azuis cheios de lágrimas, enquanto Veritsa conta a sua história. Também a filha de 16 anos fica sentada a maior parte do tempo num banco, depois de ter voltado com a avó do Kosovo. Freqüentava a escola sérvia em Bresovica após a conclusão do ensino básico em Nis, mas, depois da última bomba no ônibus, Veritsa não quis que ela continuasse lá. Como estamos no meio do ano letivo, a escola em Kraljevo não a deixou continuar do ponto onde havia parado, por isso agora ela não faz nada. Fica aborrecida e espera pelo início do próximo ano de estudos.

Não existe um único livro no pequeno quarto do abrigo. Quando proponho que vá até a biblioteca em Kraljevo para talvez ler alguma coisa, ela apenas me olha. Passa os dias ajudando a mãe a fazer o café-da-manhã, o almoço e o jantar, para depois arrumar a louça.

Quase tudo no quarto está como antes, exceto o calendário de São Nicolau, que agora exibe o ano de 2001. A família tem um novo ícone, a Nossa Senhora com o Menino Jesus, e também um armário e uma geladeira.

Há um ano, Veritsa estava decidida a voltar. Agora está resignada.

— Não acredito que vá poder voltar algum dia, as coisas estão cada vez piores. Os albaneses querem o seu próprio Estado, livre dos sérvios. Aterrorizam-nos à vontade, enquanto os soldados do KFOR ficam passivos, olhando. Até uma criança sabe que o KFOR está do lado dos albaneses. Os soldados e os albaneses são melhores amigos. Agora tentamos vender a terra que temos no Kosovo e comprar uma casa aqui, mas parece impossível.

Veritsa me mostra fotos da casa queimada, só restaram as fundações. Ao lado das ruínas há duas construções, as casas dos vizinhos albaneses.

— Ainda tenho as chaves da casa — diz Veritsa com amargura. — Nunca imaginei não voltar. Lembro-me de ter regado as plantas antes de irmos embora.

Tinham recebido as fotos alguns meses antes. Radovan pedira a um albanês da aldeia para tirar as fotos do túmulo do pai e da casa deles, para eles próprios verificarem que de fato tinha sido queimada. O vizinho tirou as fotos e as enviou. Algumas semanas depois foi encontrado morto no acostamento da estrada.

— Não sabemos por quê, mas agora também se atacam entre si, se alguém não tiver uma atitude totalmente antisérvia. Há leis duras e não escritas dentro da sociedade albanesa — diz. — É tão triste, esse vizinho era tão simpático, tinha apenas 32 anos, deixou mulher e três crianças pequenas. Todo o Kosovo está cheio de ódio — diz Veritsa.

O relacionamento com os vizinhos sérvios em volta do abrigo em Adrani tampouco melhorou.

— Não há um único vizinho que tenha nos visitado, nem um sequer, em quase dois anos. E não há uma única criança que tenha brincado com as nossas ou as convidado para as suas casas. Evitam-nos — diz Veritsa. — Provavelmente somos muitos.

O caminhão do almoço buzina lá fora. Duzitsa vai buscar o pão. Só pão. Veritsa já não quer mais a comida.

— A cada três dias alternam-se arroz, feijão e macarrão. Já não agüentamos mais — diz Veritsa.

Vou com Duzitsa buscar o pão. Como no ano anterior, há uma fila de pessoas com panelas e baldes. Servem-lhes algo parecido a um guisado de arroz com um molho marrom e uns pedacinhos de cenoura e carne boiando.

Quando Veritsa insiste em fazer o seu próprio almoço, não é apenas por estar farta da comida. Trata-se também de dignidade. Esperar que o caminhão buzine lá fora para depois receber uma ração qualquer faz com que ela se sinta um animal a caminho do abate. Ela prefere usar o magro salário para comprar sua própria comida. Como funcionária pública, continua recebendo dinheiro do emprego que tinha no Kosovo, mas são só 25 euros por mês.

Radovan começou a vender cigarros no mercado negro. Nenhum deles tentou arranjar um emprego.

Sérvios do Kosovo – Entrada proibida 211

— Não há por quê. O nível de desemprego é bastante alto por aqui — diz Veritsa. — Ninguém emprega ninguém do Kosovo.

Arranjar um emprego aqui seria, além de tudo, mais um passo para deixar o Kosovo para trás.

Radovan volta do mercado com menos cigarros e mais dinares, salada e rabanetes num saco plástico. *Rakija* aparece na mesa. É servido de uma garrafa de plástico de origem duvidosa, mas é bom, bom como deve ser. Os vizinhos dos outros quartos aparecem para cumprimentar.

Quando não está servindo café ou fazendo outra coisa qualquer, Veritsa fica agachada no chão. Olho à minha volta e percebo por quê: não há cadeiras suficientes. Algumas vezes, quando a posição se torna incômoda demais, apóia-se no joelho. De vez em quando remove poeira invisível do tapete ou acende um outro cigarro.

— O que você acha, poderemos voltar algum dia? — pergunta Radovan. Acho melhor dizer o que penso e falo que está muito complicado, e que se conseguirem voltar será para um Kosovo diferente do que deixaram. Será para um Kosovo onde a língua oficial é a albanesa. As crianças serão educadas em albanês e o povo será governado principalmente por albaneses.

— Conseguem viver com isso? — pergunto.

Radovan levanta-se e serve mais *rakija*.

— Enquanto ninguém me impedir de viver a minha vida, na minha casa e com o meu emprego, fico indiferente a quem governa — diz. No momento seguinte fala de como é importante o Kosovo manter-se sérvio. Depois novamente se contradiz e diz que a nacionalidade e a etnia nunca o preocuparam.

212 · *De costas para o mundo*

Radovan manteve-se militante no SPS mesmo depois de Milosevic ter caído.

— Todos aqui votaram nele — diz Duzitsa.

— Agora é acusado de crimes de guerra, só porque tenta nos proteger, os sérvios. O mundo nos culpa pelas guerras nos Bálcãs. E Tudjman e Izetbegovic, e Hashim Thaci? Não é justo culparem só a nós — diz Radovan.

— Se for culpado de alguma coisa deve ser punido, mas não enviado para Haia. O julgamento deve ser feito aqui. O que fez Milosovic aos holandeses? — pergunta Veritsa. — O Ocidente está contra nós, os sérvios, por isso nunca seria um julgamento justo.

Ninguém no abrigo tem televisão, e raramente os refugiados ouvem as notícias no rádio, preferem uma estação só de música.

— Fico deprimida ouvindo as notícias — diz Veritsa. O *Politika* acabou no dia 6 de outubro. — Novo regime, nenhum jornal — ri Radovan.

Depois de algum tempo, Veritsa não quer mais falar de política.

— Não sei nada de política. Se soubesse, não estaria sentada neste quarto. E se disser mais alguma coisa, possivelmente serei acusada de crimes de guerra e irei para a prisão com Milosevic — diz Veritsa e ri de uma maneira amarga, quase escarrando. — Só queremos o que é nosso — diz após uma longa pausa, enquanto raspa uma mancha imaginária na lareira, que brilha como se fosse nova.

Apesar do fantástico dia de primavera, ficamos sentados lá dentro. O quarto está cheio de fumo. Quando finalmente menciono o bom tempo, Veritsa apenas diz que o sol já não a aquece. Faz-se silêncio. Ninguém tem nada a dizer. As pessoas ficam sentadas olhando o vazio ou o chão de uma maneira que indica que o fazem muitas vezes. Radovan balança numa cadeira contra a parede e bebe cerveja. Veritsa está encolhida no chão e fuma. Eu também continuo sentada olhando e não pensando em nada. É como se o tédio da vida no exílio também me contagiasse. A cabeça está vazia, nenhum pensamento ao qual se agarrar. É hora de voltar para casa.

No carro de volta para Belgrado, penso que Veritsa não chora mais. Era melhor quando chorava.

Passaram-se cinco anos desde que Veritsa regou suas plantas pela última vez, trancou a porta e foi embora. Estou de volta a Belgrado e penso onde ela poderá estar. Não tinham telefone no abrigo e não encontro o bloco de anotações onde escrevera o nome da família. Sem isto é impossível encontrá-la. Podem ter ido para qualquer lugar, para um novo abrigo, ou podem ter recebido ajuda para construir uma casa, ou terem se mudado para um apartamento em algum lugar. Não tenho nem mesmo o endereço do centro em Adrani, mas uma vez lá acho que consigo lembrar onde fica. Então poderei perguntar por eles, se não estiverem mais lá, e se o abrigo ainda existir.

Pergunto a Drago se pode ir comigo. Ele promete vir cedo no dia seguinte. Bate furiosamente à porta na manhã combinada. Está todo desgrenhado e com um olhar assustado. A roupa está cheia de sangue e de lama. Ele passou a noite na prisão, após uma briga de bar. Digo a ele que vá para casa tomar um banho.

Duas horas depois estamos no carro.

— Você sabe que sempre acontece alguma coisa quando você sai! Por que teve que sair logo ontem à noite? Você me disse que ia direto pra cama!

Drago está sentado, calado e com os dentes cerrados. Dirige depressa e bruscamente. Irritado, vira o volante e pára de repente no sinal vermelho, metade do carro ultrapassa a faixa de pedestres. Não é a primeira vez que Drago se mete em confusão, e não estou com disposição de mostrar piedade. Não trocamos uma palavra sequer até estarmos na estrada, onde Drago pode dirigir tão incivilizadamente quanto quiser. Parece que quebrou o nariz do sujeito com quem brigou. Agora tem medo da vingança. O homem tem boas ligações com a máfia.

— Dá pra consertar a situação?

Drago emite apenas um assobio como resposta.

— Me diga se posso ajudar você em alguma coisa — falo rapidamente. A piedade prevalece de qualquer maneira. Lembro-me de Drago como um jovem sérvio enérgico e voluntarioso. Há três anos vivia bem, ganhava bem e tinha muitas esperanças em relação à vida pós-Milosevic. Agora seu telefone foi desligado porque ele não tem dinheiro para pagar a conta. O que lhe pago pelos serviços de intérprete e motorista vai diretamente para saldar as dívidas — com o senhorio, com o dono do bar e também com os amigos e a família. A noite passada arranjou mais um problema — um ex-camarada todo quebrado.

— Vou me cuidar, vou melhorar. Só que neste momento é um pouco difícil. Mas escuta, vamos falar sobre a nossa tarefa. Quem é que você disse que vamos encontrar hoje?

Falo sobre Veritsa e Radovan, as crianças e a avó, sobre os vizinhos e a casa incendiada.

— Espero que estejam lá — digo. — Ou melhor, espero que já não estejam lá, que tenham encontrado algo melhor. Bem, de qualquer maneira, espero que os encontremos.

Drago acena. Está contente por deixar Belgrado.

Sérvios do Kosovo – Entrada proibida   215

— É melhor eu me afastar durante algum tempo.

Escurece antes de chegarmos a Kraljevo. A partir daí nos perdemos várias vezes, paramos para perguntar, continuamos, olhamos para o mapa. Chove e o carro passa lentamente sobre lama e pedras.

— É do lado direito da estrada. Logo depois de um rio — lembro-me. — Ou talvez à esquerda.

— Não quer parar novamente para perguntar? — Drago sugere quando hesitamos.

— Não, já perguntamos muito.

— Talvez devêssemos tentar amanhã, à luz do dia — diz, exausto. A prisão em Belgrado não foi um grande estímulo para o passeio.

— Não, quero encontrá-los agora. Saberei onde é quando chegarmos.

Atravessamos a ponte.

— Aqui — grito. — Vire aqui.

Não há ninguém no pátio. A chuva cai com força, como tem acontecido durante todo o mês de abril. Drago estaciona o carro. Batemos à porta, ninguém responde, portanto abrimos nós mesmos e entramos. Na entrada há sapatos e botas em várias fileiras. Tiramos os nossos, viramos à esquerda, onde está a placa de cozinha comum, e aí, atrás da primeira porta à direita, era onde eles viviam. Olho para Drago, ele acena ansiosamente, e bato à porta.

Uma menina bonita abre. Deve ser Dragana. Atrás dela vejo as costas de Veritsa, que está apanhando qualquer coisa no chão. Vira-se ainda de joelhos, dá um pulo e grita. Num instante está de pé e me abraça fortemente. Radovan nos olha incrédulo. A mãe dele balança num banco, olha para cima, e depois para baixo novamente, sem parar o ritmo do corpo balançante.

Depois de beijos e muitos abraços me leva para uma cadeira.

— Sim, ainda estamos aqui — antecipa-se. — Em junho vai fazer cinco anos. Mas conta! Quais são as novidades?

Rakija é colocado na mesa. Drago fica contente.

— Lembra-se da Åsne, sogra? — grita Veritsa para a mulher que balança. A sogra apenas encolhe os ombros e me observa com um olhar vago. — Teve dois ataques neste último ano. É a tristeza — sussurra Veritsa. — Não fala mais.

— O quarto parece menor do que da última vez. Veritsa já tem um fogãozinho, assim evita utilizar o fogão comum do corredor. E também têm uma televisão. — Vendemos o carro e compramos a televisão — explica.

Uma novela brasileira passa na tela. São Nicolau está pendurado no mesmo lugar, em companhia de vários outros santos. Todas as superfícies estão com muitos objetos de adorno — um cão de porcelana, um sino de vidro com água e flocos de neve, um urso velho, um santinho, um cartão de aniversário esfarrapado, um ramo de flores de plástico numa jarra.

— Quase achei que não encontraria vocês. Que teriam se mudado daqui.

— Quem me dera — diz Veritsa, e acende um cigarro. — Sim, continuo fumando — desculpa-se.

Radovan oferece um cigarro a Drago.

— Mais um *rakija*? — pergunta. — Eu mesmo larguei totalmente a bebida. Foi demais, comecei a beber todos os dias, muito...

Então acabou a luz. Ficamos sentados quietos. Radovan acende um fósforo. Ninguém vai verificar os fusíveis. Todos esperam apenas que a luz volte. Radovan continua falando.

— No início a bebida me ajudou, me confortava. Depois tudo piorou. Fiquei com os nervos alterados, comecei a ter receio de tudo, comecei a duvidar. Então bebia ainda mais para me acalmar, ficava nervoso novamente e bebia cada vez mais, fiquei com os nervos destroçados...

A eletricidade volta. A televisão recomeça, o lustre do teto volta a iluminar com a sua luz fraca.

Radovan foi quem mais mudou. Deve ter perdido uns 20 quilos. Quando estive aqui pela primeira vez, parecia forte e saudável. Agora tem as faces chupadas. Ombros, barriga, caixa torácica — tudo encolheu.

— Eu estava perdendo o controle e percebi que tinha que deixar a bebida.

Drago assente.

— Sim, o controle sobre a vida — diz com olhos vermelhos de sangue.

Veritsa, pelo contrário, parece melhor do que da última vez. A pele está mais saudável, os olhos ganharam novamente algum brilho.

— Você pode ter razão — diz Veritsa quando a elogio. — No início estava muito deprimida. O primeiro ano foi o pior, os choques eram constantes: a fuga, o incêndio da nossa casa, a volta que nunca mais acontecia, a situação no Kosovo que só piorava. Naquela época me lembrava bem demais como era viver na minha própria casa, onde todos tinham o seu próprio quarto, onde tínhamos máquina de lavar e...

De repente fica escuro de novo.

— Ai — suspira Veritsa. — O que você acha? É assim que vivemos.

O cigarro aceso ondula numa dança monótona. Ninguém vai buscar velas, só esperamos. É difícil falar no escuro, é

218 *De costas para o mundo*

quase íntimo demais. Como se sentíssemos a necessidade de dizer algo importante ou então deixássemos de falar por completo.

— A máquina de lavar — diz Veritsa quando a luz volta. — É do que tenho mais saudades. Lavar roupa no inverno é o pior. Ficamos dobradas sobre as bacias até as mãos ficarem vermelhas, inchadas, e até não sentirmos os dedos — diz Veritsa, mostrando as mãos feridas. — Imagina, há cinco anos lavar roupa era uma coisa simples.

Lembro-me que também disse isto da última vez, mas uma máquina de lavar é um sonho fútil numa casa sem água canalizada e só com uma torneira no pátio. Quando eles querem tomar banho, vão um após o outro, numa bacia, no mesmo quarto onde dormem e comem.

Vários vizinhos espreitam à noite, os que se lembram de mim cumprimentam com cuidado antes de sair. Veritsa abre a geladeira e tira queijo, ovos e pepino.

Não se pode visitar um lar sérvio sem comer o que nos é oferecido, e ficamos sentados falando enquanto um aroma delicioso de toucinho frito se espalha.

— Da última vez você gostou muito do toucinho — diz Veritsa. — Nossas duas filhas mais velhas estão casadas — diz, com o rosto vermelho por causa do calor da frigideira e apontando com a espátula para duas fotografias na parede. — Casaram-se com sérvios do Kosovo, parece que estamos unidos agora. A mais velha quer construir uma casa, de fato receberam ajuda do serviço de refugiados norueguês.

— Os noruegueses ajudam muitos aqui, fazem um bom trabalho — diz Radovan.

— Vocês têm alguma esperança em ter uma casa própria? Aqui ou no Kosovo? — pergunto.

— Como podemos conseguir uma casa sem dinheiro? — pergunta Radovan. — Primeiro precisamos de um terreno, depois de material de construção. Não teremos dinheiro sem antes termos vendido o nosso terreno no Kosovo. A casa pegou fogo e não vale nada, mas o terreno é bom. Mas como conseguiremos vendê-lo, não podemos ir até lá. E por que alguém ia querer comprá-lo? Por que os vizinhos deveriam pagar por algo que agora utilizam de graça? Dividiram o jardim como se fosse um troféu de guerra.

Radovan acende amargamente um cigarro.

— Se conseguíssemos vender o terreno lá, poderíamos construir aqui.

— Mas você sabe, o que queríamos acima de tudo não é construir aqui, mas voltar ao lugar onde nascemos — diz Veritsa. — Onde os nossos antepassados viveram e estão enterrados. Acho que a única solução para o Kosovo é uma divisão. Uma parte albanesa e uma parte sérvia. É uma declaração de derrota, porque todo o Kosovo é sérvio, mas desse jeito será melhor do que como está agora, pelo menos. Não acredito que aqui conseguiremos ter a nossa própria casa um dia.

— Mas então a comunidade internacional tem que fazer alguma coisa, veja só o KFOR! Não nos protegem. Não se importam. Durante as revoltas em março ficaram olhando, enquanto os albaneses incendiaram as nossas igrejas — diz Radovan. Continua sendo militante do SPS: Têm um bom programa para os sérvios.

Veritsa parece estar longe. É incrível como sua expressão muda rapidamente de amarga para meiga.

As travessas esvaziam-se. Já é tarde. As duas filhas mais novas entraram, vieram do corredor, onde estiveram brincando. O silêncio está caindo em Adrani. Ouvem-se vozes baixinhas, uma porta que se fecha, chapinhar de água, alguns gritos ou passos dos outros quartos.

— Meu sonho é andar nas planícies de novo — diz Veritsa, com um sorriso distante. — Os bonitos descampados, as colinas.

Os pensamentos estão de novo no Kosovo. Ela acende um cigarro.

— Mas tenho que ficar aqui, presa neste quarto. Tínhamos um banheiro grande com chuveiro novo e banheira. E aqui temos que fazer fila para escovar os dentes na torneira do pátio. Há cinco anos. Fazemos nossas necessidades num barraco atrás da casa. Mas já não me preocupo muito. É por isso que estou com um aspecto melhor agora. Da última vez que você esteve aqui, eu só pensava numa coisa: voltar. Agora tento aproveitar melhor os dias. Já quase me esqueci como era a vida antes. É melhor esquecer. Não é assim que uma pessoa se adapta a tudo? Esquecendo?

Prefeito da democracia

Liberdade é a consciência da harmonia
da desarmonia entre seres humanos imperfeitos.
DZONNY B. STULIC, ESTRELA DE ROCK CROATA

— TODAS AS CASAS nesta cidade devem ser pintadas! De vermelho onde vivem os partidários de Milosevic, de amarelo onde vivem os democratas, de azul onde vivem os simpatizantes de Draskovic e de branco onde vivem os eleitores indecisos. Cada família deve ser registrada, e assim descobriremos em quem as pessoas pretendem votar. Quando tivermos essa informação, então poderemos armar nossa estratégia.

É o prefeito de Nis, Zoran Zivkovic, que se prepara para as eleições. Não sabe quando serão, mas quer estar preparado no dia em que Slobodan Milosevic decidir. Nis é uma cidade de 280 mil habitantes. Imagino como Zivkovic conseguirá descobrir em quem cada família pretende votar. Ele olha para mim sem compreender.

— Esta é uma cidade pequena onde todo mundo se conhece. Além disso temos muita experiência em vigilância neste país, isto é uma coisa que sabemos fazer. — Ri e explica: — Na minha rua, sei mais ou menos em quem vão votar, além disso conheço pessoas em toda a cidade. São algumas centenas de famílias das quais posso tomar conta. O portavoz do partido pode colorir uma rua, o secretário-geral outra. Assim, todos no partido vão ser responsáveis pelos seus bairros. É assim mesmo. Você toma conta do seu quarteirão — diz à secretária Aleksandra. — Sim, por acaso vai ser difícil encontrar cores para os blocos de apartamentos, devem ser um pouco multicoloridos.

Há uma reunião de equipe no escritório do prefeito. Quatro homens mais próximos dele estão sentados em torno da mesa, estudam mapas da cidade, pesquisas de opinião e prováveis resultados das eleições.

— Precisamos de duas semanas para registrar todas as famílias, duas semanas para fazer mapas e duas semanas para planejar a estratégia das eleições. Então estaremos em movimento. No dia 1º de maio, a estratégia estará pronta. A maior incidência será nas zonas onde há mais eleitores indecisos, são eles que vão decidir as eleições. Porém, não vamos conseguir convencer velhos, comunistas fiéis e antigos eleitores de Milosevic.

A equipe estuda uma pesquisa de opinião que mostra que, caso os vários partidos de oposição contra Milosevic se unam nesta primavera de 2000, ganharão as eleições em Nis. Se não conseguirem se unir em torno de um candidato comum, será difícil. A pesquisa mostra também a melhor maneira de influenciar as pessoas, mais de um terço delas nunca lê o jornal e obtém todas as notícias pela televisão, enquanto só 8% acreditam no que veicula o órgão do regime, *Politika*.

— O método mais efetivo de luta nas eleições é o método *"Dobar dan, dobar dan"*, "Bom dia, como vai? Bom dia, como vai?", o que significa andar de porta em porta e conversar

Prefeito da democracia 223

com as pessoas — diz Zivkovic. — Precisamos de 2 mil voluntários. Teremos que explicar e convencer. No dia das eleições teremos que fechar a chave os antidemocratas mais renitentes — ri. — Ameacei meus pais com isto, quando ainda acreditavam em Milosevic. Felizmente, nas eleições anteriores não foi preciso, já tinham aprendido e votaram em mim!

— O enérgico prefeito promete uma campanha muito negativa em relação a Milosevic. — Vamos juntar todas as promessas que ele fez durante os últimos dez anos e mostrar às pessoas o que de fato aconteceu.

Zoran Zivkovic está entre os políticos mais populares na Sérvia. Ainda não completou 40 anos e é um dos poucos não comprometidos com promessas não cumpridas. Durante os três anos na prefeitura de Nis, mostrou-se um ferrenho e enérgico defensor da cidade. É o número dois no Partido Democrata, depois de Zoran Djindjic, e um dos mais declarados opositores do regime. Em Nis, a oposição está bem organizada e a cidade tornou-se um símbolo na luta contra Milosevic. Antes, o local era conhecido como "fortaleza vermelha"; aqui e no resto do sul da Sérvia o regime tinha um apoio sólido. O sul da Sérvia continua sendo território de Milosevic, mas Nis optou por um outro caminho. Após as sucessivas falências e reduções de pessoal nas empresas estatais, as pessoas perderam a confiança nas autoridades e o democrata Zoran Zivkovic tornou se o primeiro prefeito não-comunista da cidade após a guerra. Não conseguiu virar a maré da economia local, mas conseguiu convencer as pessoas de que é o regime, e não ele, o culpado pelo desemprego crescente.

As autoridades locais têm pouco poder na Sérvia, e um prefeito da oposição, além disso, tem o trabalho dificultado pelo regime. Depois de Zoran Zivkovic ter tomado posse, o orçamento em Nis foi reduzido pelo governo a um quarto do que era quando o Partido Socialista Sérvio administrava a cidade. As autoridades nunca explicaram por que os cortes foram muito maiores nas cidades governadas pela oposição do que nas cidades governadas por partidários de Milosevic.

O corte de verbas não é a única maneira de as autoridades dificultarem a vida da oposição. No inverno de 2000, nenhuma das cidades sérvias governadas pela oposição recebia combustível para o aquecimento de escolas, hospitais e casas. As cidades foram salvas do frio pelo projeto "Energia para a democracia", por meio do qual vários países do Ocidente enviaram combustível para as "zonas democráticas". As autoridades tentaram criar entraves. Por exemplo, vários comboios de caminhões de combustível ficaram retidos na fronteira entre a Macedônia e a Sérvia durante semanas antes de conseguirem os vistos alfandegários e poderem entrar no país. Zivkovic passou grande parte do mês de dezembro de 1999 num vaivém para a fronteira tentando fazer entrar a valiosa carga.

— Não há nenhum contato entre as autoridades em Belgrado e a administração municipal. Enquanto fui prefeito, mais de cinqüenta ministros visitaram Nis e apenas um entrou no meu gabinete. Os outros só visitaram as sedes dos seus partidos.*

---

* O governo sérvio, até a queda de Milosevic no outono de 2000, era formado por três partidos: o SPS, Partido Socialista Sérvio, liderado por Slobodan Milosevic; o JUL, Partido da Esquerda Iugoslava, liderado pela mulher de Milosevic, Mira Markovic; e o Partido Radical Sérvio, liderado pelo ultranacionalista Vojislav Seselj.

Prefeito da democracia 225

A lei também é utilizada para neutralizar pessoas difíceis. Zivkovic arrisca-se a pegar até três anos de cadeia se for condenado por "divulgar informações falsas", depois de ter criticado o exército num comício. Pode ser levado a julgamento a qualquer momento, pois renunciou espontaneamente à sua imunidade política.

Duas outras acusações pesam sobre Zivkovic. Uma por ter ele organizado uma manifestação de apoio a um técnico da televisão local, que foi preso por, no intervalo da transmissão de um jogo de futebol, ter incitado o povo a comparecer a uma manifestação anti-Milosevic. A outra diz respeito às declarações de Zivkovic sobre o juiz que condenou o jornalista Nebosja Ristic a um ano de prisão por ter pendurado, na porta da sua emissora de televisão, um cartaz apoiando uma imprensa livre. Zivkovic disse que o juiz não era digno da cidadania sérvia.

— Tenho cuidado em não fazer afirmações injuriosas, portanto fiz apenas recomendações. Sugeri a ele que enfiasse a cabeça num saco plástico sujo, e que as pessoas fugissem quando o encontrassem na rua. Além disso, falei que ele deveria ter vergonha de si mesmo.

Foi o suficiente para ser acusado de difamação, e a investigação está a todo vapor. Ele não acha que vai ser preso.

— Seria um favor que fariam à oposição — diz quase com orgulho e me mostra os cartazes *"Free press"* que levaram à prisão do jornalista. — Encomendei molduras para eles, um vai ser pendurado no meu escritório, outro no foyer no andar de baixo e os outros nas salas de reuniões. Sem uma imprensa livre nunca seremos uma democracia.

O político local também foi vítima de agressões dos adversários. Foi espancado num café em Nis por um segurança do partido de Milosevic e, na noite seguinte à renúncia de sua imunidade, a polícia apareceu em sua porta para prender sua esposa. Alegavam que o motivo eram as contas da firma onde ela trabalhava. — Nunca tínhamos ouvido falar das contas, e ela recusou-se a ir à delegacia no meio da noite. No dia seguinte lhe disseram que era um mal-entendido. Usam de todos os métodos para nos assustar.

O prefeito é autoconfiante e decidido. Irradia força de vontade e não condiz muito bem com a mobília escura e pesada do gabinete pomposo da prefeitura. Esta manhã, checa os e-mails e as notícias na internet. O servidor esteve fora do ar durante vários dias, portanto há muita coisa a fazer. Ele dá instruções à secretária sobre os e-mails que devem ser respondidos imediatamente e os que podem esperar.

Mais tarde, há uma reunião com o contador sobre o empréstimo que a cidade contraiu para pagar o combustível comprado ao Estado. O combustível da "Energia para a democracia" só cobriu metade das necessidades, o resto precisou ser comprado ao preço federal, exorbitante. O acordo com o banco foi o de restituir o valor do combustível adicionado de 1% ao mês. Agora o preço do combustível quadruplicou, quadruplicando a dívida. Zivkovic está tentando renegociar o empréstimo. Mas é difícil, o dono do banco é o Estado e é controlado por simpatizantes de Milosevic.

— Mais uma maneira de nos asfixiar — suspira Zivkovic.

Às duas, é a reestruturação do teatro da cidade que está na agenda.

— Metade do pessoal não faz nada. O repertório é antiquado e os atores efetivos não prestam — diz Zivkovic. Recebe a visita de um diretor de teatro de Belgrado que teve grande sucesso na reorganização de vários teatros na capital. Os dois homens bebem *rakija* e o diretor de Belgrado esboça a maneira como o teatro deve ser dirigido. Chegam à conclusão de que a melhor solução é fechá-lo, reorganizá-lo e depois fazer as pessoas procurarem os seus empregos de novo.

— Mas depois das eleições, depois das eleições. Não me arrisco a fazer uma coisa tão impopular agora.

Zivkovic telefona à diretora do teatro da cidade para se atualizar. Ela pergunta primeiro se Zivkovic já tratou de contratar uma nova faxineira. Ele revira os olhos depois da conversa:

— A direção do teatro está dormindo! Pensam que ainda estamos nos tempos do comunismo, quando tudo lhes era servido na bandeja.

O prefeito fuma muito — cigarros Morava iugoslavos sem filtro.

— São produzidos aqui em Nis — diz. — Tenho que ajudar o pouco que resta da indústria, apesar de o diretor da fábrica de tabaco ser um homem de Milosevic. Se tivesse que boicotar tudo o que diz respeito ao regime, não poderia usar o telefone nem a eletricidade, nem comprar gasolina.

Zivkovic admite que o consumo de Morava é elevado.

— Num dia sem estresse fumo um maço, quando estou mais tenso fumo dois. E nos últimos quatro anos não tive um único dia sem estresse!

Quando não fuma, come nozes, passas, damascos secos e bebe café turco. Zivkovic é um tipo robusto com cerca de 100 quilos. Quando o encontro está fazendo jejum, não para emagrecer, mas para cumprir o costume ortodoxo de sete semanas de jejum entre o Carnaval e a Páscoa. Carne, ovos e laticínios são proibidos e, em algumas semanas, também o óleo.

O bispo está no telefone. O prefeito aproveita a oportunidade para se aconselhar.

— É na terceira semana que não se pode usar óleo na comida? — pergunta ao telefone.

— Não, é na primeira e na última — responde o bispo.

Zivkovic foi educado como ateu, mas foi batizado há três anos. Colaborou intensamente com vários padres em 1996 e 1997, durante as grandes manifestações contra o regime, quando Milosevic se recusou a aceitar que nas eleições autárquicas a oposição tivesse avançado e vencido em muitas das grandes cidades, por exemplo em Nis. No fim, Milosevic teve que se render às evidências e Zivkovic tornou-se prefeito e cristão.

Ele me convida para almoçar em sua casa. O guarda-costas o acompanha até o carro. Depois dos ataques Zivkovic tem guarda-costas, mas praticamente só o acompanha quando sai ou está no meio de multidões.

— Era soldado no Kosovo, quando voltou não conseguiu emprego. Como conheço a mãe dele, empreguei-o — conta Zivkovic sem afetação. Entramos num pequeno Yugo amarelo-claro. "Não tenho carro, tenho um Yugo", as pessoas costumam dizer sobre o antigo orgulho iugoslavo, o carro do povo. — As estradas são outro assunto que tenho de tratar. Com estradas ruins não há desenvolvimento — diz. No projeto "Asfalto para a democracia", Nis vai receber apoio, entre outros, da Noruega.

Quando chegamos, a mulher dele, Biserka, está à espera nas escadas. A família do prefeito vive numa casa que divide com os pais de Zivkovic. A família, com Milena, de 9 anos, e Marko, de 2, tem à sua disposição 70 metros quadrados, uma pequena sala com quitinete e dois quartos.

Prefeito da democracia　　　　229

— Uma das minhas tarefas mais importantes é a luta contra a corrupção. Eu poderia desviar vários milhares de marcos alemães todos os dias se quisesse; os meus colaboradores, a mesma coisa. Mas quero fazer uma limpeza neste país completamente corrupto, e é importante para mim não ter mais bens materiais do que aqueles que ganhei honestamente.

De acordo com Zivkovic, 80% da economia em Nis é ilegal. A prática do suborno é generalizada.

— Preciso ter cuidado para me manter limpo — diz.

A primeira coisa que me mostra na sala são os ícones na parede. Um deles é o santo da família, São Miguel, um outro é o santo do Partido Democrata, São Jorge. Este é celebrado todos os anos com um grande piquenique, além da missa tradicional. Um crucifixo e os santos da cidade, São Constantino e a imperatriz Helena, completam a cena.

— Tento rezar de vez em quando, o período de jejum não é apenas sobre não comer direito, exige também voltar a mente para Deus, rezar, se arrepender e se afastar dos prazeres carnais. Mas não sou fanático.

Na parede há também uma caricatura mundana. É São Pedro, num barco a caminho dos tempos modernos com uma estrela de rock, uma figura do diabo e uma mulher nua só com um par de óculos.

Ao som de Lajko Felix, um jovem violinista servo-húngaro, serve-se *rakija*. Os vários pratos que a mulher de Zivkovic se esforçou em preparar ficam em cima da mesa intocados, pois o prefeito começou a falar de seu tema favorito: Milosevic.

— Afastá-lo é o mais importante, o resto não interessa. Com ele no poder, somos um Estado pária na Europa, oprimido pelas sanções e excluído dos investimentos. Excluído e isolado de toda a evolução moderna — agita-se Zivkovic. Está obcecado por Milosevic, dizem os críticos. "Dêem uma hora a ele na televisão e ele vai utilizar 55 minutos falando de Milosevic e cinco minutos da sua política."

Zivkovic fica quase igualmente furioso quando fala sobre a política do Ocidente em relação à Servia.

— O Ocidente deveria ter vergonha. Os bombardeios causaram, a nós da oposição, um grande problema. Nas eleições anteriores pedi ao povo para votar num sistema como o das democracias da Europa ocidental, e depois os mesmos democratas nos atacam. Como posso justificar isto? Pedi às pessoas para acreditarem na bandeira da UE e depois nos bombardeiam com a bandeira hasteada!

Trinta e quatro pessoas foram mortas pelas bombas em Nis, a última há apenas alguns dias, um ano depois de a guerra ter acabado; um homem de certa idade foi despedaçado na sua horta por uma bomba não detonada. Centenas de pessoas foram feridas gravemente quando os bairros residenciais foram bombardeados. A Otan se desculpou dizendo que tinha tentado acertar o aeroporto e que houve um erro de cálculo.

— O que fariam eles com bombas de desfragmentação no aeroporto? — pergunta Zivkovic furioso. — Este tipo de bombas é destinado a matar e ferir. Liberam cargas explosivas com estilhaços que matam pessoas, mas que não fazem grandes estragos num aeroporto.

Zivkovic continua:

— As sanções ajudam Milosevic. Se fosse por ele, construiria um muro de Berlim em torno da Sérvia. Agora pode culpar as sanções por tudo que vai mal. Além disso, dão a Milosevic e ao seu grupo o controle completo de toda a importação e exportação sem qualquer interferência. O argumento do Ocidente de que as sanções vão enfraquecer Milosevic, já que o sofrimento das pessoas vai ficar intolerável, não convence. As pessoas não fazem idéia de que Milosevic é o motivo das sanções. Pensam, porque é o que vêem na televisão, que tudo faz parte de uma conspiração do Ocidente — diz decepcionado. — A Sérvia é como um velho aleijado com todos os achaques da idade possíveis, que só consegue se arrastar com o apoio de muletas. O Ocidente é o médico que pensa na melhor forma de curá-lo e decide tratá-lo a pauladas. Contrata três homens fortes para fazer o serviço, depois espera que o aleijado se levante — Zivkovic diz com desprezo. — Temos sofrido sanções contra a importação de gasolina, já se vão nove anos, mas, mesmo assim, a gasolina sempre entra clandestinamente e é muito cara. As pessoas perdem, os contrabandistas ganham. Esta política tem conduzido a um florescimento do mercado ilegal, do contrabando, das drogas, da prostituição. O bom é que, quando tenho visitas de embaixadores do Ocidente, estes freqüentemente concordam comigo, mas os governos provavelmente não ouvem os embaixadores, somente os "peritos" das suas próprias administrações — diz Zivkovic.

Faz um pequeno intervalo para respirar, olha para os aperitivos proibidos, serve-se de um *rakija* e continua:

— Esta sociedade está à beira do abismo, e estar à beira do abismo é sempre muito perigoso. Milosevic pode declarar estado de sítio a qualquer momento. Se continuar a opressão, as pessoas em breve começarão a protestar, e Milosevic poderá chamar o exército. Mas se quiser a guerra civil, vamos tratar para que comece em Dedinje.* As pessoas vão

---

* Rua na zona mais exclusiva de Belgrado, onde Milosevic reside.

bater à sua porta e exigir a sua saída. Ele será preso este ano — garante Zivkovic. — Você não acha? — pergunta.

— Hummm...

Hesita.

— Tenho que acreditar nisso, senão é melhor desistir. Mas agora vamos comer.

Eu me sirvo de ovos recheados, presunto e queijo, enquanto Zivkovic come alface e rabanetes. Mais tarde é servido um guisado de carne de boi e vários tipos de carne grelhada. Zivkovic olha cheio de desejo para as apetitosas travessas. Tem que se contentar com um guisado de feijão, ervilhas e cenouras cozidas, regado com grande goles de cerveja, porque a cerveja sérvia, Jelen, a igreja não proibiu. Biserka quase não se senta para comer. Como uma anfitriã perfeita, tem tudo sob controle.

— Nos casamos há dez anos: 1990 foi o último ano bom na Iugoslávia, o último antes de tudo sair dos trilhos. Podíamos viajar para onde quiséssemos, tínhamos dinheiro, havia de tudo — diz Zivkovic. — Eu importava equipamentos médicos, mas minha empresa foi esmagada pelos socialistas. Perdi a licença de importação em 1995. As licenças só foram concedidas aos colaboradores do regime, e eu tinha me tornado vice-presidente do Partido Democrata e fora eleito para o parlamento sérvio — diz. A mulher e o sogro também perderam os empregos depois de Zivkovic ter sido eleito para o parlamento. Só depois que se tornou prefeito é que foram readmitidos.

A mulher é advogada. Quando o café é servido e Zivkovic está ao telefone ela começa a falar.

— Sou mãe, pai, mulher, militante do partido e advogada. Me esforço para manter esta família unida. Não é uma vida normal, Zivkovic nunca tem tempo para a família. Mas também não são tempos normais para a Sérvia, e é disto que se trata a luta, fazer da Sérvia um país normal novamente — suspira.

Marko, de 2 anos, está no chão brincando com as bonecas Barbie da irmã. A Barbie bate no Ken e o Ken bate na Barbie.

— As crianças nos Bálcãs aprendem depressa — ri Zivkovic antes de atender novamente o telefone. O político faz questão de estar sempre disponível e todos os jornalistas locais têm o número do seu celular.

Quando o pai fala ao telefone, Marko fala também no seu telefone de plástico. Mas o prefeito não quer que o filho o siga em tudo.

— Espero que quando Marko for adulto já tenhamos posto ordem suficiente neste país para a política ter se tornado uma chatice. Então é melhor usar as forças para construir algo, para que a Sérvia volte a ser um país moderno na Europa a que pertencemos.

Sai correndo para uma reunião de estratégia no partido. Biserka fica em casa para pôr as crianças para dormir.

No início de maio vou à prefeitura para ver os mapas coloridos da cidade e ouvir sobre a estratégia para as eleições. Zivkovic está sentado atrás da escrivaninha, com a barba por fazer e vestindo um casaco esportivo; na televisão, passa um filme americano. É o segundo dia de Páscoa.

— O mapa ainda não está pronto. Para ser honesto, não começamos ainda, nem a juntar dados, nem a delinear uma estratégia. Nada acontece a tempo neste país. Também não vai haver eleições agora, as primeiras serão em setembro, se de fato houver eleições — suspira Zivkovic. Esteve nos EUA de visita durante uma semana. Visita fracassada. Possivelmente tinha expectativas muito altas. O objetivo era convencer os EUA a suspender as sanções, mas só as reforçaram.

Zivkovic coça a barba de vários dias. Parece ter tido uma celebração de Páscoa dura.

— Detesto fazer a barba. Antes tinha barba, mas Zoran Djindjic me mandou tirá-la. "As pessoas não acreditam em políticos de barba" — diz. — Quando deixar este hospício, vou deixar crescer uma grande barba.

Ri e esvazia o copo de uzo, que tomou para recobrar suas forças. Não parece ter ajudado muito.

— Os mapas estão prontos — gaba-se Zivkovic quando eu, perto do verão, visito seu gabinete de novo. — Estão no escritório do partido. Acabamos fazendo dez mapas menores, para incluir todas as casas. Mais de mil membros do partido ajudaram a colher informações. Agora vamos analisar os resultados. A situação política na Sérvia é mais triste do que nunca. A oposição não se entende e, por causa disso, cada vez mais emissoras de televisão são fechadas, e mais jornalistas são presos, assim como ativistas políticos e manifestantes.

Em Nis, a televisão local ainda faz transmissões, e Zivkovic usa de todos os meios para protegê-la.

— Temos guardas armados em volta da torre de transmissão, e eu disse publicamente que transformamos a área num campo minado. Isso ser verdade ou não pouco importa se as pessoas acreditarem que *é* verdade — diz e me oferece uma aguardente de ameixa caseira à guisa de despedida. — Esta garrafa eu ganhei do pai de um soldado morto no Kosovo. Veio aqui um dia para falar comigo — diz Zivkovic, que andava camuflado durante a guerra e inspecionava as tropas antes de serem enviadas para o Kosovo. Isto apesar de ser tão contra a guerra de Milosevic como contra as bombas da Otan.

Estamos sentados em sofás fundos e confortáveis no fresco gabinete do prefeito, lá fora a temperatura atinge os 40 graus. Zoran Zivkovic acaba de chegar da Noruega. Doze prefeitos de cidades governadas pela oposição fazem uma visita de dois dias. Zivkovic elogia a eficácia e a bela natureza da Noruega, além das ruas limpas de minha cidade natal, Lillehammer.

— Mas não é estranho que Lillehammer pareça uma cidade-modelo? — diz. — O município tem um orçamento quarenta vezes maior do que o nosso, e a cidade é dez vezes menor. Com este dinheiro também conseguiríamos manter as ruas limpas.

O governo norueguês lhe deu um presente de despedida: latas de lixo e contêineres.

— Posso conseguir muitos votos com as latas de lixo — ri Zivkovic.

Está cansado e, como tantas pessoas que encontrei na Sérvia nesta primavera de 2000, parece ter perdido a coragem.

— Tenho problemas para dormir e quando acordo estou tão cansado como quando me deitei. Chego em casa depois de as crianças terem se deitado e saio antes de elas terem se levantado. Faz três dias que não vejo meus filhos. Preciso de férias — diz, olhando-me desanimado antes de encher o copo de novo. — Mas no outono vamos ficar livres de Milosevic — afirma. — Espere para ver!

A família Zivkovic vai de férias para Montenegro, mas elas são curtas para Zoran, pois Slobodan Milosevic convocou eleições para o final de julho, depois de primeiro ter alterado a constituição de modo que ele próprio possa ficar

236   *De costas para o mundo*

mais um mandato. Serão realizadas eleições locais, parlamentares e presidenciais no mesmo dia, 24 de setembro. Zoran Zivkovic está à frente da campanha eleitoral em Nis. O Partido Democrata vence esmagadoramente nas eleições locais. As pessoas também votam em grande maioria no candidato presidencial da oposição, Vojislav Kostunica.

— A vitória foi tão esmagadora que logo percebi que Milosevic tinha de sair — sorri Zivkovic por sobre um copo de uísque.

Passaram-se alguns dias após a revolução nas ruas em Belgrado. Encontro-me com o vitorioso no restaurante do Partido Democrata em Belgrado.

— O que eu disse da última vez? Milosevic ia cair durante o outono!

Ele ri contente.

— Depois das eleições era só a questão do dia em que todo o povo na Sérvia iria se juntar em Belgrado para exigir o vencedor legítimo. Liderei um comboio de Nis com centenas de veículos, carros, tratores e caminhões. Éramos em número cada vez maior e encontramos pessoas de Vranje, Leskovac, Pirot e Kragujevac na estrada para o Norte em direção a Belgrado. Nas barricadas da polícia quase que acenavam para que avançássemos, e quando nos faziam parar só era preciso ameaçar um pouco. Éramos muitos para sermos detidos, muitos para termos medo. Quando chegamos a Belgrado, marchamos todos juntos até o Parlamento. Aí nos encontramos com os manifestantes vindos de outros lados. Estávamos em nossos lugares mesmo antes de o parlamento ser invadido.

Mas os acontecimentos daquele dia glorioso de outubro já são passado, e Zoran Zivkovic não está muito contente com o novo presidente por quem ele próprio lutou.

Prefeito da democracia 237

— Vojislav Kostunica manteve muitos homens de Milosevic. Manteve o odioso chefe militar, Nebojsa Pavkovic, e o ainda mais odiado chefe de segurança, Rade Markovic. Negociou com Milosevic sem consultar a coligação. E com estas pessoas do círculo mais próximo de Milosevic nos seus lugares a vitória não está assegurada! Kostunica tem agora a possibilidade de se livrar de todos os que têm as mãos sujas. Tem que agir agora, mais tarde poderá ser mais difícil. Ainda existe a possibilidade de o exército começar a vacilar, muitos dos generais têm fortes laços com Milosevic.

O general Pavkovic contou mais tarde que o presidente lhe ordenou que usasse o exército contra os manifestantes e atirasse para o meio da multidão se fosse necessário. Pavkovic se recusou e assim pôde continuar como chefe militar abaixo de Vojislav Kostunica.

Zivkovic tem que sair para uma entrevista na RTS.

— Imagine só, vou ser entrevistado no canal privado de Milosevic!

Alguns dias depois visito-o no gabinete do prefeito em Nis. Queixa-se novamente de Kostunica.

— Milosevic tem que ser preso o mais rápido possível. Temos que mostrar ao mundo que somos um Estado de direito, que podemos conduzir contra ele um processo justo. Ele, que durante os últimos dez anos nos levou de uma catástrofe a outra. É Kostunica contra o resto. Dissemos a ele que tem de agarrar o momento. Mas Kostunica é um pássaro livre. Faz sempre o que acha melhor.

O telefone toca. É o líder do partido, Zoran Djindjic, o cérebro e organizador por trás da campanha eleitoral da oposição unida. Zivkovic fica sério.

— Onde? Quantos?

238   *De costas para o mundo*

Djindjic ouviu rumores sobre um pelotão do exército que se dirigia para Belgrado. O ambiente no gabinete fica tenso.

— Por menor que seja, ainda há o perigo de uma contra-revolução. Mas vai ser combatida — diz Zivkovic.

Volto a Belgrado na mesma noite e não encontro qualquer tropa.

Depois destes primeiros dias nervosos de outubro, a situação se acalma e o exército mantém-se leal ao novo presidente.

No fim de outubro é feita uma reunião onde se negociam as pastas ministeriais no governo iugoslavo. Os lugares devem ser distribuídos entre a Sérvia e Montenegro. Do lado sérvio das negociações estão sentados Vojislav Kostunica, Zoran Djindjic, Goran Svilanovic e Zoran Zivkovic. Está decidido que o Ministério do Interior vai para o Partido Democrata. Eles avaliaram candidatos e os consideraram ou sem muito peso, ou interessados demais em fazer concessões, ou sem as qualificações necessárias.

— Tenho uma proposta — diz Zivkovic para Djindjic.

— Você mesmo? Estou de acordo — responde Djindjic.

E assim se faz. Goran Svilanovic fica com o Ministério das Relações Exteriores. Os novos ministérios são anunciados no início de novembro. Zivkovic deixa a cadeira de prefeito em Nis e se muda para a capital.

— O que sabe o prefeito de Nis sobre política? — perguntam os jornalistas. — Não tem educação e qualificações para ser ministro do Interior — concluem.

— Sou bom em derrubar muros e portas, e perito em resolver problemas — é a resposta do novo ministro.

Alguns meses depois, num coquetel oferecido pelo bispo, reencontro o novo ministro recém-nomeado. Oferece-me carona na volta para Belgrado no dia seguinte.

Prefeito da democracia

A velocidade chega a quase 220 quilômetros por hora. No carro blindado do conselho de Estado é como viajar de avião. Zivkovic atende freqüentemente o telefone e dá ordens. Muito sério, escuta as suas próprias declarações na Rádio Belgrado. O tema é a crise no sul da Sérvia. Três soldados do exército iugoslavo foram feridos depois de um ataque de soldados albaneses. Várias aldeias na zona-tampão entre o Kosovo e a Sérvia foram ocupadas por rebeldes muçulmanos que exigem a independência em relação à Sérvia.

"O ministro do Interior, Zoran Zivkovic, deu aos extremistas no vale de Presevo o prazo de um mês para encontrarem uma solução diplomática com as autoridades iugoslavas e com o KFOR", diz a voz do rádio.

— O que acontece depois? — pergunto.

— Depois o exército iugoslavo entra em ação — responde Zivkovic.

— O que significa isso?

— Significa que o exército iugoslavo vai fazer aquilo que sabe. Destruir os terroristas. Mas só o faremos se recebermos sinal verde da Otan, ou pelo menos sinal amarelo — acrescenta.

O esquema de segurança em torno de Zivkovic foi muito reforçado.

— É necessário um carro blindado? — pergunto.

— Não — responde Zivkovic.

— Sim — responde o motorista bruscamente.

— De qualquer maneira só Deus pode me proteger — acrescenta Zivkovic, convidando-me para acompanhá-lo numa visita a um amigo que se tornou monge.

Zivkovic vai a uma reunião tardia de domingo e me deixa em casa. Algumas horas depois vejo no noticiário que o motorista do novo chefe de segurança sérvio foi atingido por um tiro mas sobreviveu. O carro estava estacionado em frente ao quartel-general do Partido Democrata e ao lado do carro de Zivkovic. O episódio é visto como um aviso antes de o governo decidir quem vai ser preso por crimes cometidos durante o mandato de Milosevic.

Depois do feriado, acompanho-o até o mosteiro em Sopocani. Primeiro tomamos um café no gabinete novo de Zivkovic, no palácio da Federação. Enquanto em Nis quase se podia ir diretamente ao encontro do prefeito, aqui não, primeiro sou interceptada por um policial em frente ao edifício, depois acompanhada por um segurança e em seguida por um terceiro até o gabinete. Aí tenho que esperar junto de uma secretária até que chegue outra secretária para me acompanhar, através de duas portas acolchoadas e isoladas, ao fundo de um gabinete enorme, e vejo o novo ministro do Interior. O gabinete tem uma mobília pesada em veludo verde, uma escrivaninha grande, mesas polidas e é bem arejado. Um quadro enorme do famoso pintor sérvio Lubarda mostra a batalha do Kosovo de 1389, enquanto um mapa e a bandeira iugoslava estão atrás do ministro. De uma dezena de janelas pode-se ver o Danúbio passando calmamente.

Pergunto se está com medo depois do ataque ao motorista do colega, na semana anterior.

— Não podemos ceder ao medo, tudo o que sabemos é que era só para tentar roubá-lo — diz brincando, enquanto descemos para um carro à nossa espera. Tanto o segurança como o motorista são policiais experientes.

No banco de trás, discutimos os últimos acontecimentos. Zivkovic acaba de se encontrar com a promotora-chefe do

Prefeito da democracia 241

Tribunal de Haia, Carla del Ponte. Ela quer que Milosevic seja condenado por crimes de guerra, enquanto a maioria dos iugoslavos deseja que Milosevic seja julgado num tribunal iugoslavo. "Somos as maiores vítimas da sua política", é o tom generalizado. A atitude em relação ao presidente iugoslavo é a mesma, mas Zivkovic tem dúvidas.

— De qualquer modo devemos colaborar com Haia, é o nosso dever como membros das Nações Unidas.

Estamos no início de fevereiro de 2001 e a decisão sobre o que deve acontecer com o ex-presidente demora.

— Prometo que será preso dentro de um mês — diz Zivkovic.

O mosteiro que vamos visitar fica em Sandzjak, uma zona dominada pelos muçulmanos na fronteira com a Bósnia. Na cidade de Novi Pazar, onde a maioria dos habitantes da província mora, mais de 85% são muçulmanos. Viajamos por trilhas íngremes, onde jamais passou um carro blindado de um ministro. No topo da colina está o bonito mosteiro. Depois de nos benzermos à moda ortodoxa, de admirarmos as pinturas nas paredes imponentes, de nos benzermos mais duas vezes, somos conduzidos ao interior do mosteiro. Os monges também convidaram alguns sérvios locais para terem uma conversa com o ministro. Para nos reanimar, servem-nos gelatina de pétalas de rosas, café e *rakija*.

A primeira pergunta dos monges é sobre quando o Kosovo será reintegrado à Sérvia. Depois especulam sobre o que as autoridades farão com a guerrilha albanesa no sul do país. Depois perguntam o que Zivkovic tenciona fazer em Sandzjak, para que os muçulmanos não a dominem. Começa uma discussão animada, todos querem falar de como os muçulmanos são maus, corruptos, desonestos e vendidos. Zivkovic farta-se enfim das acusações.

— Mas conseguem conviver com eles?

— Claro que sim — respondem.

— Então fica assim — diz o ministro. O líder dos monges interrompe a discussão e nos convida para almoçar.

Permaneço sentada entre alguns homens que continuam a discussão. Queixam-se novamente dos muçulmanos corruptos e que estes só se preocupam com dinheiro.

— E o que preocupa vocês? — pergunto.

— Nos preocupamos com coisas mais espirituais, como a igreja e coisas assim — respondem num sussurro.

O meu vizinho, Mitsa, tem um outro ponto de vista sobre a situação. Fala em inglês para os outros não entenderem.

— São uns hipócritas. Num momento exigem dinheiro do Ocidente e logo depois se queixam que os muçulmanos só se preocupam com dinheiro. A verdade é que os muçulmanos trabalham cinco vezes mais do que os sérvios e por isso são mais ricos. A razão é simples: todas as empresas do Estado e toda a administração têm sido vedadas aos muçulmanos, por isso eles têm lutado para criar empresas privadas. Pode ser que predomine o suborno, mas quem o recebe? Sim, funcionários públicos sérvios.

Mitsa suspira, a discussão lembra o que aconteceu na Bósnia e na Croácia antes de a guerra irromper:

— Há uma desconfiança e uma suspeita sempre crescentes, e as pessoas começam a dormir com armas debaixo do travesseiro. Aqui, as autoridades vão ter uma tarefa difícil — diz Mitsa e olha sombriamente para o ministro do Interior no fundo da mesa.

Prefeito da democracia

Zivkovic levanta-se e agradece a hospitalidade e o diálogo franco. Um grupo de muçulmanos e sérvios nos espera num café da cidade. Ao redor da mesa estão um cirurgião, um juiz, alguns diretores e donos de lojas. Reconheceram que agora é o Partido Democrata que está no poder e querem se filiar. Combinam um novo encontro em Belgrado daqui a algumas semanas.

— Eles têm que compreender que vale a pena colaborar, não só conosco mas também entre si — diz Zivkovic no carro, depois do encontro.

Vamos a caminho do segundo ponto do programa. Zivkovic é o convidado num programa ao vivo de Krusevac e estamos atrasados. Anoiteceu e a neve cai. O Audi blindado não tem pneus de inverno e o motorista anda depressa nas estradas escorregadias e sinuosas. Zivkovic pede-lhe para andar mais depressa onde não há gelo.

Numa curva, logo antes de uma ponte, o motorista perde o controle. Derrapamos e nos chocamos contra as barreiras de proteção. O carro atravessa a proteção e fica pendurado fora da ponte. Uns 20 metros abaixo corre um rio. Com metade do carro suspenso sobre o rio, ficamos sentados, quietos. Ninguém tem coragem de se mexer, com medo de cair no abismo. Trocamos olhares rápidos e Zivkovic abre lentamente a porta do seu lado — o lado da estrada. Dá um passo para fora, agarra a minha mão e me puxa até eu estar em segurança. Depois o motorista e o segurança também saem. Alguns centímetros mais e teríamos nos esmagado nas pedras ou caído no rio gelado.

O segurança se benze, Zivkovic acende um cigarro e eu tremo. O motorista tenta telefonar em busca de ajuda. Não há sinal na área. Um homem num caminhão nos acode e nos

244 *De costas para o mundo*

leva até Usce, a aldeia mais próxima. Vamos à delegacia local, onde os funcionários arregalam os olhos diante da visita do ministro do Interior tão tarde da noite.

Enquanto as coisas práticas estão sendo tratadas e um carro novo é providenciado, os policiais não perdem tempo. Falam ao ministro sobre os salários baixos e o seu equipamento imprestável. Que o equipamento está ultrapassado pode-se ver facilmente. Não existe cobertura para celulares em Usce e da delegacia só é possível fazer chamadas locais.

— Ridículo — diz Zovkovic. — Temos que fazer alguma coisa, mas não esperem milagres da noite para o dia — acrescenta. Uma hora depois, somos informados de que o transporte para Belgrado foi providenciado.

Em Krusevac, a transmissão ao vivo acabou há muito tempo. Silêncio no carro, todos estão mergulhados em seus próprios pensamentos.

— Foi bom termos nos benzido quando estávamos no mosteiro — diz o segurança.

— Hum — murmura Zivkovic.

Lembro-me das palavras de Zoran Zivkovic sobre o fato de Milosevic ser preso em fevereiro. Em março lhe telefono e nos encontramos no seu gabinete.

— A investigação está em andamento — diz Zivkovic. — Mas faltam provas. Mesmo sabendo que estamos diante de um criminoso, temos que respeitar a lei. Al Capone andou impune durante vinte anos e todo mundo sabia quem ele era e o que tinha feito. Faltavam provas à polícia. Espero que não tenhamos que esperar tanto tempo — ri Zivkovic. — *Devemos* pegá-lo antes do fim de março — diz Zivkovic.

Está um pouco decepcionado com a colaboração do Ocidente.

— Estou decepcionado, porque esperava mais ajuda e um ambiente melhor. Não pensava que iam fazer chantagem em relação à colaboração com Haia. Os EUA ameaçam retirar toda a ajuda se não prendermos Milosevic antes de 31 de março. Temos dito que vamos colaborar, deveriam acreditar em nós. Eles causaram estragos de bilhões de dólares com os bombardeios, portanto deviam se sentir obrigados a nos ajudar — diz Zivkovic. — Os próximos anos serão como a estrada para Krusevac, tanto em relação ao conflito no Sul da Sérvia, a Montenegro, ao Tribunal de Haia, à situação social aqui ou à economia, tudo. A estrada é longa e está escuro e escorregadio. Andamos com os faróis acesos e sabemos que há muitas curvas, buracos e gelo. Temos pouco tempo e precisamos andar depressa, mas enxergamos mal. Tudo se reduzirá a uma questão de sorte ou azar. A mesma coisa conosco. O muro de proteção na estrada salvou as nossas vidas. Não sei se existe um muro de proteção que possa salvar a Iugoslávia.

— Talvez estivéssemos indo rápido demais...

Passaram-se três anos. Zoran Zivkovic, que continua robusto, está sentado atrás de uma mesa vazia num gabinete vazio. Estamos numa das ruelas escuras de Belgrado, uma ruela que quase nenhum taxista conhece. Para ir até lá é preciso dizer "atrás do posto de gasolina perto do café no cruzamento das ruas X e Y" e depois ficar de olho.

— O muro de proteção não nos segurou — diz Zivkovic.

— Mas, por outro lado, também sabíamos dos perigos da estrada. E caímos no abismo. A maioria dos governos de transição faz isso, aconteceu em todo o Leste Europeu antes de nós. Agora o carro tem um novo motorista. Um que não vai andar tão depressa como nós. Talvez ele até possa voltar — diz Zivkovic. — Poucos países transformaram a sociedade tão depressa e tão radicalmente como nós. Quisemos eliminar tudo o que era velho de uma só tacada. Ou talvez apenas superar nosso passado.

Também a vida de Zivkovic tem, nos últimos anos, passado em alta velocidade. Após alguns anos como ministro do Interior, em 2003 ele seria nomeado ministro da Defesa da Sérvia, uma posição de maior poder. O antigo prefeito tinha se transformado no colaborador mais próximo do primeiro-ministro Zoran Djindjic, um perfeito número dois: leal a seu chefe, cumpria as tarefas com entusiasmo e rapidez, e nunca sonharia com o primeiro lugar.

Pouco antes da nomeação para o novo ministério, porém, o destino político de Zivkovic tomou uma direção inesperada. Era o dia 12 de março, o dia do aniversário de Biserka, sua mulher. Ele estava no carro quando o celular tocou. Viu pelo identificador de chamadas que era ela, pensou que estava ligando para lhe dizer a que restaurante iriam. Estava chegando ao prédio do governo, onde havia uma aglomeração de pessoas. "Mais um protesto", pensou resignado enquanto levava o telefone ao ouvido.

— Balearam o chefe!

— O quê?

Estava aproximadamente a 100 metros do prédio.

— Atiraram nele!

— O quê? — gritou mais uma vez. Mas soube exatamente o que tinha acontecido. Tinham falado tantas vezes sobre isto. O perigo de serem mortos. O serviço de segurança queria que eles andassem com coletes à prova de balas.

— Quem ousaria atirar em nós? — haviam dito de brincadeira.

— O coração da democracia não pode vestir colete à prova de balas — dissera Djindjic.

— Além disso, não fazem coletes do meu tamanho — Zivkovic acrescentara jocosamente.

O motorista parou o carro em frente aos edifícios. Zivkovic viu rostos espantados, ombros curvados, pessoas chorando. Dirigiu-se à entrada lateral, por onde costumava entrar. Havia sangue nas escadas. Os tiros haviam sido disparados poucos minutos antes.

Foi direto ao hospital. Os médicos com quem se encontrou disseram imediatamente que o primeiro-ministro não tinha qualquer chance.

No carro, de volta para casa, Zivkovic lembrava-se do último encontro.

— Discutimos as novas alterações na constituição. Zoran estava usando muletas. Tinha problemas no joelho e naquele dia sentia muitas dores, e por isso trazia as muletas, que costumava deixar em casa. Levantou-se com muita dificuldade quando acabamos a reunião. A secretária tinha entrado para recolher as xícaras de café e perguntou a Zoran se a perna doía muito. "Kennedy viveu toda a sua vida com problemas nas costas, então eu também devo agüentar as dores da minha perna" — respondera Djindjic.

Logo após o assassinato, Zoran Zivkovic foi nomeado o novo primeiro-ministro da Sérvia.

— Tentei continuar o que ele tinha começado. Depois de uma tragédia sabemos o que se deve fazer. Primeiro pus em marcha a investigação. Encontramos os peixes pequenos, mas não os graúdos; os que atiraram, mas não os mandantes. Foram as velhas forças que o mataram — pensa Zivkovic. — Uma combinação entre simpatizantes conservadores de Milosevic e a máfia. Pode ter sido uma vingança do círculo mais próximo de Milosevic, até da família, ou podem ter sido aqueles que receiam ser entregues a Haia. Segunda-feira, quer dizer, dois dias antes, tínhamos conseguido uma testemunha que poderia indicar vários dos grandes chefes da máfia em Belgrado. Decidimos prender um grupo deles na sexta-feira seguinte. Quarta-feira Zoran foi morto.

O novo primeiro-ministro foi muito elogiado por sua tentativa de combater a máfia. Foi declarado o estado de sítio e muitos criminosos foram presos. Mas logo depois vieram as críticas. Zivkovic foi acusado de prender opositores políticos e de abusar do poder. Não conseguiu fazer a coligação colaborar, e logo as reformas estagnaram. "Não foi bom o bastante, não foi inteligente o bastante, não foi habilidoso o bastante", era o refrão. Todos o comparavam com Djindjic, um pensador maior, um estrategista superior.

— Não conseguia governar um país — disse-me o político e professor de psicologia Zarko Korac mais tarde. — Zivkovic é habilidoso e sensível, de vez em quando vinha ao meu escritório e chorava. Não conseguiu lidar com o desafio. Não é que não seja capaz de liderar, poderia perfeitamente ser primeiro-ministro num país como a Noruega, onde tudo está definido: a infra-estrutura do Estado, a legislação, a polícia, os serviços de segurança, os hospitais, as escolas, o serviço social... tudo está no seu lugar. Mas num país como a

Sérvia! Onde nada funciona! É preciso alguém maior que Zivkovic.

— A morte de Zoran nos fez perder um tempo precioso — diz o próprio Zivkovic. — Era uma pessoa que queria executar as reformas muito mais rápido do que eu. Conseguia fazer com que as pessoas colaborassem. Éramos 15 partidos na coligação. Zoran era excelente na arte dos tapinhas nas costas, em falar com as pessoas, ouvi-las. Eu tinha menos paciência. Assim ficamos completamente paralisados.

Eleições foram convocadas e o Partido Democrata perdeu bastante terreno, enquanto os partidos mais liberais avançaram.

— As eleições não me surpreenderam. Éramos extremamente impopulares. As pessoas não gostam de terapia de choque. Os sérvios, como a maioria, não gostam de ouvir que eles próprios têm que fazer os trabalhos. Ficam satisfeitos com as mudanças, mas não com os custos para realizá-las. São preguiçosos — diz ele, ecoando o que Zoran Djindjic me dissera no banco de trás de seu carro, logo após Milosevic ter sido preso. — Sabíamos que éramos malvistos e que havia um risco grande de perdermos as eleições. Lembro-me que Zoran e eu tínhamos intensas discussões sobre isto, antes de ele ser morto. Mas decidimos continuar, mesmo que as reformas nos tornassem menos populares. Zoran estava à frente de seu tempo. Era tanto visionário como prático, um filósofo que gostava de política e de governar a sociedade. Mas só quando morreu é que foi amado pelo povo. "Se alguém acha que pode deter as reformas se livrando de mim, está profundamente enganado", disse poucas semanas antes de os tiros serem disparados. Mas ele

250 *De costas para o mundo*

estava errado. As reformas pararam. Só Deus sabe quando recomeçarão.

Em 2004, por causa dos resultados nas eleições, Zoran Zivkovic teve que entregar o cargo de primeiro-ministro ao ex-presidente iugoslavo Vojislav Kostunica, que perdera a presidência um ano antes, quando a Iugoslávia formalmente deixou de existir.

Zivkovic recebeu Kostunica no prédio do governo e lhe entregou as chaves, coisa que nunca antes acontecera na história da Sérvia. Normalmente um ministro esvazia o gabinete antes da chegada de seu sucessor. "De fato não espero nada de positivo de você, mas peço a Deus que esteja errado", disse Zivkovic a Kostunica, que não respondeu.

— Ele não costuma responder. Já se passaram dois meses. Espero que já saiba que é o primeiro-ministro — diz Zivkovic, sarcástico.

Então começou a nova luta de Zivkovic. Após as piores eleições de sua história, onde só conseguiram 12% dos votos, havia uma enorme revolta no Partido Democrata. Durante a conferência anual do partido, em março, ele perdeu a presidência para o ministro da Defesa, Boris Tadic. Zivkovic demitiu-se de todas as suas outras funções no partido.

— Após 12 anos numa posição, agora serei somente um cidadão leal e respeitado!

Zivkovic ri, fazendo estremecer todo o seu grande corpo. Coça a barba. Tinha de fato deixado a barba crescer como prometera que faria quando estivesse fora da política. O antigo primeiro-ministro pega uma folha de papel e desenha uma curva. Uma seta sobe de forma acentuada antes de cair repentinamente.

— Isto é a minha carreira política. Só por cinco dias fui um membro normal do partido, até ser eleito para a direção local em Nis. Depois fui membro do parlamento, depois vice-presidente do partido, depois prefeito, depois ministro do Interior, depois primeiro-ministro, depois, quero dizer, agora, nada!

Passa a mão pela barba e olha para fora através das janelas nuas.

— Mas o partido tem que superar isto. Como o país rejeitou o Partido Democrata, do mesmo modo o Partido Democrata me rejeitou. Cometemos muitos erros. O Partido Democrata tinha quase todo o poder depois do assassinato de Djindjic. Quando decretamos o estado de sítio, controlamos até o exército. As pessoas começaram a pensar que éramos todo-poderosos. Que vivíamos num sistema de unipartidarismo.

— Você perdeu amigos?

— Ah, depois do ensino fundamental não se fazem amizades, apenas colegas e relações.

— Boris Tadic telefona de vez em quando lhe pedindo conselhos?

— Não — diz Zivkovic, quase surpreso pela pergunta. — Nunca. Além disso, agora quero descansar. Impus a mim mesmo cem dias de silêncio. As pessoas vão se livrar de mim durante cem dias, depois vou pensar em como voltar.

— Você quer voltar à política?

— Hum. Falei de política durante 12 anos. Agora é o momento de ficar calado. Estou construindo uma casa em Nis. Vai ser bom deixar Belgrado. E você deve saber que eu vivia numa zona perigosa! Em Usicka número 16. Os dois inquilinos anteriores já foram enviados a Haia!

A superfície da mesa está polida e limpa. Nenhum objeto perturba o brilho do sol nas tábuas de madeira. É a mesa de um homem sem obrigações.

— O que você vai fazer agora?

— Primeiro tenho que fazer meus filhos me conhecerem de novo. Nos últimos anos eles quase não viram o pai, viveram com os avós. Biserka e eu não os queríamos com a gente em Belgrado, aqui estávamos os dois muito ocupados. A minha filha tinha um ano quando entrei na política, e o meu filho nem tinha nascido. E a política é uma droga pesada, agarra e estrangula.

O homem barbudo olha através do vidro. Do escritório no porão só se conseguem ver as pernas dos que passam. Os olhos nervosos o denunciam.

Seria sede de vingança no seu olhar ou ele já terá se conformado à realidade no porão?

— Do que você vai viver?

— Quero me tornar um homem de negócios. Começar um negócio. Ou, talvez, comprar um avião através de um *leasing*. Assim poderíamos ter ligação direta de Nis com vários lugares da Europa: Paris, Zurique, Atenas, Amsterdã. O que você acha? Ou abrir uma firma de exportação.

— Exportação de quê?

— Qualquer coisa.

— Por exemplo?

— Ouvi falar de uma firma norueguesa para quem gostaria de exportar.

— Que firma?

— Começa com "T". "T" alguma coisa, não me lembro.

— Trabalham com quê?

Prefeito da democracia

— Legumes. Ou precisam de legumes. Legumes congelados, em grandes quantidades, cenoura, pimentão, cebola, feijão. Podemos cultivar, desidratar e exportar para a Noruega.

— E o que eles fazem com os legumes?

— Fazem sopas, molhos e afins. Começa com "T"...

— Toro!

— Sim, é isso! Toro!

Saindo da ruela que ninguém conhece, tropeço no lixo perto da entrada do porão e penso que alguns políticos se tornam estadistas, enquanto outros viram exportadores de legumes.

Resistência com estilo

Ele está acabado!
SLOGAN DA OTPOR NAS ELEIÇÕES DE 2000

Ele é culpado!
SLOGAN DA OTPOR NAS ELEIÇÕES DE 2001

The truth well told.
SLOGAN DO GRUPO MCCANN-ERICKSON, 2004

DISCRETAMENTE MAQUIADA, COM o cabelo preto brilhando e óculos de sol na testa, Katarina parece uma estrela de cinema italiana. Quando ergue um punho cerrado, parece uma estrela italiana no papel de uma manifestante. Mas a luta de Katarina é real. Quando ela é espancada pelo batalhão de choque da polícia nas ruas de Belgrado, quando recebe ameaças por telefone e é seguida até em casa à noite, após deixar a vigia dos escritórios da organização estudantil Otpor, é tudo muito real. Katarina é ativista na "Otpor", que significa "resistência". É uma daquelas pessoas a quem a mídia sérvia se refere como fascistas e terroristas. "Criminosos, viciados em droga e vadios", era a descrição do ministro da Informação, Goran Matic, em relação aos membros da Otpor. Todas as semanas, na primavera e no verão de 2000, ativistas eram presos, espancados e ameaçados. Seus escritórios, vasculhados e fechados. A Otpor foi acusada de estar por trás dos assassinatos tanto de líderes políticos como integrantes da máfia. Já que a oposição política sempre acabava em desentendimentos e discussões intermináveis, a Otpor foi considerada por muitos a única opositora com credibilidade. Vários líderes políticos começaram a usar camisetas e casacos com o logotipo da organização, o punho cerrado. Isso fez com que o regime a considerasse uma ameaça crescente, enquanto a oposição se aproveitou da sua popularidade para reconquistar a sua própria credibilidade.

A jovem de 20 anos filiou-se à Otpor no outono de 1999.

— Eu via o punho cerrado por toda parte, em cartazes ou em pichações nas paredes. Não tinha a mínima idéia do que o punho representava, mas gostava dele. O punho faz lembrar tanto os símbolos do fascismo como os do comunismo, mas, de fato, representa a resistência a estes. Gosto por ser preto-e-branco, o odioso contra o puro. Os dedos juntos implicam a união. Quando o regime faz autopropaganda, utiliza sempre tons cor-de-rosa e flores. É contra esta falsidade e opressão que lutamos. Só depois de ter especulado durante muito tempo sobre o que significava o símbolo é que ouvi falar da Otpor. Fui a uma reunião e concluí que também queria participar na luta por uma Sérvia livre. Gosto das nossas campanhas, é muito claro o que nós representamos: Você tem que lutar, tem que resistir.

O regime joga com a semelhança entre o punho da Otpor e o do fascismo. Uma manhã Belgrado estava cheia de cartazes de tendência nazista. Mostravam um soldado da SS com o punho cerrado e o símbolo da Otpor ao peito. "Madlen Jugend" era tudo o que se lia no cartaz. Madeleine Albright, a secretária de Estado do governo Bill Clinton, era o número um na lista dos odiados do regime, e as autoridades reclamavam que a Otpor era comprada e financiada pela "fascista sra. Albright".

Resistência com estilo

— É estúpido demais, é baixo demais, não tem nenhum estilo — queixa-se Katarina sobre a propaganda do regime. — Fico furiosa quando se gabam na televisão que a Iugoslávia é o país do progresso e do desenvolvimento. Estamos completamente isolados do mundo. A única coisa que eu quero é viver uma vida normal. Luto pela democracia, por universidades livres, por meios de comunicação livres e, obviamente, para que ele saia — diz. "Ele" é Slobodan Milosevic.

Estamos sentadas no café Plato, ao ar livre, em frente à faculdade de filosofia em Belgrado. Katarina está no segundo ano de psicologia e tem uma prova daqui a algumas horas. Não parece nervosa.

— É uma prova simples, só algumas traduções de inglês — diz, preferindo falar sobre a resistência. Como Katarina, a maioria na Otpor é de estudantes, mas cada vez mais adultos se filiam, assim como famosos de diferentes classes. Está na moda ser da Otpor.

Katarina é interrompida por uma senhora ansiosa por partilhar as últimas notícias.

— Você ouviu que a partir de amanhã o ministro da Educação vai fechar todas as faculdades? A minha filha ouviu no rádio — diz a mulher, que é professora de psicologia. — Quando isso vai acabar? — suspira.

Katarina encara o fato com tranqüilidade.

— Talvez eu não consiga fazer as minhas provas este ano. Mas o que importa? Estou preparada para perder um ano de estudos pela minha resistência. Se eu não lutar agora, e me formar em alguns anos, e então, o que acontece? Onde vou encontrar um emprego? Quem vai me pagar? É agora que temos de fazer algo pelo nosso futuro.

O café-da-manhã já passou para almoço. Pedimos salada e uma pizza Margherita antes de Katarina ir fazer as provas. Talvez o último almoço em algum tempo se a universidade for fechada.

Quando nos encontramos no dia seguinte, a praça fervilha de estudantes em frente ao café da universidade. É organizada uma manifestação contra o ministro da Educação. Katarina se vestiu com as cores da Otpor, calças capri pretas e camiseta branca. Está novamente como se tivesse saído de uma revista de moda, apesar da vigília noturna.

— Ontem recebi um telefonema anônimo me dizendo para ser mais discreta e não dormir em casa — conta. — Fiquei longe de casa, mas a polícia não apareceu. Talvez tenham ligado porque estive com você ontem o dia todo. Muitos garçons no Plato são espiões das autoridades. O pipoqueiro do outro lado da rua também — aponta Katarina.

Depois da ameaça telefônica ela foi para uma festa que durou até de manhã cedo. Katarina foi das últimas a ir embora. Assim resolveu o problema de encontrar abrigo para a noite.

— Provavelmente não tinham intenção de me prender, mas é assim que assustam as pessoas.

Naquela mesma semana, centenas de ativistas foram presos, a maioria de manhã cedo nas suas casas.

Aparecem cada vez mais pessoas na praça. Encontramos uma mesa debaixo de um guarda-sol e estamos no meio da manifestação, mas protegidos do sol ardente e dos 35 graus. Estamos um pouco apertadas, mas prontas, cada uma com o seu café expresso, para ouvir os vários discursos. Representantes das várias faculdades se revezam, mas todos dizem a mesma coisa: Resistência, resistência, resistência. O zumbido de palavras é substituído por rock pesado. Mas o ambiente não acalma até alguém gritar: Derrubem o muro! Derrubem o muro!

Trata-se da barreira que bloqueia grande parte da praça da universidade. Foi colocada pelas autoridades no verão de 1998, para evitar que os estudantes se juntassem e se manifestassem contra a nova lei da universidade que lhes tirou o direito de autonomia. De acordo com a nova lei, competia agora ao governo nomear os reitores e decanos que, por sua vez, têm plenos poderes para demitir ou admitir quem bem entenderem.

Os estudantes se atiram contra o "muro", empurram e pressionam até que a construção de lata e tábuas cai. A alegria é enorme e as pessoas se atiram para o gramado florido. Transformou-se num pequeno jardim de conto de fadas, onde crescem morangos silvestres, papoulas vermelhas e algo que lembra flores silvestres brancas e roxas. Katarina se enfeita com as flores e dança ao som do rock. É hora de dispersar. O líder dá conselhos para o caso de a polícia os parar:

— Nesse caso nos dividimos em grupos pequenos, vamos pelas ruas laterais e nos encontramos em frente à prefeitura — grita. — Salve a Sérvia e suicide-se Slobodan — entoa a multidão. De vez em quando troca-se Milosevic por Mira, sua mulher. Mas são os gritos a Milosevic que ganham. A mãe, o pai e todos os tios de Slobodan suicidaram-se durante sua infância ou adolescência. Muitos na Otpor acham que seria esplêndido se Milosevic fizesse o mesmo. Mas Katarina, não.

— Não gosto muito dessa canção, é primitiva demais — diz, mas também a entoa, sem grande entusiasmo.

Vários milhares de estudantes desfilam nas ruas, não se vê um único policial. O desfile segue primeiro para Saborna

260   *De costas para o mundo*

Crkva — a Igreja da Trindade — para pedir o apoio da igreja na luta, depois para a prefeitura, onde os estudantes exigem que o prefeito apareça para responder à acusação de covardia. A câmara de Belgrado é liderada pelo Movimento de Renovação Sérvio, o partido de Vuk Draskovic. Draskovic, que antes integrava o gabinete de Milosevic, também faz acordos secretos de colaboração com as autoridades.

Após várias horas de barulho ao sol escaldante, Katarina e os amigos já se cansaram.

— Vamos beber Gazozo — propõe Katarina para a satisfação dos outros. — Você tem que experimentar Gazozo, o sabor é tão idiota que você vai rir, é borbulhante e tem gosto de chiclete — dizem. Estamos na calçada e bebemos. A bebida, de *tutti frutti*, tem de fato um sabor ridículo. Brindamos contra o sol. Os punhos cerrados se desfazem por hoje.

Katarina volta ao escritório da Otpor para ver se "está acontecendo alguma coisa". Vai planejar as ações para o dia seguinte. A oposição vai fazer uma grande manifestação na Praça da República.

— Deus queira que não seja ao meio-dia — diz Katarina, contida. — Há uma feira de cosméticos à qual eu gostaria de ir.

Subentende-se que a manifestação é sua prioridade. Ela me telefona alegremente algumas horas depois.

— A manifestação é às cinco horas, podemos ir à feira primeiro.

No dia seguinte, é uma nova Katarina que encontro do lado de fora do Intercontinental. Ela combina facilmente com o ambiente exclusivo do hotel, com uma saia justa verde-mar e uma blusa azul. Sua amiga Jelena, igualmente bela, a acompanha. Mesmo parecendo muito elegantes, as duas estudantes têm pouco dinheiro, portanto andamos de estande em estande, experimentamos, cheiramos, rimos e paqueramos. Em pouco tempo não existe qualquer parte da pele visível que não tenha um cheiro de perfume ou uma cor de batom. Vemos demonstrações de massagens anticelulite, cremes anti-rugas, cremes de depilação e unhas postiças. Perdemos mais tempo na seção de brilho labial, nas cores rosa, azul, roxo, amarelo, dourado e prateado, a 1,50 euro cada. Katarina e Jelena tomam nota de quais gostam e dizem às vendedoras educadamente que vão pensar no assunto. Fazemos um intervalo e nos sentamos no elegante saguão.

— Foi ali que mataram Arkan.

Katarina aponta, quase assombrada, para um canto com sofás.

— A Otpor também foi culpada por aquele assassinato. É absurdo. A máfia estava por trás — afirma. Jelena olha para as amostras e os folhetos que recebeu, parece mais interessada em maquiagem do que em política.

— Não tenho forças para me envolver, este Estado está à beira do colapso e eu prefiro ficar quieta, assistindo.

Katarina não tem vontade alguma de discutir com a amiga.

No fim do dia, Katarina acabou comprando um perfume de presente para a mãe e Jelena se deu ao luxo de um brilho labial rosa. Katarina, cansada, deixa-se cair numa das maravilhosas poltronas de couro do saguão. Eu a lembro da manifestação da oposição e que são quase cinco horas. Mas ela permanece sentada.

— É contra os meus princípios — diz decididamente.

— O quê?

— A oposição não merece a minha presença.

262   *De costas para o mundo*

— Quando é que adotou este princípio?

— Ontem — diz autoconfiante. — A oposição é desorganizada, não consegue decidir nada, as pessoas preocupam-se apenas com seus próprios interesses, todos querem ser chefes e todos negociam com Milosevic por trás uns dos outros. Assisti a todas as manifestações da oposição este ano e fui à prefeitura todas as noites para ouvir a leitura das notícias. E o que conseguimos com estas manifestações? Nada!

Estou admirada. Talvez Katarina também esteja sendo consumida pela persistente apatia das pessoas à sua volta. Ou talvez apenas esteja pura e simplesmente cansada de tudo.

— A partir de agora, só vou às manifestações organizadas pela Otpor — diz decididamente, mas expressando alívio pelo fato de os novos princípios deixarem que ela escape do estresse de ir até a Praça da República no calor da tarde.

Assim temos mais tempo para nos arrumar para a noite. Katarina e a amiga vão a um *splav*, um barco-discoteca.

— Você precisa se arrumar — Katarina me diz. — Você pode ir do jeito que está, é claro, mas vai se divertir mais se puser uma roupa melhor e um pouco de maquiagem.

Passo o resto da tarde tentando me tornar jovem, interessante e na moda. Top cor-de-rosa com motivos em prata, saia cinza-metálico, sandálias douradas, sombra azul para os olhos, brilho labial rosa. Para completar, rabo-de-cavalo. Já no táxi, acredito que, pelo menos, consegui uma aparência jovem.

— Os seus pais são diplomatas aqui?

— Não.

— Então, você é estudante?

Digo ao taxista que estou escrevendo um livro sobre os sérvios.

— Tenho certeza de que será muito interessante — diz ele amavelmente. No cais, assegura-se que alguém vai ao meu encontro antes de ter coragem de me deixar. Obviamente, pareço mais a filha de um diplomata do que uma escritora.

Quando vejo Katarina, percebo que estou malvestida. Ela desliza em minha direção num vestido azul-metálico longo e decotado, maquiada discretamente. Está parecendo Liz Hurley. Eu passo por sua prima desajeitada. Os barcos enfileirados brilham às margens do Danúbio; barcos-restaurante, barcos-discoteca, barcos-café. Todos têm o seu estilo e a sua clientela. O barco *Prestige* agrada a Katarina e a suas amigas, jovens bonitas e elegantes, nos seus vinte e poucos anos.

— As aparências são o mais importante aqui — diz Katarina. — Você pode até não ter dinheiro para comer ou pagar a conta de telefone, mas não pode de maneira alguma deixar que os outros percebam isso.

Temos lugar na janela com vista para a fila da entrada e observamos quem chega. Os punhos cerrados estão escondidos e esquecidos.

— Muitos amigos meus da Otpor têm suas vidas sociais lá, quase que vivem no escritório. Eu gosto de conhecer vários tipos de pessoas. Sim, exceto os simpatizantes de Milosevic. Claro, esses eu não quero como amigos — diz a estudante. — É importante recrutar pessoas de todos os meios, só assim poderemos ganhar — diz, interrompendo-se para acompanhar o resto do barco numa música. A banda parece ser especializada em música disco iugoslava. Obviamente, não é preciso andar nas ruas gritando "Slobo, mate-se" para gastar energias em Belgrado.

De vez em quando, os olhares de Katarina e Bojana fixam-se na fila da entrada.

— Vi o carro deles quando cheguei — diz Bojana. — Talvez estejam num dos outros barcos. Mas tenho certeza que virão aqui depois.

Katarina e Bojana têm uma leve queda por dois jogadores de futebol da seleção juvenil da Iugoslávia. Costumam flertar com eles todos os sábados no Prestige. Mas as horas passam e os rapazes não aparecem. Por fim, Bojana vai inspecionar.

— O carro não está mais lá — diz decepcionada quando volta.

— Talvez tenham um jogo importante amanhã — replico para animar.

— Não, a temporada acabou — diz muito segura. A noite já não está tão favorável com os rapazes fora de alcance. Katarina e Bojana perdem um pouco o gás e, por volta das três, vamos para casa.

Depois do feriado nos encontramos no café de sempre, em frente à faculdade de filosofia. Planejou-se uma grande manifestação em protesto contra o fechamento das universidades. Depois descobre-se que a faculdade afinal não está fechada, e a manifestação é cancelada. O reitor recusou-se a seguir as ordens do governo. O mesmo se deu na faculdade de lingüística.

— Na faculdade de direito a polícia trouxe cães para vigiar a entrada — diz um sujeito. — Vamos lá protestar! — pede.

Katarina faz que não com a cabeça por trás dos óculos de sol.

— Tenho que defender a minha faculdade — responde mexendo o açúcar no café. — Além disso, preciso estudar para as provas — diz pouco entusiasmada.

Na mesma semana me telefona.

— Minha avó e meu avô vão se filiar à Otpor! Também quer?

Katarina vem de uma família com uma longa tradição de rebelião. O avô, o filósofo Ljubomir Tadic, foi um dos primeiros dissidentes durante a época de Tito. Esteve entre os fundadores da revista dissidente *Praxis*, em 1964, e foi um crítico violento do regime socialista titoísta. Preocupou-se com a posição dos sérvios e apoiou a retórica nacionalista de Milosevic no fim dos anos 1980. Tadic era um defensor ferrenho dos direitos dos sérvios no Kosovo, mas depois deu as costas a Milosevic. A avó, Nevenka, é uma conhecida psiquiatra. Os dois seguem agora o exemplo de Dobrica Cosic, ex-presidente da Iugoslávia e um velho amigo, que se filiou à Otpor na semana anterior. Cosic foi outrora um fervoroso simpatizante de Milosevic.

Em francês bem articulado, o professor de filosofia conta em que país a Sérvia se transformou.

— *Le despotisme, la dictature, la stupidité.* Sempre fui um dissidente, sempre contra o regime. Isto é uma continuação do regime de Tito. Mas desta vez sem ideologia. Pelo menos, Tito tinha uma ideologia. Hoje, os que estão no poder só pensam numa coisa: manter o poder. Não têm idéias, apenas palavras de ordem. Este regime é pura violência — diz Ljubomir Tadic. — *La pure violence!*

Katarina fica sentada quieta, ouvindo.

— É bom ver você continuando a tradição revolucionária da família — diz o avô. — Hoje faz exatamente trinta anos que fui espancado pela polícia aqui na universidade — diz, relembrando os tumultos estudantis de 1968.

Na mesa da Otpor, na praça da universidade, avó e avô põem os óculos e escrevem cuidadosamente o nome, o endereço, a idade e a que faculdade pertencem.

— Devo escrever filosofia? — pergunta o professor aposentado.

Os avós recebem cada um o seu emblema da Otpor e uma brochura. Agora estão entre os 30 mil membros registrados.

— Agora só falta uma coisa. Vocês têm que aprender a dizer "olá" com o punho cerrado — sugere a neta. Agita o punho para mostrar como se faz. Os avós a imitam. — Otpor, Otpor, Otpor — diz a avó baixinho.

— Ainda não consigo acreditar — insiste Katarina pelo celular. Mal consegue abafar o rock e os gritos à sua volta. Os sérvios comemoram sua segunda noite de liberdade. Katarina dançou e gritou nas ruas de Belgrado durante mais de 24 horas, até quase não lhe restar nenhuma voz. — Um sonho tornou-se realidade — diz com voz rouca. — Ganhamos! Slobo se foi! Poderei ficar em Belgrado e encontrar um emprego aqui, não vou ter que emigrar!

A estudante de psicologia encontrou um lugar onde a música é menos ensurdecedora.

— Mas também estou um pouco zangada — diz de repente. — Vojislav Kostunica nem sequer mencionou a Otpor nos seus discursos, e tenho certeza de que representamos *pelo menos* metade da vitória. Na primavera, a oposição nos abraçou porque as pessoas acreditaram em nós, enquanto eles próprios só se desentendiam. Agora que ganharam, afastam-se.

Mas Katarina não consegue ficar amarga durante muito tempo.

— É estranho. Hoje faz exatamente um ano que me filiei à Otpor. E hoje é o primeiro dia de liberdade!

Depois fica impaciente e diz que *tem de* voltar para celebrar.

— Estou ansiosa para encontrar você de novo, mas não esta noite.

Algumas semanas depois a encontro no café Plato.

— Decidi abandonar a Otpor e voltar a ser apenas uma estudante. Nesse momento só tenho vontade de estudar.

Na mesa vizinha reúnem-se alguns líderes da organização estudantil, e Katarina recebe relutantemente a notícia de que haverá uma reunião às cinco.

— A batalha está ganha — diz. — O melhor agora seria acabar com a organização. Podemos reativá-la se for necessário. Continuar lutando seria apenas por nostalgia. Agora temos que seguir em frente com as nossas próprias vidas.

Apaga o cigarro e volta para os livros. Há várias provas nas próximas semanas. Durante o outono abandona totalmente a organização.

Em fevereiro de 2001 a Otpor faz o segundo congresso. Ativistas de toda a Sérvia vão de ônibus para Belgrado. Descem em frente ao parlamento que ajudaram a tomar, agitam as suas bandeiras, cerram os punhos e tiram fotografias uns dos outros. Fincam as bandeiras perto da estátua em frente ao prédio do sindicato trabalhista, onde acontecerá o congresso. Os seguranças não conseguem revistar os ativistas com rapidez, e do lado de fora instauram-se o caos e longas filas. Jornalistas, câmeras e VIPs fervilham no saguão interno.

O congresso é aberto com um filme muito emocionante sobre a luta pela liberdade. Tudo, desde cenas da guerra na Bósnia e da polícia batendo nos manifestantes, até a tomada do parlamento e a vitória nas eleições em dezembro, é emba-

268 *De costas para o mundo*

lado com música clássica dramática de fundo. Depois há um discurso de agradecimento a todos os ativistas; dez jovens são chamados ao palco pelo nome. Talvez sejam aqueles que se arriscaram mais na luta contra Milosevic.

— No total passamos 42 mil horas nas prisões de Milosevic — grita o orador.

O discurso seguinte detalha, com pompa e circunstância, como a Otpor vai agora passar de um movimento revolucionário para um movimento evolucionário. O punho cerrado deve desaparecer, porque já não existe nenhum oponente digno dele, e não se deve bater nos mais fracos. Muitas palavras são ditas a respeito do futuro do movimento, mas são basicamente frases de efeito. Os dez no palco se superam uns aos outros em arrogância.

Alguém na sala grita:

— A Otpor não foram só dez pessoas!

— Deixe os vencedores falarem — grita de volta o rapaz grandalhão no palco. Parece gostar dos holofotes e continua a falar da *casa* que a Otpor vai ajudar a construir: — E vai resistir ao mau tempo e à chuva, porque *nós* a construiremos.

Grande aplauso. O orador deixa o palco, e a audiência fica à espera do próximo item da agenda, mas nada mais acontece. O palco está vazio. Evidentemente, o congresso acabou antes de ter começado, sem discussões, sem votações. Não que a Otpor tenha um dia se distinguido como uma organização democrática. Depois de algum tempo vem um porteiro para limpar o palco, e pede aos atrasados para deixarem a sala.

Encontro-me com Katarina logo depois. Ela assente com a cabeça quando lhe falo do empolgante mas insípido discurso de encerramento.

Resistência com estilo

— Não resta criatividade na organização, apenas palavras. Eles se valem da mesma retórica usada antes da queda de Slobo, mas agora isso parece simplesmente ridículo.

Só agora Katarina diz que nem tudo era tão cor-de-rosa na Otpor.

— Recebemos muito dinheiro do exterior, parte dele desapareceu. As pessoas tinham seus próprios interesses. Alguns dos que restam vão continuar sugando a Otpor. No início eu não queria acreditar nas histórias do dinheiro, mas acho que são verdadeiras.

Katarina tem mais a dizer sobre a organização.

— O chauvinismo masculino. Foi bastante significativo o fato de hoje só homens terem sido chamados ao palco. Todos com poder na Otpor eram homens. Tomavam as decisões. Não senti isto logo, pois fui bem recebida; mas, pouco a pouco, comecei a perceber que, como mulher, é permitido participar na organização das ações, mas não nas decisões. Pediram para eu ser modelo num cartaz da Otpor, era este o meu papel.

De qualquer forma, Katarina pensa que a organização teve um papel fundamental na saída de Milosevic.

— Ajudamos a diminuir o medo. Conseguimos fazer com que as pessoas se arriscassem mais.

A transição do regime autoritário de Milosevic foi mentalmente mais difícil do que muitos esperavam.

— Muitos ficaram deprimidos. A luta tinha dado significado às suas vidas, e agora tinham que encontrar uma nova razão de ser. É o sentimento de união e energia que faz muitos se lembrarem da luta contra Milosevic como a melhor época de suas vidas. Você não faz idéia de quantos casais se separaram. Relacionamentos que pareciam perfeitos. Mas na verdade tratava-se apenas da Otpor. De repente não tinham mais nada em comum, nada sobre o que pudessem falar, e por isso se separaram.

Embora Katarina tenha deixado a Otpor, não abandonou a luta.

— Eu e alguns amigos vamos iniciar uma organização de paz e reconciliação para toda a antiga Iugoslávia. Já é tempo de nos reencontrarmos, para que jovens croatas, bósnios e sérvios, que eram crianças quando a guerra começou, não cometam os mesmos erros de seus pais — explica a estudante.

Depois fica séria e pergunta:

— Você sabe por que quero fazer isto? Temo pelo meu irmão. Tem apenas 16 anos, mas lê livro após livro sobre a Sérvia, histórias, mitos, todos sobre a Grande Nação Sérvia. Virou um nacionalista e acha que os sérvios são melhores do que os outros. Fico assustada quando falo com ele. Ele me disse outro dia que não entendia como posso ter uma amiga croata, e que deveríamos odiar os croatas. Espero que cresça e deixe isso para trás, que seja uma espécie de rebeldia juvenil — diz Katarina.

Assisto a uma das primeiras reuniões dos "Peacemakers". Encontramo-nos numa *pivnitsa* — cervejaria — no centro de Belgrado. Um sujeito já fez uma proposta para um logotipo, um coração dividido em dois que se mantém unido por duas mãos.

— O logotipo faz referência à palavra *peacemaker* e significa que precisamos nos unir para fazer o coração bater — diz Katarina. Uma garota propõe que o fundo poderia ser um mapa vermelho da antiga Iugoslávia.

— Não, é banal demais — diz alguém.

— É iugonostálgico — diz uma segunda pessoa.

Iugonostálgico é uma palavra repetida várias vezes em Belgrado. Significa a tristeza e melancolia pela dissolução da federação.

— Eu *sou* uma *iugonostálgica* — diz Katarina. — Nunca mais vamos ter a Iugoslávia de volta, mas podemos tentar fazer com que as pessoas falem e vivam novamente em conjunto.

A primeira coisa que os Peacemakers [Pacificadores] querem fazer é um seminário sobre os crimes de guerra.

— Vamos reunir jovens de todas as áreas, convidar pesquisadores e políticos e tentar entender melhor o que aconteceu durante a guerra. A nossa meta principal é estabelecer um diálogo de paz com os jovens dos outros Estados, para que nunca mais haja guerra. Temos que distinguir entre responsabilidade coletiva e individual — diz Katarina. — Eu tinha 10 anos quando a guerra começou e não vou me culpar pelo que fizeram Milosevic, Mladic e Karadzic apenas porque sou sérvia. Ninguém me perguntou se eu queria entrar na guerra.

Durante a primavera os Peacemakers se separam. Primeiro congelam o projeto de crimes de guerra, porque é muito grande para os oito ou nove ativistas. Depois não conseguem se juntar em torno de outros projetos e se desentendem sobre a maneira de avançar. Katarina participa sem grande entusiasmo de algumas reuniões.

— Estou realmente cansada de tentar organizar um mundo melhor, agora vou me concentrar apenas no meu — diz e passa a falar entusiasmadamente sobre os estudos, os livros e o grupo de discussões que lidera num hospital de doentes mentais fora de Belgrado. — Você devia ver as condições lá. Não há atividades para os pacientes, a pintura cai das paredes, não comem carne há vários anos. O ponto alto da semana deles é quando chego às quartas-feiras e organizo o grupo de discussões. Eles próprios escolhem os temas. Quando estou lá, sinto que estou fazendo algo útil, é a minha pequena contribuição para uma Sérvia melhor.

O café expresso foi substituído por chá verde. Katarina adotou um estilo mais *hippie* e está um pouco mais pálida do que antes. Veste um casaco de tricô cinza e tem um cachecol verde atirado sobre os ombros, e diz não ao açúcar. Mas o cuidado com a saúde não é radical, e não leva muito tempo até ela acender o primeiro cigarro. Já é 2004 e estamos de volta ao café Plato. Depois de um abraço ruidoso a estudante se sentou.

— A situação é mais deprimente do que nunca — suspira. — Quero me mudar.

— Você? — pergunto. — Você que sempre quis um futuro na Sérvia?

— Bem, não vejo futuro nenhum aqui. Quero, pelo menos, ver outra coisa antes que seja tarde demais. Gostaria de fazer uma pós-graduação na Grã-Bretanha. Mas é quase impossível obter um lugar num estabelecimento de ensino, um visto, dinheiro para sobreviver. Já sou quase psicóloga, farei a última prova antes do verão. Mas não sei o que vou fazer depois.

Foram os jovens e os recém-formados que mais se desiludiram após o sonho democrático ter dado errado. Eram eles os mais esperançosos. Esperança em relação a empregos, viagens, apartamentos. E foram eles que mais perderam quando descobriram que a Sérvia não podia mudar da noite para o dia.

— A festa acabou rápido — diz Katarina. Ela é privilegiada, vive com os pais, que têm bons empregos e uma boa situação financeira. Pode se concentrar nos estudos. — Muitos amigos meus andam perdidos. Vários deixaram as universidades, sonham em emigrar. Você deve se lembrar, depois da queda de Milosevic as pessoas pensavam em ficar, apesar de tudo. Agora querem novamente ir embora.

Katarina cumprimenta e acena para várias pessoas que passam por nossa mesa. Há sempre amigos aparecendo para lhe dar um abraço, discutir a última festa, dar um recado. A estudante de psicologia tem o dom fascinante de entrar e sair das conversas, dar a mesma atenção a todos e depois retomar nossa conversa exatamente do ponto onde havia parado.

— Os meus melhores amigos são todos políticos ativos. Estão do mesmo lado que eu. Você sabe, pró-democratas. Mas outro dia fui a uma reunião de amigos do tempo da escola e, entre eles, havia muitos que tinham votado nos nacionalistas de Seselj, dá pra imaginar!

A jovem de 24 anos revira os olhos. A realidade é tão dramática como antes. Abre os braços como um italiano queixoso e olha resignadamente para o teto antes de encontrar de novo o meu olhar.

— O nacionalismo está voltando. É assustador. É como se tivéssemos esquecido tudo o que aconteceu durante a guerra na Bósnia. Especialmente depois dos tumultos no Kosovo já se pode defender outra vez a grandeza da Sérvia. É assim que os radicais ganham votos. O novo governo também está jogando com isto. Por exemplo, suspenderam as reformas educacionais de Djindjic. Um representante do Ministério da Educação informou recentemente que não haverá mais aulas de inglês a partir da primeira série, como haviam decidido os democratas. "É contra os interesses nacionais.

Pode dificultar a aprendizagem do sérvio", disse ele. É como durante o comunismo, quando os líderes temiam a influência estrangeira.

Katarina traga fortemente a fumaça do cigarro.

— E, recentemente, quando o Ministério da Cultura apresentou o seu plano de prioridades, você sabe o que estava no topo da lista? Sim, proteger o alfabeto cirílico! Como se ele estivesse em perigo!

Katarina está completamente convencida de que seu futuro está na Europa. Por isso, procurou uma organização de jovens patrocinada pela UE onde aprendem sobre a integração européia e os valores europeus.

— Consegui um lugar num seminário de cinco dias em Estrasburgo! Imagine que maravilha poder viajar até lá — sorri entusiasmada. — "Política, sociedade e Estado", assim se chama o seminário. Ah, espero que um dia a Sérvia venha a ser membro, mas ainda vai demorar muito. Se fôssemos membros da UE não haveria apenas uma enciclopédia na biblioteca, mas talvez vinte. Poucos têm dinheiro para comprar livros, e é praticamente impossível obter a bibliografia do programa, copiamos uns dos outros, mas as cópias ficam cada vez com pior qualidade. Além disso, há outras coisas, como ter sabonete nos banheiros das faculdades, sim, até papel higiênico. Sabe, até isto é muito requintado para nós, um sabonete é alguma coisa para roubar.

Katarina suspira.

— Em nossa organização tentamos educar as pessoas, mas não é fácil. As pessoas não entendem a UE. Dizem: "Não temos pão na mesa e ainda temos que ser membros da UE?" ou "Pouco importa não conseguir um visto para a Itália, não tenho dinheiro nem mesmo para a passagem de ônibus até Nis". As pessoas não têm dinheiro para comprar comida, e assim é mais fácil se deixarem seduzir por gente como Seselj, que tanto promete pão de graça como a volta da Grande Sérvia. Precisamos de mais otimismo, de nova energia, mas agora não temos nem um nem outro.

— Bem, você tem.

— É, mas muitos dos meus melhores amigos não se preocupam. Só se preocupam com as suas próprias vidas. Estudam, pensam neles mesmos, esperam que algo aconteça. Mas fico surpresa com essas pessoas que não se interessam em construir seu próprio futuro. O que pode ser mais importante do que isto? Quando ouço pessoas se queixando sem fazer nada, fico furiosa! Mas também entendo que as pessoas desistam, nos decepcionamos tantas vezes, mas não podemos perder o sonho de um mundo melhor — diz e olha para a multidão à nossa volta no café.

Aqui há estudantes e professores bebendo chá e uísque ou comendo pizza. As paredes estão cobertas de cartazes. Nas mesas os cinzeiros estão cheios, fuma-se intensamente no local.

— Esta é uma sociedade confusa — diz Katarina, olhando para os clientes à nossa volta. — Ninguém entende o que está acontecendo, quem é que governa. Mas acho que os jovens estão acordando e vendo que o nacionalismo e Kostunica não são o que eles querem, que eles nos afastam ainda mais do resto do mundo. Estamos numa encruzilhada — diz.

— Tudo pode acontecer. O que eu faço aqui? Vejo meus amigos indo para o exterior e fico pensando se não deveria fazer o mesmo. Mas será que encontram uma vida melhor? Talvez consigam emprego como garçons ou lavadores de pratos. Também precisarão lutar pela vida.

— E o que você quer, então?

— Se eu pudesse de fato escolher, iria a Londres para fazer uma pós-graduação e depois voltaria. Queria ser *human resource manager*.

— O que é isso?

— *Human resource manager*? É... você não sabe?

Digo que não com a cabeça.

— É, é... ai, veja só que horas são! Prometi ajudar o meu professor a passar algumas provas. Desculpe, tenho que ir embora. Já estou atrasada.

Katarina voa pela porta, comigo atrás. Na rua, cumprimenta pessoas em toda parte, pára apenas para trocar curtas amabilidades. Corremos escada acima para a sala de aula onde os estudantes esperam. Katarina irrompe na sala e assume o comando. Grita instruções, distribui os papéis e pede para que todas as perguntas aguardem o retorno do professor. Fico sentada algum tempo olhando para Katarina. Ela tem uma autoridade natural, quase arrogante. Inteligente, bonita e decidida, é daquelas pessoas que sempre sobrevivem, penso. Aqueles sentados nas fileiras de trás são uma outra questão. É como se o que Katarina dissesse não tivesse nada a ver com eles. Levantam-se vagarosamente das cadeiras quando têm que ir buscar os papéis.

Preciso ir embora e aceno discretamente para Katarina da porta.

— *I will e-mail you* — grita ela de volta, por sobre as cabeças dos estudantes.

Mas são os alunos das últimas fileiras que ficam na minha cabeça. Aqueles de olhar embotado, recostados em suas cadeiras, imaginando quando a vida vai começar.

De volta à Noruega, alguns meses depois, recebo um e-mail.

Querida Åsne,

Tenho uma surpresa para você! Consegui um emprego de verdade, e começo na segunda-feira! Vou trabalhar em uma das maiores agências de publicidade daqui — o Grupo McCann-Erickson —, na área de planejamento estratégico. Estou muito animada!

Escreva quando tiver tempo!

Com amor,

Katarina

Estamos em junho, uma semana antes das eleições presidenciais sérvias. Após o primeiro turno restam dois candidatos: Tomislav Nikolic, do Partido Radical, e Boris Tadic, do Partido Democrata. Nikolic venceu o primeiro turno com uma campanha nacionalista. Katarina está envolvida na campanha dos democratas.

— Estamos tentando fazer os jovens votarem — escreve em um novo e-mail. — É a única maneira de os democratas terem uma chance de ganhar. Os radicais são eleitores muito disciplinados e sempre votam.

Katarina redescobriu um entusiasmo pela política. O seu e-mail irradia otimismo e esperança:

— Agora estou envolvida também na campanha GOTV [Get Out to Vote — Saia e Vote]... Nosso lema é: "Onde você vai no domingo?", e a resposta: "Votar no meu futuro presidente!"

A idéia, explica Katarina, é que a juventude escolha ela mesma o seu presidente, e não deixe a tarefa para os mais velhos.

— Como você sabe, temos um problema com os jovens, que estão decepcionados e não querem mais votar. Mas é deles que precisamos agora!

Sigo atentamente a cobertura das agências internacionais sobre as eleições de 27 de junho. Os democratas vencem os nacionalistas com 54% dos votos.

Em Belgrado, Katarina festeja a noite toda e grita rouca ao telefone:

— A energia voltou!

O aprendiz de Slobodan

Não ganhamos a guerra por sermos mais fortes do que o inimigo, mas por sermos melhores.
SLOBODAN MILOSEVIC, MAIO DE 2000

Todas as manhãs, o carro do partido espera em frente à casa de Branko Ruzic, quando ele mesmo decide não dirigir.

— Quero me sentir livre — diz. — Não gosto que ninguém me espere.

O jovem de 24 anos tornou-se, em pouco tempo, um homem importante no Partido Socialista de Milosevic. Como líder dos jovens socialistas, tem motorista e um gabinete espaçoso com cadeiras de couro, uma escrivaninha maciça que exala poder e o retrato obrigatório do chefe.

— Encontrei-o três vezes — diz Branko orgulhosamente.

Estamos no restaurante Siesta, no primeiro andar do prédio que abriga a sede do Partido Socialista no centro de Belgrado. Os alto-falantes trovejam canções pop iugoslavas. É de manhã e Branko pede uma vodca com limão.

— Maravilhoso — diz sobre o encontro com Milosevic. — Fantástico. É um homem imponente e muito charmoso. É incrível que seja acusado de crimes de guerra, é estúpido. Quando nos encontrávamos, sempre contava piadas, e depois falávamos sobre a situação dos jovens na Sérvia. É muito informal e diz sempre as coisas certas. É um homem de visão.

Branko repete a história do "homem de visão" muitas vezes, na verdade sempre que não sabe bem o que dizer.

— Que tipo de visão? — pergunto.

— Visão sobre como criar um mundo justo, um mundo mais equilibrado; não como agora, onde os EUA decidem tudo. Os EUA infringiram todas as resoluções da ONU em relação à Iugoslávia, infringem todas as regras que não lhes convêm. Dois terços da população mundial estão contra os EUA — diz Branko, e cita China, Rússia, Cuba, Vietnã, Coréia do Norte e alguns países da África.

— Você acha que Milosevic tem tido sucesso nos últimos dez anos?

— Claro! Tem tido problemas por causa das pressões externas e conflitos na antiga Iugoslávia; e já são oito anos de sanções, mas conseguimos manter o país unido. Mesmo que os sérvios na Croácia tenham sido alvo de uma limpeza étnica e que tenham sido obrigados a fugir para cá, pelo menos estão vivos. Milosevic fez tudo o que podia para ajudá-los. Agora temos um milhão de refugiados, mas não perdemos ainda o nosso território. A Iugoslávia ainda existe — afirma Branko. — Não existe nenhum líder no mundo à altura de Slobodan Milosevic. É um homem de visão. Ninguém mais tem uma visão tão ampla como ele. Líderes como Clinton e Blair não são chefes de Estado, mas burocratas a serviço de grandes grupos financeiros.

— Milosevic sente-se pressionado?

— De modo algum, está muito seguro de si. É otimista, tal como eu. A América deveria se envergonhar do que fez a nós. Queremos colaborar, mas de igual para igual. A América é o

O aprendiz de Slobodan 281

ponto de partida de todo o mal no mundo — afirma Branko, fixando em mim o seu olhar jovem. Ele me lembra o Tintin dos quadrinhos, com seu cabelo liso partido, camisa engomada e suéter com gola em V. Seus temas preferidos — Slobodan Milosevic e o imperialismo dos EUA — fluem numa corrente contínua. É como se se abrisse uma comporta.

Branko foi eleito líder dos jovens socialistas na primavera de 2000 e tem ambições de uma carreira na política. Slobodan Milosevic tem pouco apoio entre os jovens. Daqueles que estão empenhados, a maioria está nos partidos da oposição ou na Otpor. Estou curiosa em saber o que levou Branko a se filiar ao Partido Socialista. Mas é difícil arrancar declarações pessoais dele, que tem uma tendência a responder sempre a mesma coisa, com pequenas variações, independentemente da pergunta. Filiou-se ao SPS quando tinha 20 anos porque queria participar na luta dos sérvios contra os EUA e proteger as fronteiras do país.

— Além disso, quer solucionar os problemas dos jovens. E é um programa muito bom — acrescenta. — O SPS é o único partido que quer ajudar a juventude. Planejamos construir 100 mil apartamentos para os jovens. Veja todas as pontes que foram construídas no ano passado, sem um tostão dos EUA ou da UE. Nosso objetivo, ao contrário da oposição, que trabalha para a América, é manter o país completamente nosso. Repare em Montenegro, por exemplo, aquela república é governada pela CIA contra os interesses da região. Milo Djukanovic é exatamente como Noriega no Panamá, comprado e financiado pelos EUA. Acho que todos os jovens na Sérvia pensam como eu — diz Branko após um pequeno intervalo. — Existe uma conspiração contra os sérvios porque somos um povo que gosta da liberdade. Todos os outros países foram subjugados à ordem mundial dos americanos, nós resistimos, por isso somos punidos. Somos o único país nos Bálcãs que manteve a sua independência. Todo mundo tem preconceitos em relação aos sérvios. Somos apresentados como um povo irracional, como assassinos e estupradores — diz. — Você já está aqui há algum tempo, já viu que somos normais.

Fixa outra vez o olhar inocente em mim.

— Acho que você não viu assassinos aqui, viu? Ou estupradores?

Os americanos também são culpados do conflito no Kosovo. Tudo começou porque os EUA queriam uma base militar lá.

— Os albaneses começaram a aterrorizar a população sérvia, recusaram-se a trabalhar, recusaram-se a ir à escola. Com a ajuda dos EUA conseguiram desestabilizar a sociedade. Os líderes foram financiados com dinheiro do exterior. Nunca houve limpeza étnica de albaneses, disso estou certo. A limpeza étnica só afetou os sérvios. Mas quando você diz isso a um americano ele não concorda, porque só conhece a realidade mostrada pela televisão americana, que diz sempre que foram os sérvios que promoveram a limpeza étnica. Os americanos falsificaram as imagens na televisão para enganar o povo. E quando um trabalhador americano normal ouve repetidas vezes na televisão que os sérvios são assassinos e estupradores, acaba acreditando. O Kosovo continua pertencendo à Sérvia. Mas as coisas não vão voltar ao normal enquanto não entrarmos lá com as nossas forças armadas. Só espero que possam proteger a população sérvia — enfatiza. — A KFOR tem que sair e nós temos que entrar.

Branko pede mais uma vodca e interrompe seu falatório para me perguntar sobre o título de meu livro.

— O que você acha de *Falsos preconceitos*? — pergunta. — Ou *Preconceitos falsificados*? Você está escrevendo este livro para ir além dos preconceitos, não é? E todos os estereótipos e preconceitos sobre os sérvios são falsos.

Agradeço a ele pelas sugestões. Ele se oferece também para ajudar a traduzir o livro para o sérvio.

— Provavelmente o partido poderá ajudar você a publicá-lo na Sérvia — diz. Eu imagino o meu livro com o logotipo discreto do SPS na capa.

Branko viaja muito por toda a Sérvia e visita os grupos locais do SPS. Pergunto se posso acompanhá-lo.

— É claro — responde. — Na próxima semana irei a Nis e a Uzice. Só terei primeiro que falar com o escritório do partido. A propósito, você tem saído à noite pelos clubes e discotecas? — Convida-me a sair com os amigos dele. — Assim você poderá me conhecer melhor. Talvez a gente faça um churrasco no fim de semana, você gostaria de vir?

Agradeço contente.

— Você quer pizza? — pergunta Branko. Digo outra vez que sim. — Apesar das sanções, não há pobreza de verdade aqui, ninguém passa fome. Há os que não podem mais fazer viagens ao exterior. Mas todos têm dinheiro para comer, visitar os amigos ou dar uma festa. Bem, talvez 2% da população não tenham dinheiro para comprar carne — admite quando menciono as sopas dos pobres e os estudos que afirmam que dois terços dos aposentados sérvios vivem abaixo da linha de pobreza. — As pessoas no Ocidente insistem que o padrão de vida é muito baixo na Iugoslávia. Mas veja os EUA, quanta pobreza! Por que nunca falam da pobreza nos EUA e de todos os negros que estão na prisão? Criticam sempre a China por desrespeito aos direitos humanos. Mas pense naquilo que nos fizeram ano passado, nos bombardearam! Não foi um desrespeito aos direitos humanos? Mostramos que somos fortes. Nenhuma outra nação no mundo teria sobrevivido àquilo por que nós passamos. Não digo que aqui não haja crise, mas lutamos para sair dela. Se não for amanhã, então daqui a dois, três, cinco anos. Ninguém pode dizer que não pertencemos geográfica ou culturalmente à Europa. Nikola Tesla era sérvio. As pilhas no seu gravador não funcionariam e não teríamos eletricidade se não fosse Nikola Tesla.

O volume da música pop aumenta. O Siesta é, visivelmente, um ponto de encontro habitual dos jovens pró-Milosevic. Branko cumprimenta muitos dos que entram. As mesas enchem-se de jovens rapazes bem vestidos. Branko faz boa figura com o seu estilo clássico, quase descolado. Ele foi uma criança privilegiada. O pai é diplomata aposentado e a família viveu muitos anos na Austrália. O aspirante a político diz que a Iugoslávia era um bom país para se crescer.

— Éramos o país mais desenvolvido do mundo socialista, podíamos ver filmes americanos e ouvir música inglesa, o que não acontecia em países como a Tchecoslováquia, a Bulgária e a Romênia. Podíamos viajar para onde quiséssemos, não era preciso visto para lugar algum. Agora somos tratados como párias, mas somos um país tão democrático como os outros países europeus. No outono haverá eleições, e serão realizadas de acordo com as regras democráticas — diz Branko. Tem certeza da vitória socialista. — Mostramos que nos preocupamos com as pessoas, mesmo que os americanos cometam assassinatos para desestabilizar nosso país. Operam de várias maneiras, inclusive usando a Otpor para prati-

O *aprendiz de Slobodan* 285

car homicídios e instalar o terror. Os líderes da Otpor são financiados pelos EUA. Mesmo que os membros sejam estudantes comuns. Os jovens gostam de criticar, você sabe, não só o regime mas também os seus pais — afirma seriamente o rapaz de 24 anos. — Tentamos mostrar quem está por trás da Otpor. Entre outros, há muitos criminosos.

— Que tipo de criminosos?

— Tem alguma importância? São criminosos de toda espécie, ora! E quando há criminosos entre os estudantes a coisa fica ruim — acrescenta. — Estes jovens não promovem coisas boas como o esporte e a cultura. Eles insultam as suas próprias mães, porque o que é a pátria num plano superior, senão a sua própria mãe? Não se pode insultar a própria mãe.

Cai a tarde. O calor é intenso e cambaleamos sob o sol ardente.

— É por causa da guerra que faz tanto calor — diz Branko enquanto procuramos áreas de sombra na calçada. — A temperatura tem permanecido em torno de 35 graus durante todo o mês de maio e nem um chuvisco caiu. Metade de nossa safra está queimada pelo sol. E imaginar que costumávamos exportar comida para toda a Europa! Mas a camada de ozônio foi destruída por causa dos bombardeios — diz. — Não só aqui, mas também na Bulgária e na Romênia. Mas ninguém os mandou apoiar os EUA!

Branko interrompe abruptamente seu discurso. Uma sombra de cansaço aparece de súbito em seu rosto.

— Começo a trabalhar de manhã cedo e só paro à meia-noite. Às vezes fico um pouco deprimido.

— Deprimido?

— Quando chego em casa por volta da meia-noite, depois de uma viagem e de sorrir e fazer charme o dia inteiro, estou tão cansado que vou direto para a cama, e então fico deprimido porque sei que meus amigos saíram para se divertir. Mas eu não posso, porque no dia seguinte preciso levantar cedo. Queria muito sair para me divertir, ter uma namorada, mas não tenho tempo. Nem para uma namorada. — Suspira e acrescenta: — Tive uma namorada durante três anos. Terminamos também há três anos e vai ter que ser assim até eu me casar. Mas as mulheres iugoslavas são as mais bonitas do mundo.

Antes de Branko desaparecer dentro do prédio do SPS, promete telefonar e me dizer quando posso acompanhá-lo no trabalho. Mas ele não liga, então eu mesma retorno o contato. Ele não recomenda que eu vá a Nis ou a Uzice.

— São viagens um pouco especiais — diz evasivo. — Mas prometo procurar você mais tarde.

Acompanhar Branko nas viagens pela Sérvia nunca é recomendável. Provavelmente é o partido que o proíbe de ser acompanhado nas reuniões por uma jornalista do Ocidente. Também não haverá saídas a restaurantes, discotecas ou clubes noturnos. O churrasco é adiado indefinidamente. Branko sempre precisa consultar o calendário ou a secretária.

No verão, Branko viaja para Cuba para uma conferência da juventude com delegados de Sérvia, Cuba, Vietnã, Coréia do Norte, Líbia e Iraque.

— Também havia gente dos EUA e da Grã-Bretanha, dos partidos comunistas — conta-me quando já está de volta. Surpreende-me que esteja tão pálido como quando partiu.

— A conferência começava às oito da manhã e varava a noite, portanto nunca havia tempo para pegar sol — diz Branko, acrescentando que tudo era um pouco entediante. — Fomos dividos em grupos e inventamos *slogans*, que foram votados no final.

— Que tipos de *slogans* vocês propuseram? — pergunto.

— Bem, por exemplo, "Resista ao Imperialismo Americano".

Pergunto se teve oportunidade de experimentar o mojito, a bebida nacional de Cuba, feita de rum, folhas de hortelã, lima e açúcar mascavo. Branko não sabe o que é um mojito.

— Quase não saímos à noite, não faz sentido sair à noite quando se tem que levantar às seis ou sete horas da manhã.

Branko deve ser a única pessoa que conheço que esteve uma semana em Cuba e não viu nem o sol nem a vida noturna.

Branko mantém-se leal ao partido embora este tenha perdido poder após a queda de Milosevic. No outono de 2001, é reeleito líder da juventude socialista. E em dezembro ganha um lugar no parlamento sérvio. Deixo novamente dezenas de recados com a secretária, em sua secretária eletrônica, e procuro-o no parlamento, sem sucesso. Nunca me procurou e não atende o celular quando telefono. Quando estou quase exausta de brincar de gato e rato, ouço na rádio, numa noite de fevereiro de 2001, que o SPS vai realizar no dia seguinte uma manifestação de apoio ao antigo mandachuva da televisão, Dragoljub Milanovic. Milanovic está preso, acusado do assassinato de 16 funcionários. Foram mortos durante os ataques da Otan. Milanovic teria sido informado que a Otan bombardearia o prédio da televisão naquela noite, mas não repassou a informação aos seus subordinados. Dizem que chegou até mesmo a ameaçar de demissão os que deixassem os seus postos de trabalho. Milanovic era um membro central do SPS, e o partido acha que é a Otan que deve ser julgada pelo assassinato — foram eles que lançaram as bombas.

Acho que Branko vai estar lá.

No dia seguinte, procuro por ele entre os quase mil manifestantes. Está à margem da multidão, usando jeans e um casacão azul-marinho, e conversando educadamente com uma moça.

— Tenho andado atrás de você — digo, tentando ser charmosa, para amenizar o constrangimento da situação.

— Entendo — diz, sorrindo maliciosamente. Pede desculpas, explica que tem estado muito ocupado. Por meses a fio.

À nossa volta gritam-se *slogans* e brandem-se bandeiras. Branko apenas observa. Tento imaginá-lo gritando ou se envolvendo no protesto de alguma maneira. O líder da juventude permanece distante e equilibrado, como se guardasse energias para tarefas maiores.

Alguém me dá um panfleto. "Haia Tours", lê-se. Ao fundo, o desenho de uma grande e assustadora aranha à espera de sua presa: uma família que, desavisada, está prestes a entrar em seu ninho. "Haia conduz à liberdade — desconto especial para sérvios — pague apenas passagem de ida", diz o texto. Do outro lado, a imagem de um coração envolvido em arame farpado sendo penetrado por um míssil da Otan decorado com uma caveira. São os corações feridos da Sérvia.

Os gritos ganham mais força. O novo governo é chamado de "Os meninos do coro de Haia". Branko parece incomodado com minha presença, e tenta se desvencilhar de mim convidando-me ao seu escritório no dia seguinte. A sede agora fica em Novi Beograd, do outro lado do Sava, e é como uma fortaleza feita em vidro verde e preto. Os antigos escritórios no centro foram assaltados durante a revolução.

O aprendiz de Slobodan

Esta manhã Branko está, como sempre, impecavelmente vestido, com um terno verde-escuro e uma gravata vinho. A secretária entra com um copo d'água para ele e um expresso duplo para mim. Nos sachês de açúcar vê-se o logo do SPS em vermelho, branco e azul — as cores da bandeira da Sérvia. Olho à minha volta. A imagem de Milosevic na parede desapareceu. Em seu lugar há um calendário do SPS e, numa porta do armário, uma imagem de Branko em cima de uma tribuna. Então Milosevic já não é o grande herói?

— Sim, é o nosso chefe, é o líder do partido — afirma Branko clara e nitidamente.

— Por que tiraram as imagens dele?

— Todas as imagens que tínhamos dele foram queimadas pelos manifestantes. Só restou uma, no escritório do secretário-geral. Além disso, já não é mais tão imperativo esses dias — diz o jovem político, e aguardo ansiosa para saber se perdeu a confiança no homem de visão. Mas a resposta combina com sua personalidade, formal e sem paixão. — Continua sendo o presidente do partido, mas já não é mais o presidente da Iugoslávia.

Apesar disso, o rosto de Milosevic está por toda Belgrado. A Otpor, com a sua campanha *Ko je kriv?* — "Quem é o culpado?" —, pendurou pôsteres em que um imperioso Milosevic aparece sobre um fundo de guerra, com pessoas fugindo e pobreza. Em quase todos os muros da capital sérvia exige-se que Milosevic seja preso. Algumas semanas depois, os pôsteres *Ko je kriv?* são substituídos por pôsteres *Kriv je* — "Ele é o culpado" — e uma imagem enorme de Milosevic fumando um charuto. Desta vez, prateleiras vazias compõem o cenário de fundo.

— A campanha da Otpor é degradante e grosseira. Ataca a nossa honra nacional — diz Branko furioso. — Faz parecer que os sérvios são os únicos culpados pelas guerras nos Bálcãs. Mas espere e você vai ver, se prenderem Milosevic, todo o país vai se levantar em protesto — ameaça Branko.

Finalmente olha diretamente para mim. Em geral não me olha nos olhos, fica mirando a janela, o teto, a porta. O olhar de Tintin, direto, desapareceu quando o líder caiu.

— Encontro com ele muitas vezes — diz Branko. — Vem aqui várias vezes por semana. Por acaso está no prédio neste momento. Veio encontrar uma delegação da Ucrânia, comunistas da Ucrânia.

— Então posso ter passado por ele no saguão?

— Não, ele não entra pela porta principal — sorri Branko. — Chega de carro e entra pela porta dos fundos no estacionamento.

Branko aponta a janela.

— É um homem inteligente, que olha para a frente. Mas está muito magoado por causa das mentiras e das acusações falsas. Especialmente as que dizem respeito à sua família. As acusações contra o seu filho são particularmente dolorosas.

Branko participa de muitas manifestações em solidariedade a Milosevic, em frente à residência deste na rua Uzicka. O objetivo das manifestações é atuar como um escudo humano contra a prisão de Milosevic, mas apenas simbolicamente, porque não costumam aparecer ali mais que dez pessoas.

Branko acha estranho o SPS ter perdido as eleições.

— Devemos ter cometido erros, mas não sei bem quais. Reconstruímos pontes e estradas depois dos bombardeios, as pessoas tinham começado a ver resultados com a nossa política, mas mesmo assim nos abandonaram. Mas a oposição tinha os americanos por trás e podia gastar dinheiro à vontade. E era mais barato para os americanos financiar o golpe da oposição do que os bilhões de indenização pelos estragos causados pelos bombardeios.

Mas Branko diz que é fácil estar na oposição.

— Agora temos outra vez as pessoas bem qualificadas, os que realmente acreditam nas idéias socialistas. Muitos estavam no SPS apenas porque tínhamos o poder, porque assim conseguiriam um emprego — diz Branko, mas admite que agora são outros tempos: — Não temos mais empresas financiando nossas atividades, agora o dinheiro vai para os democratas. Mas vamos voltar — promete Branko. O olhar se dirige para a sua própria imagem na parede, depois para a janela.

É um Branko triste e resignado que encontro duas horas após a prisão do seu presidente. Não dorme há 36 horas, mas tem acompanhado por telefone as negociações. Branko enganou-se com sua profecia de que todo o país se levantaria em protesto se a polícia tentasse prender Milosevic. Apenas uns duzentos manifestantes vigiavam a entrada da residência do ex-presidente durante os breves dois dias em que sua prisão foi negociada.

São seis horas da manhã do dia 1º de abril e o SPS faz uma coletiva de imprensa. O partido avança com fortes ataques contra o governo que prendeu Milosevic.

— Bem, pelo menos evitamos uma guerra civil — diz o líder parlamentar do Partido Socialista, Branislav Ivkovic, que estava junto de Milosevic quando se desenrolou o drama da prisão.

Branko está sentado na sala com o olhar desanimado e as mãos no colo. Vou falar com ele depois da coletiva.

— Não estou com vontade de falar com ninguém — diz antes de se esquivar. Suas costas estreitas desaparecem ao virar uma esquina.

292 *De costas para o mundo*

Alguns dias depois, a Juventude Socialista faz uma reunião de planejamento. "Slobo, volte", lê-se num cartaz no local da reunião, que depressa se enche de rapazes e moças simpáticas.

— A gasolina subiu 30% depois da prisão de Milosevic — diz um jovem triunfante. — Quando eles me pegarem, o preço já deverá ter duplicado — diz. Outro queixa-se que as passagens de ônibus também aumentaram. A reunião vai começar, e sou levada para fora.

— Vamos lutar para defendê-lo e provar sua inocência — diz Branko depois. — Milosevic vai se reerguer como um herói ainda maior. Pela primeira vez é vítima. Vamos ficar muito populares quando as pessoas entenderem o que aconteceu. Vamos nos tornar um partido duro da oposição — diz ele, e apresenta a prova final de que a prisão foi obra dos americanos. — Na primeira noite a ação aconteceu às duas da manhã, é o horário nobre nos EUA. Na CNN, Madeleine Albright e Richard Holbrooke estavam prontos nos estúdios para comentar a prisão. Quando Milosevic foi preso às quatro e meia da madrugada de domingo, ainda era noite nos EUA — diz triunfante. — Portanto as autoridades não ganharam, os EUA é que ganharam. É contra toda a honra e dignidade nacional. As autoridades só fizeram aquilo que lhes foi ordenado. Deviam ter vergonha. Dizem que não querem mandá-lo para Haia, mas é esse o objetivo dos americanos e, por isso, também o deles. Passaram por uma lavagem cerebral, este é que é o problema.

Noto que os sacos de açúcar para o café já não têm o logo do SPS, e que o suco é servido em copos plásticos.

— Agora somos o partido da oposição, não temos dinheiro para extravagâncias — responde Branko.

Pergunto a ele quem ele vê como o novo líder do partido.

— Milosevic será sempre o presidente do partido — diz irritado, como se a pergunta o ofendesse. — Pelo menos presidente honorário — acrescenta. — Creio que vamos ter uma liderança coletiva com vários vice-presidentes, assim Milosevic irá nos aconselhar da prisão.

Da sua parte, aquele jovem de 25 anos tem grandes ambições.

— Talvez daqui a dez ou 15 anos eu seja ministro das Relações Exteriores.

Branko está convencido que o Partido Socialista voltará ao poder.

— Os preços vão subir, o desemprego e os problemas sociais aumentarão. As pessoas vão voltar a nós porque, como Partido Socialista, somos os únicos que se preocupam em defender os cidadãos — diz Branko, como sempre sem emoção e com o olhar para fora da janela.

Ficamos em silêncio algum tempo, depois ele diz:

— Ninguém se vê como o sucessor de Milosevic, é impossível, ninguém tem o carisma dele. Só existe um Milosevic.

Branko atende após o primeiro toque.

— Você quer me ver? Que ótimo! Apareça no escritório amanhã.

O que aconteceu? Passaram-se três anos e Branko já não se esconde mais.

Quando entro no escritório, ele me recebe empertigado e com um firme aperto de mão. É como se tivesse encontrado o equilíbrio após a brusca queda do líder e as primeiras derrotas nas eleições. Além disso, o SPS está quase de volta ao páreo após os resultados relativamente bons nas eleições de 2004. Agora está como partido de apoio na coligação do governo.

— Muitas coisas mudaram, governos entraram e saíram, ficamos de fora, mas agora voltamos.

Branko Ruzic, ele próprio, é um dos quatro vice-presidentes, e sem dúvida o mais novo. O jovem de 28 anos está sentado com as pernas afastadas e contente no sofá do escritório no centro de Belgrado; o SPS recuperou sua sede após o assalto quatro anos antes.

O partido passou por uma dolorosa transição após ter perdido o poder. A grande pergunta tem sido: O que fazemos com Milosevic?

Quando o líder deposto foi enviado a Haia, ainda era presidente do partido e em princípio deveria ter a última palavra em todas as decisões. Depois de vários anos com um líder preso, havia vários que queriam se ver livres dele, entre estes Branko Ruzic.

— Mudamos os estatutos. As novas regras dizem que se o presidente do partido não tiver possibilidade de exercer o cargo, então o líder em exercício assume suas tarefas. Quer dizer que Milosevic já não tem nenhum papel formal no partido, é uma espécie de presidente honorário — explica Branko de forma diplomática.

Lógico, frio e eficiente como sempre. A escrivaninha está muito bem arrumada. A agenda dos encontros, o celular, o carregador, um bloco, um calendário. É tudo.

— Mas o apoiamos e ajudamos em Haia. Temos vários grupos que o ajudam com a defesa, entre eles a organização voluntária Sloboda, Liberdade. Mas, acima de tudo, deveríamos pensar no partido e em como este poderia sobreviver após a assim chamada revolução que varreu o país. Decidimos ser pragmáticos e manter o comando aqui em Belgrado. Isto não significa que eu pense que Milosevic seja cul-

O *aprendiz de Slobodan* 295

pado de crimes de guerra. Eu mesmo estive em Haia para visitá-lo há dois anos. Bem, não me deixaram vê-lo, mas pude ouvir o que ele disse na sala do tribunal. Estava sentado atrás de uma parede de vidro, mas acenou para nós de seu banco.

Apesar da sua aptidão inata para a diplomacia, Branko não consegue esconder a decepção com seu antigo herói.

— Quando perdeu a posição formal no partido, ficou tão furioso que nos denunciou e pediu a seus eleitores que votassem em Seselj. Foi um erro fatal. Estou convencido de que perdemos por isso 100 mil votos. Estou decepcionado porque o partido sempre foi leal a ele. Perdi a conta de quanto tempo passei protestando em favor dele. Protestei contra a prisão e o exílio, defendi-o nos meios de comunicação, em discussões e em reuniões. E depois... depois foi ele que se tornou desleal!

Branko não quer usar palavras mais fortes. Quando pergunto se se sente traído, diz:

— Não, traído, não, escreva "decepcionado".

Branko fica em silêncio.

— Acho que Milosevic tomou sua decisão com base em informações de alguém que não queria o melhor para nós, talvez a sua mulher. Alguém que não avaliou bem a situação. Que pode ter dito, a ele, por exemplo, que o povo sairia às ruas e exigiria sua libertação se ele pedisse; e que todo o país estava com ele. Não foi assim que aconteceu. Eu entendo que esteja pressionado, está na prisão, sem ver a família, mas quando tentou excomungar parte da direção do partido, por exemplo o novo presidente, Ivica Dacic, foi longe demais. Não me interprete mal, continua sendo um grande homem, tem um carisma fantástico. E ele provavelmente também está decepcionado com a gente, esperava que o partido fizesse tudo o que ele pede, como antes. Mas agora não se está agindo como um líder político.

— Vocês retiraram todos os retratos dele?

— Não, acho que sobrou um.

— Onde?

— No escritório dele. Ninguém o utiliza. Está do jeito que ele o deixou.

— Oh. Como um museu. Podemos ver?

— Não, não tenho as chaves. Não sei quem tem. Eu achava melhor que o escritório fosse utilizado por uma outra pessoa. Não acho que devemos tratar Milosevic como um deus. Ele não é nenhum Tito.

Branko deixa de lado o passado e sorri para mim.

— Acho que há uma grande chance de nos tornarmos uma importante força de esquerda, desde que nos apresentemos como um partido moderno e nos dirijamos aos trabalhadores, estudantes e agricultores. Pretendo dar ao partido uma orientação social-democrata, temos de nos libertar da pecha de social-nacionalistas. Mas durante a campanha eleitoral muitos partidos se apropriaram de nosso programa. De repente todos queriam passar uma mensagem social. O povo ficou confuso e os apoiadores de Seselj mentiram sem hesitar. Por exemplo, disseram que o pão ia custar 3 dinares se eles chegassem ao poder. Sabem que não é possível. Mas como as pessoas estão decepcionadas com a não-melhoria de suas condições, estamos diante de uma radicalização da sociedade. As pessoas agarram-se a tudo. A economia vai mal, quase não há investimentos estrangeiros. Os EUA retiraram o seu chamado "pacote de ajuda" de 100 milhões de dólares porque acharam que não colaborávamos de maneira satisfa-

O aprendiz de Slobodan

tória com Haia. Como se quiséssemos nos vender a Haia por 100 milhões de dólares! Será que não conseguem ver que a fome e o desemprego tornam a população ainda mais radical? E que isso conduz a um novo patamar de isolamento e a novas sanções?

Branko suspira. De repente sorri.

— Desde a última vez que você esteve aqui, eu me casei.

— Parabéns!

— Logo depois que você foi embora, na verdade. Agora tenho um filho, Milutin. Fez 2 anos na semana passada.

— Onde você a conheceu?

— No SPS. Era líder de um grupo local em Belgrado. Mas agora ela se retirou da política. Não queremos ser como Milosevic e Mira! Basta um político na família. Mas é um apoio fantástico para mim, porque compreende como é duro ser político. Ela é meiga, sensível e bonita... tudo de que preciso. Além disso é uma boa conselheira. Segue os debates na televisão e, quando chego em casa, me pede, por exemplo, para sorrir mais, para relaxar mais. E ela escolhe muito bem as minhas roupas, que gravata me fica melhor, que terno...

— Reparei que você está rindo bem mais do que antes!

— Sim, talvez esteja mais feliz do que da última vez. Mas vivemos apertados, o nosso apartamento tem apenas 35 metros quadrados. É o que podemos pagar, é normal para um jovem casal na Sérvia e não quero ser diferente. Como líder de um partido social-democrata devo viver como o povo.

— Da última vez você disse que seria ministro das Relações Exteriores.

— Sim, estou a caminho, pelo menos no caminho certo. Estou no parlamento, no comitê das relações exteriores. Mas para obter um cargo de ministro é preciso que sejamos outra vez um partido de liderança. Temos que ter mais votos.

— O que você faria hoje se fosse ministro das Relações Exteriores?

— Primeiro contaria ao mundo a verdade sobre o Kosovo e sobre a limpeza étnica. Depois tentaria um acordo para dar autonomia aos sérvios em certas áreas. Mas a sociedade internacional não parece muito interessada no Kosovo. Não percebe que os muçulmanos de lá apóiam Bin Laden e o terrorismo internacional. Os albaneses fizeram um bom trabalho de manipulação dos políticos americanos mesmo antes da guerra no Kosovo. Além disso, acredito que a Sérvia deverá ingressar na UE. Podemos esperar um pouco, temos que nos desenvolver um pouco mais, porque não queremos ingressar como um país pobre, mas talvez como um país *semidesenvolvido*.

Reparo que Branko não tem computador no escritório. Talvez seja assim ser político num país semidesenvolvido.

— Temos poucos — explica Branko. — Perder o poder custa muito.

O pássaro que voou

Como posso permanecer o mesmo?
Como posso me salvar das mudanças?
Somente através de mudanças.
Milan Mladenovic, *Azul e verde*

Snezana se esforça para entrar no ônibus número 41. Está cheio como sempre, e para conseguir entrar é preciso uma técnica especial: conseguir um lugar na frente da fila, tentar colocar um pé no primeiro degrau, e em seguida fazer pressão para entrar. Aqui não há nem tempo nem espaço para cortesias. E o tempo de espera pode tornar-se longo, porque o ônibus só parte depois que as portas se fecham e a confusão no ponto termina. Lá dentro, fica-se espremido até a hora de descer. O esforço para manter-se de pé quando o ônibus faz curvas e passa por ruas esburacadas, além do empurra-empurra, deixa qualquer pessoa exausta. Mas pelo menos a viagem é gratuita, porque é impossível chegar até o motorista para pagar a passagem.

— Antes não era assim — suspira Snezana quando finalmente saímos na Praça da República, suadas e cansadas. — Os ônibus estão mais cheios porque as pessoas não têm dinheiro para gasolina, e além disso os veículos não são substituídos quando quebram, assim são cada vez menos e já não têm mais horários fixos, chegam quando chegam.

Snezana diz muitas vezes "antes não era assim", porque nada é como era antes de ela viajar. Snezana está entre aquelas centenas de milhares de jovens que desistiram da vida em Belgrado para procurar uma vida melhor no exterior. Nos últimos sete anos viveu em Frankfurt. Nestas férias de Páscoa está em casa para visitar a mãe e os irmãos.

— Agora tenho dinheiro para um táxi, mas antes pegava sempre este ônibus. E quando estou aqui procuro viver como naquela época. Eu me sentiria ainda mais estranha se fosse de táxi para a cidade.

Sua aparência indica que ela é do tipo que anda mais de táxi do que de ônibus: usa óculos de sol Gucci e roupas pretas de marca. Há também uma grande disparidade psicológica entre ela e seus colegas passageiros, porque Snezana ainda não se habituou aos prédios bombardeados por que passa. Estão somente a meio quilômetro da casa da mãe, que fica no bairro de Senjak. Sucedem-se os alvos das bombas: o Ministério do Interior, o Ministério da Defesa, os prédios do governo, o Estado-maior do Exército, o Ministério das Relações Exteriores. Um ano depois dos bombardeios, ainda aparecem como feridas profundas na imagem da cidade — crateras pretas, janelas queimadas e paredes destruídas.

— Tenho vontade de chorar todas as vezes que olho para estes prédios. Representam aquilo que a Sérvia se tornou, um inimigo do Ocidente. Mesmo que estes ministérios sejam a imagem das coisas que combati e o motivo por que me exilei, ainda assim são "meus" e me dói vê-los assim.

Há várias coisas dolorosas de ver no caminho para o centro. Por exemplo, o prédio da Rádio Belgrado, aponta Snezana. Há sete anos ela não vai lá, desde o dia em que o segurança lhe confiscou o cartão de acesso.

— Tudo mudou durante a guerra com a Croácia, em 1991, quando o regime começou a se intrometer naquilo que transmitíamos. Todo o ambiente se modificou. Mesmo eu, que trabalhava com programas de música e filmes, recebia indicações políticas. Nos disseram que gênero de música devíamos tocar e que filmes poderiam ser recomendados. O editor-chefe foi despedido e uma marionete do regime foi colocada no seu lugar. Profissionalismo e experiência já não eram importantes, só o grau de fidelidade ao regime. Organizamos uma greve quando o editor-chefe foi despedido. Durou várias semanas, e quando nos informaram que a marionete não ia mais dirigir a rádio, pensamos que tínhamos ganhado. Encerramos a greve e no dia seguinte fui trabalhar. O segurança me pediu para lhe mostrar meu cartão de imprensa. Achei estranho, porque nunca tinha feito isso, me conhecia. Olhou para o cartão e verificou uma lista de nomes. Depois o confiscou e me disse que eu não precisava voltar. Aí estava eu, sem trabalho — conta Snezana. — Passei por uma crise pessoal depois disso, não sabia o que queria ou o que representava. Nunca me interessara por política, mas agora toda a sociedade estava politizada, tudo dizia respeito a ser leal a Milosevic. Todos os trabalhos que procurei implicavam comprometimento político. Recusei-os e não consegui emprego. Eu estava com 27 anos e ainda podia começar alguma outra coisa. Tinha uma tia em Frankfurt e fui para lá, me matriculei no Instituto Goethe e aprendi alemão. Desde então vivo na Alemanha.

A emigração de jovens com curso superior para outros países é chamada de *brain drain* [escoamento de cérebros]. São artistas que perderam a liberdade porque o apoio financeiro a opositores do regime cessou, jornalistas que se recusam a ser censurados, jovens que temem ser alistados à força no exército iugoslavo, engenheiros que não encontram trabalho porque já não se constrói nada. Especialmente nas áreas de ciência e eletrônica muitos deixaram o país. O salário médio na Sérvia, por volta do ano de 2000, era de aproximadamente 37 euros por mês. Alguns dos que saíram têm empregos bem remunerados, outros lavam pratos ou são taxistas.

Snezana é uma das bem-sucedidas, mesmo que a vida de imigrante nem sempre seja fácil.

— As pessoas perguntam de onde venho quando ouvem o meu sotaque. Se respondo "Sérvia", muitas conversas cessam de imediato, como se eu fosse uma criminosa de guerra, portanto comecei a dizer que sou de Belgrado, por alguma razão o estigma é menor — admira-se.

Levou muito tempo para fazer amigos.

— Tive uma experiência estranha quando visitei o museu judaico em Berlim. Há ali uma rua estreita que se pode seguir e que se chama "a corrente da emigração", leva a um labirinto num parque onde os caminhos estão cercados por enormes grupos de prédios que parecem retos, mas na verdade são inclinados, para dentro e para fora. As pessoas acabam se sentindo enjoadas e nauseadas. Acho que é assim mesmo que se sente um emigrante: um pouco nauseado, um pouco enjoado, sempre indisposto, nunca em terra firme.

De qualquer maneira, a casa de Snezana agora é em Frankfurt. Ela se ilumina quando fala do apartamento confortável que comprou e restaurou, com varanda e vista sobre o horizonte de Frankfurt.

— Lá, serei sempre uma estranha. Mas acho que me mudei para sempre, não há nada para eu fazer aqui. Tudo está colorido pela política. Eu podia trabalhar com a oposição, mas nunca gostei de política, quero tratar das minhas próprias coisas, ser livre. Aqui não consigo respirar.

Depois dos estudos de alemão procurou vários trabalhos diferentes, e teve a sorte de conseguir um emprego como assistente e tradutora para o reputado diretor teatral alemão Alexander Bril, que estava produzindo a peça de Slobodan Schneider *A pele da cobra*. A peça trata da guerra na Bósnia e Bril queria que fosse bilíngüe, em servo-croata e alemão. Três semanas antes da estréia, a protagonista feminina abandonou a produção, por causa de pressões familiares. Não gostaram que ela, sendo sérvia, interpretasse uma bósnia estuprada por soldados sérvios. O diretor decidiu que, àquela altura, Snezana era a única que a poderia substituir. Apavorada, ela entrou no palco pela primeira vez na vida. As críticas foram ótimas.

— Assim tornei-me atriz, completamente por acaso — ri. Todos os atores eram da antiga Iugoslávia, e todos tiveram que representar personagem de nacionalidade diferente. O diretor queria mostrar que não havia diferenças significativas de nacionalidade entre as pessoas na Iugoslávia, mas sim uma guerra em que pessoas comuns eram induzidas a odiarem-se umas às outras, numa sucessão de crueldades. — Para mim não há diferença entre sérvios, croatas ou muçulmanos. Os crimes foram cometidos por todos, então só representei uma vítima de estupro, não uma muçulmana estuprada por sérvios — diz Snezana.

Agora Snezana está atuando numa reencenação do musical *Hair*, sempre de casa cheia. O pano político de fundo não é a guerra do Vietnã, mas a do Kosovo, em 1999. As canções são as mesmas, mas a ação é nova. Snezana interpreta uma sérvia que faz as vezes de mestre-de-cerimônias.

Está sempre sozinha no palco e fala com um representante da Otan, Jamie Shea, que é mostrado num monitor de vídeo; ou narra mitos da Sérvia e discorre sobre pontes, anjos e príncipes. No fim, canta "Sunshine" com o resto do elenco. De vez em quando há vaias na sala quando Snezana avança para receber os aplausos.

— Não sei se são sérvios irritados com sua retratação negativa ou alemães chateados com o que consideram uma retratação positiva dos sérvios. É uma peça pacifista — diz ela. — Provavelmente são alemães. Os nacionalistas sérvios não vão ao teatro para ver *Hair* — conclui.

Snezana ficou chocada com o apoio maciço dos alemães ao bombardeio da Otan.

— Pouquíssimos alemães criticaram os bombardeios, quase não houve debates. O escritor Peter Handke quase foi considerado maluco por se opor à guerra.

Ela mesma pensa que os bombardeios não resolveram nada.

— Milosevic continua no poder.

Se Snezana se sente estrangeira em Frankfurt, sente o mesmo em Belgrado.

— Houve um tempo em que eu conhecia todo mundo, estava sempre onde as coisas aconteciam — relembra. Estamos sentadas num café sob o sol quente de abril numa rua de pedestres em Belgrado, onde os habitantes da cidade apreciam o seu café expresso e olham para a vida. Muitos estão elegantemente vestidos, mesmo que as lojas tenham poucos artigos. As prateleiras parecem cheias, e não se nota a falta de mercadorias até se precisar delas e andar de loja em loja sem encontrá-las. Perto do café há um mercado onde se vê uma extensa fila. As pessoas entram em grupos. Provavel-

O *pássaro que voou* 305

mente a loja recebeu óleo de cozinha, uma das mercadorias mais procuradas em Belgrado, além de açúcar, farinha e leite. Do outro lado da rua, uma loja Versace, onde raramente alguém entra. As roupas ali custam vários anos de salário para aqueles na fila do óleo de cozinha a alguns metros.

Snezana vai visitar o irmão, Srdjan. Ele dirige uma produtora de filmes publicitários e vídeos musicais. No caminho, pára de repente em frente a um prédio degradado.

— A Akademia — diz ela. — Já esteve entre os clubes da moda na Europa.

Ela quer entrar para ver se a Akademia ainda existe no porão da academia de arte. Um gerente ríspido nos detém, mas quando Snezana apresenta o seu nostálgico desejo, mostra-nos de boa vontade o clube, dizendo que nos anos 1980 era o quarto clube mais freqüentado da Europa. No porão, o gerente e a antiga freqüentadora perdem-se em reminiscências do passado. Vinham aqui as melhores bandas e as personalidades mais seletas. Conseguir um cartão de membro era o máximo.

— Naquela época éramos um país normal, Belgrado era parada certa nas turnês de grandes estrelas. Agora as bandas conhecidas desapareceram — diz Snezana.

Sasja é um pouco mais novo que a antiga e assídua freqüentadora e ouve com atenção as suas muitas histórias. Com pouco entusiasmo fala sobre a atual situação.

— Algumas bandas ainda passam por aqui, mas é difícil ganhar dinheiro — aponta para um vazamento de água no canto, símbolo da degradação.

De volta à rua, Snezana continua falando sobre os felizes anos 1980. Em 1982, aos 17 anos, começou a trabalhar na revista *Mladost* — Juventude.

— Acho que a revista era publicada pela Juventude Socialista, mas ninguém se preocupava com política naquela época. Era uma revista muito boa, e trabalhei lá durante cinco anos. Em 1988 fui DJ na Rádio Belgrado e mais tarde tive também o meu próprio programa de filmes. Eu tocava o que queria e falava sobre os filmes mais recentes — diz e perde-se em pensamentos. — Foram os meus melhores anos, eu era dona do mundo e estava no centro de todos os acontecimentos.

Na Sérvia, muitos jovens estão marcados pela nostalgia dos anos 1980. Embora a economia já estivesse em crise, para Snezana tudo parecia avançar, tudo parecia possível. Tito tinha morrido, a sociedade estava mais livre, e as pessoas tinham dinheiro para viajar, consumir e desfrutar a vida. A despreocupação terminou bruscamente quando a guerra nos anos 1990 esmagou a liberdade e as finanças dos cidadãos comuns.

— O passado é o meu melhor amigo e o meu pior inimigo — suspira Snezana. — Um refúgio quando tudo está triste, mas um lugar também perigoso, que me impede de viver o aqui e agora. Especialmente quando estou em Belgrado, mergulho muitas vezes em lembranças sentimentais. Nós, sérvios, somos um povo patético. Tentamos esquecer um presente lamentável evocando um passado glorioso.

Chegamos à produtora do irmão de Snezana. Os irmãos não se vêem há um ano, mas temos que esperar, Srdjan está ocupado selecionando modelos nuas e *strippers*. Vai fazer um comercial para a Hotline, uma empresa de sexo via telefone. Estamos sentadas com as moças que esperam sua vez de fazer o teste. Três modelos recém-maquiadas, com pernas compridas e grandes decotes, nos olham com desdém e ar de triunfo enquanto passam e entram para o teste. Devem pensar que estamos ali para a mesma coisa, e parecem, no mínimo, seguras de sua vitória sobre nós.

— Entende por que fui embora? — pergunta Snezana. — Aqui é um triunfo obter um papel num comercial para uma empresa como a Hotline. As pessoas vendem-se por nada — diz. — Não quero fazer trabalhos degradantes. Quero ser livre.

O irmão mais novo optou por ficar. É difícil fazer a firma rentável, e ele aceita os trabalhos que aparecem. Um filme erótico é tão bom como qualquer outro trabalho, e muito mais bem pago.

A maioria dos amigos de Snezana desapareceram. Muitos saíram do país, outros morreram de doenças, *overdose* ou se mataram. Mas restam alguns, e uma noite me encontro com eles num café. Pergunto por que ficaram em Belgrado.

— Eu fiquei porque fiquei — responde Sanja contrariada.

Outro, quando pergunto a mesma coisa, apenas cantarola "Should I Stay or Should I Go", da banda inglesa The Clash.

— Durante um tempo, fui convidado para festas quase todas as noites, e isso seria ótimo se não fossem quase sempre festas de despedida de amigos deixando o país — diz.

Recentemente, foi publicada aqui uma antologia de ensaios: *Por que ainda estou na Sérvia e o que espero*. Pediu-se a artistas jovens, escritores e músicos que escrevessem sobre a razão de terem permanecido. A maioria escreveu sobre as raízes, a família e a esperança de mudança. Uma jornalista ficou chocada com o modo como o problema foi colocado. "Como se fosse anormal viver no seu próprio país", escreveu ela.

308   *De costas para o mundo*

— Por um lado me sinto culpada por não ficar aqui e lutar — diz Snezana a caminho de casa. — Todos nós somos responsáveis por não termos visto o que aconteceu e por não estarmos fazendo nada agora a respeito. Aqui, a maioria está apática e cansada, mas eu não estou nem cansada nem apática, mas não moro mais em Belgrado. Saí. Agora já não há nada para eu fazer aqui, e gosto do meu emprego na Alemanha. E também há coisas positivas na vida de imigrante. É preciso construir uma imagem totalmente nova de si mesmo quando se sai de seu ambiente natural. É como se, ao ficar doente, descobríssemos o bom de ser saudável. Temos que reconstruir a vida novamente. Tive uma infância feliz e uma adolescência ainda mais feliz, e, de repente, nada. Agora não sou nem feliz nem infeliz — diz Snezana com pouco entusiasmo. — Mas não estou procurando a felicidade. Não é a felicidade que faz uma pessoa ir em frente.

Snezana está em Frankfurt quando Milosevic cai e acompanha os acontecimentos pela televisão. Mesmo que se alegre com a reviravolta em seu país, a mudança no poder não faz nenhuma diferença para ela. A vida de Snezana agora está fora da Sérvia. Voltar implica recomeçar. Snezana já se habituou ao apartamento caro, ao emprego desafiador e ao leve enjôo da vida de imigrante.

Três anos depois recebo uma carta.

Amsterdã, 30 de maio de 2004

Querida Åsne,
   É tão bom saber que você está de volta à Sérvia e que não nos esqueceu. Estou contente que o seu livro

esteja evoluindo. Você investiu nele tempo e esforço quando éramos o "inimigo mundial número 1" e poucos se interessavam por nossos problemas. Eu mesma tenho pensado muito no meu país e no que sinto por ele.

Quando estive em Belgrado ano passado, ouvi na rádio que as fronteiras entre a Croácia, a Sérvia e Montenegro foram abertas pela primeira vez desde que as guerras começaram, e que agora já não é preciso visto. O meu primeiro pensamento foi: "Preciso ir lá... Preciso voltar... Preciso voltar a Dubrovnik..."

Ainda não havia transportes organizados, portanto voei de Belgrado para Tivat, em Montenegro, peguei um ônibus para Herceg Novi e depois um táxi até a fronteira com a Croácia. Precisei descer lá, porque os taxistas montenegrinos ainda não tinham permissão para atravessar a fronteira e vice-versa. Saí do táxi do lado de Montenegro, peguei a mala e comecei a caminhar para "o outro lado". Era meio-dia e estava muito quente. O sol queimava meu rosto e o calor espalhava-se pelo corpo todo. Eu andava com o cheiro dos ciprestes no nariz e o canto dos grilos nos ouvidos, cercada por essas maravilhosas, perigosas e belas montanhas. Sentei-me em cima da mala para observar a fantástica paisagem à minha frente. Memórias dos verões da minha infância jorraram, e me lembrei de um poema de Jure Kastelan.

Lijepa si zemljo moja, meni najdraza...

És tão bonito, meu país adorado...

Fiquei sentada nestes 100 metros de terra de ninguém e senti — ou melhor, soube — que este era o meu país! O país onde nasci, o país que sempre tive em meus pensamentos, o país que sempre amarei onde quer que esteja. O país que outrora não tinha fronteiras, mas que agora está dividido em seis pedaços.

Após ter vivido quase 12 anos no exterior, comecei a pensar que a única "pátria" que eu tinha era a minha língua materna. Como em geral falo outras línguas, senti que ia perdendo a "pátria". A língua é algo que também se pode perder. Não completamente, mas... quando você começa a sonhar e a pensar em outra língua — então a pátria está em outro lugar.

De vez em quando eu pensava que a única "pátria" que consegui manter foram os meus amigos, independentemente de onde eu ou eles estivéssemos. Quanto mais velha eu fico, mais claro se torna para mim que, quando penso em "casa", penso na minha mãe, nos meus irmãos, na minha tia, nos meus amigos, nas pessoas que amei, todos que encontrei ao longo da vida e que agora carrego no coração. Pensava que eram a única "pátria" que eu tinha.

Então...

Aquele breve momento na terra de ninguém me fez compreender que eu também venho de algum lugar. De um lugar muito bonito. Eu havia reprimido isto por 12 anos, negando minhas raízes, indo sempre para algum lugar, fugindo, mantendo o movimento. Pensei: Eu também tenho um lugar onde posso sentar e me sentir em casa. Finalmente.

Snezana

O vale dos esfomeados

Se não conseguir fazer mais nada na vida,
tente pelo menos viver honestamente.
PROVÉRBIO SÉRVIO

A FAMÍLIA ZARIC ESTÁ reunida na sala degradada e entulhada, esperando o almoço. Às três da tarde, Branka estará de volta com os restos da cantina dos estudantes. Ainda faltam algumas horas. Mas não há mais nada a fazer senão esperar. Ninguém na família tem emprego, exceto Branka.

O marido dela, Milo, perdeu o emprego depois que a Otan bombardeou, em 9 de abril de 1999, a fábrica de automóveis Zastava. Trabalhou lá há trinta anos.

— A Zastava é uma fábrica estatal, manteve apenas os que apoiavam abertamente o partido. Eu era da oposição e tive que sair — diz Milos.

Ele não foi formalmente despedido, mas, como milhares de outras pessoas na cidade industrial de Kragujevac, está de "férias forçadas". Não há mais mercado, ninguém quer comprar Yugos. Milos não tem nenhuma esperança de recuperar o emprego.

— Com aquele salário miserável, já vou tarde — diz. — Em um mês ganho menos do que custa alimentar um cachorro no Ocidente.

312 *De costas para o mundo*

Como operador telefônico na fábrica, Milo pertencia à classe média iugoslava.

Agora não existe mais nenhuma classe média, há poucos ricos e muitos pobres. "O vale dos esfomeados" é como Kragujevac é agora chamada. Mas nem sempre foi assim. Houve um tempo em que a cidade era uma das mais florescentes na Sérvia. Agora estima-se que 80% dos habitantes não tenham emprego fixo. Pouco resta de uma das pedras fundamentais da cidade, outrora a maior fábrica da Iugoslávia. O bombardeio deu às autoridades uma desculpa para a redução de pessoal e a degradação, e é utilizado maciçamente na propaganda contra o Ocidente. As ruínas dos prédios bombardeados e destruídos são mostradas a quem queira ver.

— Foi como atirar em um homem morto — diz Milos. A produção estava praticamente parada quando as bombas caíram.

Enquanto em 1989 foram produzidos 250 mil carros na Zastava, em 1999 foram apenas 1.800. A sul-coreana Hyundai cogitava investir na Zastava, mas, num relatório escrito após uma visita, disse que a fábrica era um museu, e que não havia como modernizá-la. Tudo tinha que ser reconstruído do zero.

— Milosevic é o culpado desta miséria — diz Milos. — Tudo que ele toca se desfaz. Ele nos envolveu em quatro guerras sem sentido, milhares de pessoas morreram por causa da sua loucura.

Milos acha que o Ocidente deveria ter sido ainda mais duro com Milosevic, e que as sanções têm que continuar até que ele deixe o poder.

— Seria melhor que as pessoas passassem um pouco de frio, assim conseguiriam ver para onde a política de Milosevic está nos levando. Mas enquanto elas tiverem um pouco de comida e um mínimo de aquecimento, o país continuará a andar para trás.

Milos era um dos poucos a apoiar as ações da Otan.

— Só não deviam ter bombardeado a fábrica de automóveis, deviam ter bombardeado a casa de Milosevic, a sua mulher e os seus filhos corruptos. E por que não atingiram Pozarevac, a cidade natal de Milosevic? O filho dele é dono de metade de tudo ali!

Milos fica muito agitado com esse assunto e berra do sofá, cigarro na mão e um cinzeiro à frente. O filho Milan e a nora Biljana estão sentados em silêncio. Como muitos jovens em Kragujevac, nunca tiveram um emprego fixo.

A sala é o testemunho de um passado glorioso. A família não compra nenhuma mobília nova há pelo menos dez anos, quando a economia começou a colapsar seriamente. Agora vivem três gerações em três quartos. O filho e a nora não têm como comprar um apartamento para eles e Milena, a filha de 5 anos.

Milan é mecânico. Há 15 anos está registrado como desempregado.

— Eu aceitaria qualquer emprego, mas neste país é preciso conhecer alguém para se conseguir um trabalho.

Ele gostaria de ter se tornado músico. De vez em quando toca bateria numa banda, mas cada vez mais raramente. As pessoas já não têm praticamente nada para festejar. Houve um tempo em que ganhava bem durante o verão. No verão do ano anterior só teve uma apresentação por semana, e neste inverno ainda menos.

— O pior de se estar desempregado é que se perde a auto-estima, você se sente desnecessário e inútil. Muitos começam a beber ou a tomar comprimidos. Você já não está no comando da sua própria vida. Sem dinheiro não é possível planejar nada — diz e acende mais um cigarro. Toda a família fuma muito.

Podemos ouvir o tiquetaque do relógio. Falta uma hora para Branka chegar com o almoço. Milos interrompe o pesado silêncio.

— O meu filho destruiu Vukovar — diz de repente. — Veja o que este regime obrigou as pessoas a fazer, assassinatos e pilhagens.

Milan estava na artilharia durante a guerra com a Croácia.

— Não matei ninguém. Apenas guardei a nossa posição. Mas foi horrível. Ninguém sabia por que lutávamos, eu estava com medo, medo de não voltar. Estive na Croácia durante quatro meses, voltei para casa e outra vez fui mandado para lá. Sempre que a polícia militar batia à porta, tinha que vestir a farda e me juntar a eles. Quando a guerra no Kosovo começou, me escondi nas montanhas, não queria participar de mais uma guerra sem sentido promovida por um regime que não tem o meu apoio.

A mulher, Biljana, está sentada num banco, ouvindo. É bonita e tem os cabelos pintados de loiro. Embora tenha apenas 28 anos, apresenta sinais de desgaste. Um de seus dentes da frente está com uma coloração cinza-azulada e um pequeno buraco o atravessa. Biljana terminou a escola há dez anos e, como os outros, nunca teve um emprego fixo. De vez em quando vende produtos de beleza por catálogo. As pessoas dizem a ela o que querem e ela encomenda. Ganha uma comissão de 30%, mas há meses que não vende nada, em Kragujevac ninguém tem dinheiro para comprar produtos de beleza.

— Queria ter a minha loja de roupas e produtos de beleza. Sei exatamente como deveria ser. Mas para começar é preciso dinheiro, e nunca trabalhei numa loja — diz ela. Sente que a vida escorre pelos dedos. — Quando acordo de manhã, sei que este dia vai ser como todos os outros — suspira. — Nunca tive muito e nem peço muito. Mas queria ter um trabalho. Levantar cedo, deixar Milena na creche, trabalhar, ter uma conta no banco...

Como muitos sérvios, Biljana sonha em mudar-se para o exterior.

— Poderia varrer as ruas, fazer qualquer coisa, só para sair daqui; gostaria de ir para a Austrália. O mais longe possível.

O monarquista e líder da oposição Vuk Draskovic olha para nós de um quadro na parede.

— Somente ele poderá salvar a Sérvia — diz Milos e pergunta sobre a monarquia norueguesa. Quer saber que papel o rei desempenha e como se dá a sucessão ao trono. Vai buscar uma fotografia do príncipe herdeiro Aleksander, que se tornou cidadão inglês e vive no exílio em Londres. — Ele tem que voltar. Temos que nos livrar do nosso presidente e instituir uma monarquia como a da Noruega. Anda — diz, e leva-me até o quarto. Atrás da porta há um pôster de corpo inteiro de Vuk Draskovic pendurado. "Um por todos e todos por um", lê-se. — É a primeira coisa que vejo todas as manhãs — Milos ri. — A única esperança deste país.

Finalmente Branka chega em casa, ofegante, com os sacos pesados da cantina dos estudantes. A nora se apressa em ajudar com os sacos e o casaco, vai buscar os chinelos e se esforça para antecipar cada necessidade. A provedora da família deixa-se cair no sofá, queixa-se de dores nas costas e do frio de fevereiro e, cansada, acende um cigarro. Ela mantém a família viva, mas de resto não pode ajudar muito. Há quatro meses não recebe o salário.

— Espero receber em breve — diz Branka. — Felizmente tenho direito a trazer comida para casa, sem isto não estaríamos aqui. A comida, é claro, está cada vez pior; tudo está racionado, como depois da Segunda Guerra Mundial. Os estudantes recebem 20 gramas de carne por dia, batatas, couve ou macarrão. Eles vêm a mim entristecidos e queixam-se que a comida não está boa. Na verdade, são uns resmungões. Quando me insultam eu digo: "Vá ao diretor com o seu prato e pergunte a ele se ficaria contente em comer isso que está aí." Ninguém aceitou o desafio ainda — diz, e acrescenta que o corrupto diretor da cantina vende a melhor carne a hotéis e clientes particulares e que todos os dias recebe iguarias no seu escritório.

— Por que não o denuncia?

Branka olha-me desesperada.

— Denunciar? A quem? A Milosevic?

A cantina é dirigida pelo Estado. Ninguém se arrisca a denunciar nem criticar.

— Há cinco anos, ele chegou para trabalhar vestido de trapos — conta Branka. — Hoje em dia veste-se como um príncipe e tem três carros, quatro secretárias e uma casa luxuosa comprada com dinheiro roubado. Como este país afundou — suspira Branka. E começa a chorar. — Quem diria que isto poderia nos acontecer? É horrível, meu marido não tem emprego, meu filho não tem emprego, minha nora não tem emprego. Eu amo o meu país. Era feliz aqui. Agora não compro nada para mim há dez anos. Tiraram-me tudo, mandaram meu filho para uma guerra sem sentido. Felizmente ele voltou, mas pode haver uma nova guerra, podem convocá-lo outra vez.

Branka mudou-se para Kragujevac quando tinha 15 anos e casou-se com Milos alguns anos depois.

— Naquela época existia vida aqui, íamos ao cinema, ao teatro, a restaurantes, podíamos ir a Belgrado e passar férias no litoral. Agora já não há mais festas e as pessoas não têm sobre o que conversar. É triste ver meus filhos vivendo em condições muito piores do que as minhas quando eu era jovem — suspira e fala sobre a sua juventude, quando saía de festas direto para o trabalho. — Eu só precisava de um pouco de água mineral e estava pronta para outra — diz secando as lágrimas.

Biljana aquece a comida que Branka trouxe — chucrute com pedaços de toucinho. Serve também couve fermentada, em geral o único vegetal que os sérvios pobres comem no inverno. Além disso, há uma travessa com croquetes fritos visivelmente dispostos na mesa em honra à visita. Sou convidada a me sentar. A comida tem exatamente o sabor esperado: o de comida requentada de uma cantina estudantil sérvia, um pouco rançosa.

Depois do almoço voltamos à sala para o café. A televisão está ligada. Milos mexe no controle remoto. Em Belgrado os líderes industriais sérvios encontram-se para discutir o futuro da Zastava. O ministro da Indústria fala sobre um novo plano de ação para resolver os problemas:

— Nossa primeira tarefa é a Zastava, a fábrica mais importante da Sérvia — diz.

Mas ninguém na família Zaric acompanha a transmissão. Já ouviram isto antes.

— Nem mesmo uma criança acredita naquilo — diz Milos. — Nem mesmo o próprio ministro da Indústria, que apenas lê o que está escrito no papel que lhe deram.

O telefone toca e Milos é chamado para um pequeno serviço.

— Aprendi alguma coisa em trinta anos como operador de telefones — murmura. Agora ele ajuda as pessoas a manipular a medição do consumo de luz e telefone. — O Estado nos roubou a vida toda, portanto é justo recebermos um pouco de volta — diz, preparando-se para se ir embora. Olha para o retrato do santo na parede desculpando-se: — Há pecadores maiores do que eu neste país.

Mesmo que a família Zaric não tenha confiança no governo de Belgrado, respeita a administração local do município. O dinâmico prefeito de Kragujevak, Miroslav Marinkovic, encontrou maneiras de construir estradas e pontes e estabelecer algumas pequenas empresas. Branka menciona uma ajuda da Noruega para a construção de uma nova ponte ali perto. Mas não há muito que se possa fazer pela economia local; no ano anterior, o orçamento da cidade correspondia a um quinto do que fora dois anos antes.

Passo pelo gabinete de Marinkovic após deixar a família Zaric. Ele tem números tristes para me mostrar.

— A indústria em Kragujevac está funcionando a 2 ou 3% da sua capacidade. Apenas umas poucas empresas, como as que produzem pão e outros artigos de consumo, estão funcionando. Muitos milhares nunca tiveram um emprego porque não há nada para fazer — diz. — A Iugoslávia está doente. Seriamente doente. Mas o governo tenta enganar as pessoas. O vice-primeiro-ministro, Vojislav Seselj, diz que se conseguíssemos vender as pinturas da residência de Tito poderíamos salvar a economia. É como dizer a um doente terminal de câncer que se bebesse um suco de laranja então ficaria curado — suspira Marinkovic. — Vivemos numa mitomania para evitar ver o presente miserável.

Marinkovic, ao contrário do conterrâneo Milos Zaric, é muito crítico em relação às sanções.

— Sem a ajuda do Ocidente não há como fazer as reformas, e sem reformas não recebemos ajuda do Ocidente. Temos vastos complexos industriais e um amplo mercado, mas nos falta dinheiro. O Ocidente não faz nada, apenas fica sentado vendo as sanções ajudarem Milosevic, e ao mesmo tempo se queixa de que não fazemos nada para nos livrarmos dele. Alguém pediu aos alemães para se livrarem de Hitler em 1943?

Miroslav Marinkovic refere-se outra vez ao inimigo número um, Seselj, que acha que o isolamento é bom porque dá às autoridades grandes possibilidades de controle.

— Não precisamos de ajuda, temos cogumelos e framboesas suficientes para todos neste país — enfatizou recentemente. É a economia paralela que mantém os 180 mil habitantes de Kragujevac. A imagem da antiga cidade industrial pode enganar, porque há uma vida intensa nas ruas. Mas são a pobreza e o desemprego que fazem com que as pessoas saiam para a rua. Em todo lado há gente oferecendo mercadorias. Um homem carrega um saco de pregadores de roupa, outro vende mudas de plantas. Mulheres mais velhas vendem chinelos, meias tricotadas em casa, um abajur quase novo, uma tomada elétrica. Mas a grande maioria vende cigarros.

Estamos em junho de 2000 e passaram-se quatro meses desde a minha visita à família Zaric. Estão à minha espera no pátio esburacado em frente ao bloco de apartamentos. Todos, exceto Milan.

— Está dormindo — diz Branka. — Ontem, por acaso, fez uma apresentação — diz orgulhosa.

Milos toma a palavra.

— Tudo piorou, está pior do que da última vez. Este país vai para o inferno.

Mostra o jornal do dia: "Djukanovic para Lisboa, Jovanovic para Hanoi", diz a manchete.

— Isto diz tudo sobre os nossos dois países — resmunga Milos. — O presidente do Montenegro, Milo Djukanovic, reforça os contatos com a Europa, que investe grandes somas em seu país, enquanto o nosso ministro das Relações Exteriores, Zivorad Jovanovic, viaja pelo Vietnã, Coréia do Norte, Serra Leoa e Cuba! Antes de Milosevic chegar ao poder, pensávamos que a Iugoslávia se aproximaria do Ocidente, agora é o contrário que acontece — estamos nos tornando os párias da Europa! Vivemos como numa reserva, não podemos ir a lugar algum, ninguém nos quer.

Branka está de licença médica por causa de um problema nas costas, e já não pode trabalhar nem trazer as sobras da cantina estudantil. Agora são Biljana e Milan que sustentam a família. Finalmente Biljana conseguiu um emprego num quiosque, e ganha quase 75 euros por mês. Está radiante com o novo emprego, mesmo com as dificuldades. Não tem direito nenhum, se ficar doente é despedida.

— Mas é uma sensação fantástica ganhar o seu próprio dinheiro — diz ela.

Nos últimos dois meses, Milan fez algumas apresentações. Ganha aproximadamente 2 euros por noite. A noite vai das oito às quatro ou cinco horas da madrugada.

O vale dos esfomeados 321

— Todos na família fazem o que podem para que sempre haja alguma coisa na geladeira — diz Branka. — É mais barato vivermos todos juntos — diz um tanto resignada, um tanto animada.

— Andamos em caminhões abertos, como animais! — grita Milos animado. — Andamos sempre em frente, ninguém podia nos deter! Quando saímos de Kragujevac, prometemos não voltar até Milosevic ter caído. Helicópteros voaram por cima de nós, mas ninguém teve medo.

Estamos quase no final da primavera de 2001 quando reencontro a família Zaric no aniversário de Milos. Mas o 5 de outubro é que é o grande dia. Milos fala sobre os feitos heróicos, os fazendeiros que chegaram em tratores, os condutores de escavadoras que, fartos de Milosevic, abriram caminho para Belgrado.

Toda a família está reunida para o almoço de aniversário, exceto Biljana, que está trabalhando no quiosque.

— Está de cinco meses — diz Branka orgulhosa. Cozinhou um banquete de bifes, batatas fritas e couve fermentada. Primeiro festejamos com o obrigatório *rakija*. Brindamos a Milos, à revolução, ao novo presidente e ao príncipe Aleksander. Onde antes pendia a imagem de Vuk Draskovic, agora pende uma imagem do príncipe iugoslavo.

A gravidez é a única novidade na família, Milos continua desempregado, Branka permanece de licença e Milan tem trabalhos esporádicos.

— Não podemos esperar melhorias de uma hora para outra — diz Milos, clemente em relação ao novo governo.

Continua com a esperança de que estrangeiros comprem a Zastava e reconstruam a fábrica do zero.

322   *De costas para o mundo*

— O Yugo não pode competir com carros importados — diz ele.

Branka ouve o que Milos diz. Isso se não estiver pondo mais batatas fritas no meu prato.

Durante o café, toca o telefone. É mais uma pessoa querendo contratar os serviços de Milos. Milos vai um pouco contrariado.

— De fato não deixa de ser uma fraude — confessa. — Antes era um prazer enganar o regime corrupto, mas agora o Estado precisa de dinheiro para executar todas as reformas importantes.

Milan vai tocar à noite e decidimos ir todos ao café. Faz um ano desde a última vez que Milos e Branka saíram. Tenho uma conversa com Branka. Ela ainda se preocupa com as condições de vida da família.

— Bem, agora seremos mais — diz ela. — Milena não pode continuar vivendo no quarto dos pais para sempre, e como será quando tiverem mais filhos? — suspira. — Tenho tios idosos que vivem num apartamento de 60 metros quadrados. Quando morrerem, Milan poderá ocupar o apartamento.

— Que idade têm? — pergunto.

— Setenta anos — responde Branka.

— Bem, então podem viver mais 15 anos — digo.

— Sim, podem — suspira Branka olhando para mim. — Podem muito bem.

Quando ligo para o número da família Zaric em Kragujevac três anos depois, ouço bipes curtos do outro lado da linha. Terão se mudado? O número terá sido desligado? Tento o serviço de auxílio à lista. Dizem que há vários Milos Zaric em Kragujevac. Alguns atendem, mas nenhum deles é o meu Milos.

Só me resta ir até lá. Acho que, uma vez em Kragujevac, consigo encontrar o endereço, tal como com Veritsa e Radovan em Adrani. Levo Drago outra vez. Depois de alguma procura, estacionamos, e quando atravesso o pátio uma menina vem correndo e atira-se em meus braços.

Biljana também desce as escadas.

— Milena viu você da janela!

— Nem acredito que me reconheceu, tinha apenas 5 anos da última vez que estive aqui.

— Quando foi a última vez que veio aqui?

— Deve ter sido há uns três ou quatro anos.

— Entra, entra.

Biljana faz café. Milena fica me olhando de lado na porta. Drago e eu nos sentamos nos sofás da sala. Nada mudou aqui; as coisas estão apenas mais desgastadas.

O bebê que Biljana esperava deve ter uns 3 anos agora. Mas não há sinais dele.

Biljana senta-se com a gente.

— Aqui está tudo como antes — diz ela. — Todos contribuem o melhor que podem.

— As coisas estão progredindo?

— Não. Agora estamos pior. Eu trabalho no mesmo quiosque, Milos faz o que pode. Branka voltou à cantina estudantil e Milan toca. Mas os trabalhos são poucos e mal pagos. Muitas vezes ele só pode contar com as gorjetas. Durante duas semanas tocou todas as noites e não ganhou mais que 20 euros, mas, de repente, num outro dia, houve uma grande festa e deram várias centenas de euros para serem divididos entre os músicos.

Pergunto com delicadeza sobre a outra criança.

— Não há outra criança — diz Biljana. — Só temos Milena.

Levanta-se e vai à cozinha, fica lá algum tempo. Quando volta, traz consigo um maço de cigarros e nos oferece. Biljana dá um longo trago, como se sugasse a própria vida.

— Tentamos ligar para vocês, mas não conseguimos — digo para encobrir a dolorosa pergunta.

— Bem, não pagamos a conta de telefone. Tivemos que pagar as despesas do funeral de um parente de Branka, não tínhamos dinheiro.

— Sinto muito.

— Não, não, ele estava velho.

— Mas e a conta do telefone? Milos não conseguiu burlar o sistema de medição dos pulsos?

— Isso era antes... Agora é um sistema novo — diz e levanta-se outra vez. — Branka e Milos devem estar chegando a qualquer momento. Tenho que preparar o almoço.

Milos chega, vestindo uma camisa suja e calças puídas.

— Oh! — grita quando me vê, aperta minha mão e ri.

Branka também está de volta da cantina. Seus olhos vertem algumas lágrimas.

— *Ima nas*. Aqui estamos — diz Milos depois de ter se lavado. — Exatamente como antes.

— Não desistimos — ri Branka.

Enquanto Biljana é da opinião que a vida piorou nos últimos três anos, Branka e Milos acham que "melhorou um pouco".

— As esperanças, as esperanças — explica Branka. — Os jovens estavam com enormes expectativas sobre o futuro. Nós os velhos sabemos que nada muda da noite para o dia.

— O que melhorou?

— Agora recebo meu salário pontualmente. Uma vez por mês é dia de pagamento, não é como antes, quando se recebia com meses de atraso.

— Mas a transição tem o seu preço — diz Milos. — O nosso primeiro-ministro foi morto. E não se encontrará um homem como ele nos próximos cem anos. Ninguém pode substituí-lo. Zivkovic fez um trabalho muito ruim, e o mesmo se pode dizer de Kostunica agora. Mas a culpa é toda nossa. Se o povo não é bom, então o governo tampouco pode ser. Nós, sérvios, não gostamos de ser confrontados com a verdade, culpamos sempre os outros. É um ciclo vicioso. Por exemplo, o novo governo não quer colaborar com o Tribunal de Haia. Deixem que o julguem lá, eu digo, e se não for culpado o mandarão de volta, se isso é tão importante para todo mundo — diz Milo. — O nacionalismo voltou em grande velocidade. Veja os radicais, querem que todas as áreas onde vivem sérvios sejam incluídas numa espécie de Grande Sérvia. Isso significa uma nova guerra. É tudo o que sabemos fazer? Guerras?

Milos está exaltado. Branka tenta acalmá-lo. Milos levanta-se para buscar a garrafa de *rakija* no armário em cima da televisão.

— Esta nós mesmos fizemos, com as ameixas da nossa casa de campo — diz apontando para a aguardente. — Se não tivéssemos a casa de campo nem sei — continua Branka. — Lá cultivamos legumes e frutas. Apenas o suficiente para o ano. Lá é tão bonito, um dia você precisa ir conhecer. É um lugar de paz e sossego, continua belo como sempre.

Depois do jantar de carne, batatas fritas e cogumelos em conserva, e do café com cigarros, deixamos a família Zaric.

Branka me dá um pequeno frasco e uma garrafa. Geléia de cereja e aguardente de ameixas. O arcanjo Mihajlo está pintado à mão na garrafa e olha-me devotamente. O líquido transparente ondula por trás do seu olhar.

— Foi o meu primo que pintou — diz Branka. — É o que ele sabe fazer — suspira. — Volte logo, você sabe que a casa é sua!

— O que você acha? — pergunto a Drago quando estamos de volta ao carro.

— Uma bela garrafa.

Estou sentada com o arcanjo Mihajlo no colo. Uma auréola dourada foi desenhada com pinceladas suaves, enquanto as asas dão a volta na garrafa. Ele olha para mim com doçura.

— Eu estava falando da família — esclareço.

— Milos é um homem sábio — responde Drago.

— E Branka é uma mulher sábia.

— Além disso, têm um ao outro — diz Drago com um olhar distante.

O homem religioso abaixa o olhar e sorri. A rolha não veda completamente a garrafa e um leve aroma de aguardente de ameixa espalha-se no carro.

Raízes

Fechei os olhos e imaginei-a num vestido longo e preto.
Ela se virou e olhou para o céu.
Ergueu os braços para agarrar
o ar, o sol e as nuvens.
Seus braços transformaram-se em asas,
e parecia que ela ia levantar vôo.
Mas quando o vento levantou o seu pesado vestido preto,
vi que ela tinha raízes em vez de pernas.
Raízes fortes encravadas na terra.
Percebi que ela não voaria jamais.
TRECHO DE *RAÍZES*, LIVRO DE ANA RODIC (2000)

"SÓ ESPERO QUE sobreviva, só espero que sobreviva", grita a imperatriz Irina encharcada de suor e com dores de parto. Deu à luz muitas crianças, mas todas morreram logo após o nascimento. "Os ícones estão à minha frente?", pergunta a imperatriz assustada. As mulheres à sua volta respondem que sim. Há velas acesas diante de todos os ícones. A última vela a apagar indicará o santo que vai salvar a vida da criança.

"A criança terá o nome do santo que lhe salvar a vida", diz uma das criadas. A criança sobrevive e a última vela que se apaga é a do apóstolo Simon.

Ana recosta na cadeira para encontrar uma posição melhor.

328   *De costas para o mundo*

— Simonida foi uma genuína princesa sérvia, mas a história do parto, da infância e das aventuras amorosas eu mesma inventei. Ouvi tantas lendas na minha vida que foi fácil inventá-las — diz, rindo.

Quando a encontrei, Ana Rodic tinha acabado de receber ótimas críticas por seu último livro, *Raízes*. É o terceiro livro da jovem de 28 anos, o melhor até agora, segundo ela mesma. Na última semana foi entrevistada várias vezes. Na noite anterior ao nosso encontro, tinha participado de um programa literário na televisão com "uma velha tia que escrevera um livro sobre Ivo Andric". Ana apareceu num minivestido preto e de saltos altíssimos, "para parecer magra". Estava nervosa e respondeu a todas as perguntas com monossílabos. Sua mãe telefonou depois para lhe dizer que ela tinha causado uma péssima impressão:

— A outra convidada fez um livro sério sobre Ivo Andric e se comportou como devia, enquanto você, que escreveu um livro sobre princesas infiéis e fornicação em Belgrado, agiu como uma idiota num minivestido.

Ana ri e fica contente que o episódio do programa da televisão seja passado. Ela fica muito mais confortável recostada na cadeira, com um copo de uísque numa mão e um cigarro na outra. De todas as pessoas que conheci na Sérvia, Ana é quem melhor sabe aproveitar a vida, de preferência com uísque, cigarros, vinho e boa comida. Quando as primeiras bombas caíram sobre Belgrado, Ana foi ao mercado de antiguidades, comprou um belo colar, pôs o seu melhor vestido e organizou um jantar.

— Pensei que ia morrer, então que morresse com um copo de vinho na mão. Passamos toda a guerra comendo — conta Ana, que diz ter herdado este instinto de sobrevivência de sua "mãe louca". Um dia, a mãe foi abordada na rua por uma emissora de televisão estrangeira e pediram a ela para comentar a guerra. "Sejam amáveis e parem o bombardeio", disse. "Já engordei cinco quilos por causa disso, se vocês continuarem vou acabar rolando para o abrigo antibombas!" Ana ri e diz que na Sérvia só é possível sobreviver com o humor negro e a esperança de um futuro melhor.

Mas é o passado da Sérvia que mais fascina Ana.

— Não existe presente. Este momento só existe por causa do passado e do futuro. A Sérvia está em crise, estamos isolados, somos considerados bárbaros, perdemos a autoconfiança. A única coisa que podemos fazer é recuperar o tempo em que éramos fortes e em que o país florescia. Talvez isso nos inspire a reconstruir o nosso país, porque nós, sérvios, temos um passado glorioso. Muito glorioso — enfatiza, no caso de eu não ter entendido bem.

E é sobre coragem heróica que Ana escreve. A história do romance gira em torno das mulheres da única dinastia sérvia — a dinastia Nemanja —, que durou de 1168 até 1371. Sob os Nemanja, o Estado feudal sérvio desenvolveu-se por completo, tanto econômica como militar e culturalmente. Durante um período sob o czar Dusjan, por volta de 1350, era o país mais poderoso do sudeste da Europa. Naquela época, a Sérvia era do tamanho do território que Milosevic teve durante alguns meses no inverno de 1992. O czar Dusjan conseguiu manter o império por mais tempo que Milosevic: vinte anos. As várias pequenas guerras entre os diferentes senhores feudais sérvios facilitaram a vitória dos turcos na última e decisiva batalha na planície do Kosovo, em 1389. Foi quando surgiram as lendas de Tsar Lazar e os mitos do reino divino dos sérvios. Embora a dinastia tenha caído, foram os Nemanja que uniram as várias tribos num único povo, para formar o que hoje é a Sérvia. Foram eles também que lhe deram uma identidade que sobreviveu durante os cinco séculos seguintes sob o Império Otomano.

No livro de Ana, o passado e o presente estão interligados, os pensamentos das personagens do passado alojam-se nas personagens principais do presente, que se inspiram através de sonhos onde se comunicam com os Nemanja e deles recebem sinais. A personagem principal é um historiador envolvido no projeto de um livro sobre mulheres sérvias, e que tem sob sua responsabilidade a Idade Média.

Ana decidiu rapidamente que seu protagonista precisava ser homem, para contrabalançar todas as mulheres da Idade Média.

— Caso contrário, o livro seria considerado literatura feminista — explica. — Além disso, precisava haver uma história de amor; portanto, na biblioteca, ele encontra Masja, por quem se apaixona. Isto cria problemas, porque ele é casado, mas, pelo menos, trabalham juntos. É óbvio que nunca haverá livro algum — ri Ana. — Aqui na Sérvia ninguém consegue fazer nada. As pessoas têm muitas idéias, mas raramente sai qualquer coisa. E o amor à Masja também não dá em nada. Mas pelo menos eles aprendem bastante sobre as mulheres da Idade Média.

A ação se passa na Belgrado de hoje e proporciona uma visão da vida na capital sérvia, com refugiados, tubarões do mercado negro, falta de dinheiro, desilusão, overdose de drogas, suicídios e infidelidade, muita infidelidade.

— Não notou? — espanta-se Ana. — A infidelidade em Belgrado é desenfreada, todo mundo trai todo mundo. Aqui somos muito fogosos. E agora, nesses tempos ruins, a coisa nunca esteve pior, os casamentos se dissolvem, ninguém confia mais em ninguém.

Ana me lança um olhar inquisidor e pergunta se já arrumei um namorado sérvio e o que acho dos homens sérvios, se tive oportunidade de conhecer sua virilidade e sua persistência.

— Ah, é apenas mais um mito — diz ela. — Mas você não irá longe com um livro sobre os sérvios se nos estudar como animais num jardim zoológico. Você tem que viver aqui, apaixonar-se, fazer amigos — diz Ana e me convida generosamente para uma festa no sábado e um jantar no domingo.

Além disso, faz planos para os próximos feriados.

— Talvez eu possa te apresentar a alguns homens interessantes. De que tipo de homem você gosta?

A porta se abre e Marko entra. Marko é namorado de Ana há cinco anos. Ele é designer e o oposto dela, sossegado, correto e organizado. Os desentendimentos maiores são sobre a limpeza da casa. Marko se irrita com a desorganização de Ana, ao passo que Ana detesta quando o apartamento está muito arrumado. Independentemente de estar arrumado ou não, o apartamento de um quarto está cheio demais. Uma quitinete, uma escrivaninha, um sofá e duas cadeiras são tudo o que cabe ali.

Marko está cansado e deita-se na cama a alguns metros de nós. Preparo-me para ir embora, mas Ana está em grande forma.

— Posso ler o meu livro para você?

Ficamos sentadas a noite toda. Ana começa a ler no seu inglês balcânico, misturado de interjeições francesas e provérbios sérvios, entre baforadas de cigarro e goles de uísque. Às cinco da madrugada leu o livro todo.

— Me diga amanhã o que achou — diz e leva-me para fora na madrugada de Belgrado. No táxi a caminho de casa, penso numa frase do livro de Tim Judah, *Os sérvios:* "O país de passado vivo." Muitos sérvios estão obcecados pelo passado e não se esquecem das batalhas ou do império perdidos. Nunca é tarde demais para vingar crueldades cometidas há centenas de anos.

Na noite seguinte, Ana retoma a conversa de onde parou.

— Uma pessoa deve se orgulhar de sua nação, e agora é importante para nós, sérvios, sabermos que temos um grande passado. Durante a dinastia Nemanja, princesas de toda a Europa — França, Hungria, Bizâncio — vieram para a Sérvia, para se casar com os nossos reis. Vinham também pintores e artistas, fazíamos parte do mundo — diz ela descontente com a posição atual do país. — Agora temos que ir até Budapeste para obter um visto para o exterior, e ele quase nunca é concedido, porque o Ocidente teme que não voltemos ao nosso país. Somos considerados uma nação de párias — soluça e conta sobre a viagem que fez a Atenas com uma amiga há dois anos. — Fomos detidas no controle de passaportes, telefonaram a Belgrado para descobrir quem éramos, e, na frente de todos na fila, fomos intimadas a mostrar que tínhamos dinheiro bastante para as duas semanas na Grécia. Foi humilhante e quase me fez perder a vontade de viajar.

Ana nem sempre se interessou por história. Terminou o secundário com notas muito ruins e teve que escolher entre as universidades menos reputadas. No ano de 1990, na Sérvia, isto significava o Kosovo, e somente a universidade em Pristina se dispôs a aceitá-la.

— Eu sabia que queria ser escritora e quis estudar literatura universal, mas em Pristina só ensinavam literatura sérvia e história, portanto foi o que estudei. Mas passei a maior parte do meu tempo lá sentada em cafés e me apaixonando aqui e ali. Fui reprovada duas vezes em literatura medieval. Mas de vez em quando a vida nos leva a lugares que nos modificam pra sempre. Fiz uma visita ao mosteiro Gracanica, no Kosovo. Vi um afresco de Simonida e me lembrei das canções e poemas sobre ela que meu pai lia para mim. Alguma coisa aconteceu comigo, comecei a chorar, olhei para o ícone pendurado na parede e me pareceu que também ele chorava, tudo era tão triste e bonito. Saí e me sentei do lado de fora do mosteiro. Algumas galinhas andavam pra lá e pra cá, era como se estivéssemos na Idade Média, mas de repente apareceu um BMW com música pop barulhenta, as galinhas se dispersaram e, quando a poeira baixou, apareceu um homem com um cavalo e uma carroça. Foi um momento estranho, passado e presente se juntaram. É estranho estar no Kosovo, você sente a todo momento a energia do passado. Foi aqui que teve lugar a maior parte da nossa esplêndida história. Você sente que essa é a sua terra, terra sérvia — diz Ana, que se recusa a falar sobre o fato de o Kosovo estar neste momento perdido e sobre o risco que correm os sérvios ao se atreverem a visitá-lo. — Depois do episódio em Gracanica, comecei a estudar a Idade Média com um interesse totalmente novo, e finalmente passei nas provas. Escrevi alguns contos sobre várias mulheres daquela época e comecei com Jefimia, a primeira escritora sérvia. Estas histórias foram a base de *Raízes*.

Minha primeira primavera em Belgrado inclui muitas visitas aos cafés, saídas aos *shoppings* e festas com Ana. Sempre que a encontro ela tem todo o tempo do mundo. Está radiante com as críticas ao seu trabalho e me convida generosamente a entrar na sua vida. À primeira vista, a vida de Ana é igual à de muitos jovens europeus, mas uma década de guerras e crises marcaram-na.

— Aprendi que tudo pode acontecer. Que nós, na Europa em pleno século XX, podemos olhar para o céu e vê-lo iluminado por bombas. Que podemos nos tornar inimigos do nosso vizinho da noite para o dia, que somos párias. Eu sou como você, mas levo uma vida mais dura.

Ana nunca imaginou que sua vida seria assim:

— Freqüentei uma boa escola, aprendemos francês a partir do primeiro ano, lembro-me de pensar que daríamos uma geração esplêndida. Mas não foi assim, nenhum dos meus colegas de turma está fazendo nada sério. Passam o dia no café, fazem alguns negócios, arranjam bicos, muitos começaram a usar drogas, alguns morreram — diz Ana com tristeza.

— Este é um país onde o anormal se tornou normal. O normal é ser neurótica, melancólica ou apática. Já nos habituamos a não poder ir a lugar nenhum, e se viajamos para o exterior olham-nos de uma maneira esquisita e pensam onde a faca estará escondida. Ou então têm pena de nós e pensam que somos refugiados. Nos acostumamos a viver entre um milhão de refugiados. Ontem mesmo vi uma caixa gritando com um refugiado sérvio da Croácia, xingando-o de tudo que era nome e dizendo a ele para voltar para o lugar de onde veio. Quando saí, percebi que não tinha reagido. Apenas fiquei lá, à espera da minha vez — diz Ana pensativa.

Ela continua:

— Tenho 28 anos e vivo com o meu namorado há dois. Pelos padrões normais, já seria hora de ter um filho, mas então eu penso no preço das fraldas e na falta de leite e decido que é melhor esperar. Nossas opções são cada vez mais limitadas. A única coisa que sei é que tenho que escrever. Tenho tantas histórias, estou escrevendo três romances ao mesmo tempo. Um trata do amor claustrofóbico de um casal que já não se ama mas não se atreve a pôr um fim na relação; o outro é uma história de amor na Idade Média; e o terceiro é uma história mitológica sobre Aleksander Makedonskij, um filho de dragão com uma mulher terrena. Neste exato momento estou descrevendo como a mulher faz amor com o dragão, por acaso é bastante erótico, preciso apenas ter o cuidado para não ficar vulgar — diz Ana e ri, sempre interrompida por amigos que vêm cumprimentá-la.

Não é fácil sobreviver como escritora na Sérvia, e é difícil os livros serem publicados, as editoras pagam pouco. Por isso, Ana tem que complementar a renda com outros trabalhos. Escreve roteiros para séries de televisão, textos publicitários e jingles para a rádio. Ana tem talentos bastante variados.

— Recentemente fiz dois trabalhos ao mesmo tempo, um roteiro de um programa chamado *Erotica* e uma peça de teatro sobre São Sava. A peça deveria ser escrita em linguagem arcaica e propagar a fé da figura mais importante da igreja ortodoxa sérvia. Ao mesmo tempo, eu precisava concluir os textos eróticos, portanto num momento escrevia: "Ó pai, ajuda o nosso povo!", e no momento seguinte: "Cuidado com os chicotes e algemas!" Quando acabei, a minha cabeça estava para explodir. Mas fiquei satisfeita com os dois textos!

Ana diz que não poderia continuar escrevendo se não fosse o apoio do namorado e da família.

— Tenho sorte em receber tanta ajuda. Conheço um escritor casado e com um filho que tem que aceitar todos os trabalhos possíveis para sobreviver e não tem tempo para escrever nada. É triste. Há muitos assim, não se escrevem muitos livros bons na Sérvia. Isto aqui é um hospício, um país selvagem, encontrar inspiração não é nenhum problema.

Ana está decidida a escrever para o resto da vida, mas inicialmente queria ser atriz.

— Na escola cheguei a fazer um teste para um papel. Mas quem levou foi a menina mais bonita da turma. E o menino por quem eu tinha uma quedinha tinha uma queda por ela, então decidi nunca mais fazer um teste. Fui para casa e me estudei em frente ao espelho. Então pensei em tudo que eu queria dizer ao menino por quem estava apaixonada. Pus tudo no papel e mostrei a uma amiga. Ela gostou e me pediu para escrever uma carta de amor para mandar ao namorado dela. Rapidamente eu estava escrevendo cartas de amor para todas as minhas amigas, como um Cyrano de Bergerac. Mais tarde comecei a escrever pequenas histórias. Consegui um emprego numa revista feminina como tradutora e traduzi artigos de revistas como a *Cosmopolitan* e a *Elle*. Um dia procurei a editora e perguntei se podia lhe mostrar algumas coisas que eu mesma tinha escrito. Ela gostou e publicou. Era um artigo idiota sobre os diferentes estágios emocionais pelos quais uma mulher passa quando é abandonada pelo namorado, sabe, uma matéria típica da *Cosmopolitan* — Ana ri antes de ver um conhecido e mais uma vez tentar me arranjar com um de seus amigos.

Algumas semanas depois encontro Ana novamente no Gaudi. Ela parece deprimida e cansada. O triste presente a tem deixado abatida, ela não tem forças para se refugiar no glorioso passado sérvio.

— Não consigo terminar nada, fico andando em círculos, não faço nada, sou um desastre completo. Nunca terminei meus estudos, não consigo escrever e não tenho dinheiro.

— E os três romances que você está escrevendo?

— Estou com um bloqueio, de manhã ligo o computador e fico sentada olhando para aquelas letras horrorosas. Depois fumo dez cigarros e acabo desligando a máquina e saindo. Vou a algum café esperando encontrar alguém. Mas não tenho dinheiro para mais de um café — suspira. — Me queixei disso a um outro escritor e ele me disse que é sempre assim depois que se publica um livro. Você fica esgotado e letárgico, é normal, segundo ele. Então o que tenho de fazer é esperar que a depressão passe — diz Ana abatida. — A propósito, Åsne, como vai o seu livro? Você acha que vai chegar a algum lugar com essa idéia de sérvios-no-zoológico? Bem, talvez seja hora de começar a se preocupar com o período pós-publicação. É quando a depressão chega. Você deve ter medo!

Durante os dramáticos dias de outubro de 2000, Ana está sentada em frente à televisão bebendo uísque. Ela vê o parlamento sendo tomado e a polícia lançando gás lacrimogêneo na multidão a alguns quarteirões de seu apartamento. Nem lhe ocorre participar.

— Não consigo me preocupar muito com política — diz ela. — Mas fiquei feliz com a queda de Milosevic, claro.

Estamos passeando em Kalemegdan, a fortaleza em Belgrado que os romanos começaram a construir e que outros soberanos mais tarde ampliaram. Ana quer me mostrar sua igreja favorita, Sveta Petka.

— Siga até o final, pare diante da Virgem, faça o sinal-dacruz três vezes, ajoelhe e faça um pedido. Se ela sorrir para você, então o desejo será realizado. Ao final de tudo, beba da água benta na fonte; irá protegê-la.

É como se fosse uma diretora dando instruções a um ator. Ela me espera do lado de fora da igreja porque tem que tomar conta do cachorrinho que reclama todas as vezes que ela se afasta alguns passos dele.

— Estou me preparando para o papel de mãe — ri.

Entro e fico diante da Virgem, que forma nos lábios um sorriso muito pequeno. Pelo menos é o que eu acho. Mas me esqueci de fazer o pedido.

Depois da visita à igreja, nos sentamos num banco no parque com as pernas em cima da grade voltada para o Danúbio, desfrutamos a vista e trocamos novidades. Ana tem tido muito trabalho, portanto a constante falta de dinheiro diminuiu um pouco.

— Escrevo texto para comerciais, roteiros para séries e espetáculos na televisão — diz ela. — Um monte de porcarias, na verdade.

Por ora os três romances foram deixados de lado.

— Estou à espera de inspiração — diz Ana. — Pelo menos as coisas estão melhores, as pessoas estão mais animadas, a vida é mais fácil. Mas talvez eu só consiga escrever quando está um caos — surpreende-se. — Tenho escrito apenas bobagens.

De qualquer maneira, o bloqueio criativo de Ana passa, e quando a primavera se torna verão ela volta a trabalhar nos três romances. Além disso, vai se casar com Marko em maio e está bastante ocupada com os preparativos do casamento. Embora esteja pessoalmente feliz, Ana vê o futuro da Sérvia com ceticismo, apesar de Milosevic finalmente ter sido preso.

— A terra sérvia está cheia de sangue — diz, balançando a xícara de chá enquanto olha para mim. — Com todo este sangue sob nossos pés, nunca haverá paz.

Três anos depois nos encontramos, entre todos os lugares possíveis, na rua Tsar Lazar. Um nome de rua não pode ser mais simbolicamente sangrento, nem mesmo na capital da Sérvia. Ana me espera num café no andar de cima de uma livraria especializada em livros espíritas.

Ela está lendo quando entro. Parece cansada e exaurida.

— Sim, estou cansada — diz, como se conseguisse ler os meus pensamentos. — Não estou indo a lugar nenhum. Sinto-me presa aqui.

Somos as únicas pessoas no café, na verdade as únicas na loja, à exceção do livreiro, que também faz as vezes de garçom. Serve chá com leite e bolo de canela.

Por ora, Ana pôs os mitos de lado e se concentra no presente. Escreveu uma série de televisão ambiciosa baseada na vida de quatro jovens mulheres, o que a tornou tanto popular como polêmica. Os 18 episódios da série viraram um fenômeno, mas o sucesso teve seu preço. Ana recebeu críticas maciças nos jornais. "Copiou *Sex and the City*", dizia uma crítica. "Ninguém em Belgrado é assim, não existem esses cafés, essas conversas, essas roupas ou esses problemas", escreveram. Outros louvaram-na, dizendo que era a primeira série de televisão moderna na Sérvia. Finalmente, disseram, alguém leva a sério os pensamentos das mulheres.

— No dia em que começou a guerra no Iraque, fui arrasada em quatro páginas numa das grandes revistas de atualidades. Isso faz pensar em quem realmente perdeu a noção da realidade — diz Ana.

Quando vamos à casa dela, ela me mostra outros recortes de jornais. Tem uma pasta cheia de entrevistas com ela e as atrizes. Da noite para o dia, Ana virou uma espécie de celebridade e ganhou espaço nas revistas de fofocas.

— Foi uma provação — diz. — Fiz uma coisa sobre a qual todos quiseram dar opinião. No final apenas me tranquei no meu apartamento e meditei.

Ela mesma está contente com a experiência da televisão.

— As quatro personagens principais estão todas à procura do amor, mas sempre nos lugares errados. Acabam andando em círculos. A série diz alguma coisa sobre a dificuldade de viver aqui. No fundo trata da solidão. Eu queria fazer uma ode à solidão. E queria descrever pessoas comuns. As personagens principais não são dinâmicas e ambiciosas, mas preguiçosas e medrosas. É algo que todos reconhecemos em nós mesmos, ou não?

A série se chama *Lisice*, que significa "raposas", mas também "algemas".

— É assim que é em Belgrado?

— A cada dia sinto isto mais intensamente, que preciso sair para respirar, respirar ar puro, cheirar o mundo. Belgrado é como uma grande aldeia. Tenho que sair... antes que enlouqueça! É duro ser jovem. Mas talvez seja ainda pior envelhecer. Temos que nos comportar como raposas para sobreviver, mas mesmo assim vivemos algemados.

"Don't Happy, be Worry"

*Músico, poeta, filósofo, marinheiro, pai, marido —
procurando um emprego.*
RAMBADEUS@YAHOO.COM

RAMBO ESTÁ NA popa do barco e rema com uma tábua de madeira.

— *Give me the row* — diz no seu Rambo-inglês, me pedindo para lhe passar o remo.

Estamos numa baía perto de um dos maiores trevos rodoviários de Belgrado, enquanto seguimos lentamente para o rio Sava. O nosso pequeno barco flutua para as correntes fortes, e, mesmo ouvindo o barulho dos carros na estrada, nos sentimos perdidos, porque uma pá da hélice se partiu e só temos um remo e uma tábua de madeira. A neve cai com força e derrete-se no teto de bambu que cobre metade do barco. O roqueiro Rambo e o filósofo Nebojsa remam furiosamente contra a corrente. De repente vislumbramos a salvação: um homem que está construindo um terraço em sua casa flutuante na margem do rio.

— Belo terraço! — grita Rambo.

— Vou abrir um café ao ar livre — responde o homem lançando-nos uma corda.

342   *De costas para o mundo*

Encontra rapidamente um arame e conserta nosso motor. De repente, está funcionando outra vez.

— Aqui, neste país, nada é feito como deveria, portanto as pessoas são boas em fazer consertos — ri o filósofo Nebojsa. Seu nome significa "que não tem medo", e o nosso barco, feito de placas metálicas soldadas, funciona novamente e segue destemido para o Sava.

Acabei de conhecer Antonio Pusic, mais conhecido como Rambo Amadeus, uma estrela do rock e um dos músicos mais criativos da Sérvia. Quando lhe pedi uma entrevista, respondeu com um e-mail listando as quatro razões por que não gostava de ser entrevistado:

1. Quando sou entrevistado por jornalistas estrangeiros sinto-me sempre como um inseto estranho com uma doença estranha, posto em cima de um vidro frio e observado através de um microscópio enquanto aguarda a dissecção.

2. Por que gostaria de me incluir num livro sobre os sérvios? Não sou sérvio, mas um mutante multiétnico — montenegrino-croata-sérvio. E para você ter uma chance mínima de que eu concorde em dar a entrevista, você primeiro teria que se familiarizar com a história milenar da minha cidade natal no Montenegro, Boka Kottorska, e as suas tradições no ramo da navegação marítima, do comércio, das guerras, conquistas e da arte.

3. E sobre a situação aqui? Acho que tivemos exatamente aquilo que procurávamos. Você devia ter vindo aqui em 1989, quando todos glorificavam o nosso amado ditador.

4. Se quer se encontrar comigo e tomar um drinque, então ligue para o meu celular. Com toda a consideração por você e seu país,

Rambo Amadeus.

— Acho que antes precisamos nos conhecer — Rambo disse quando telefonei. — Depois pensarei se quero ou não conceder uma entrevista. E para você me conhecer precisa vir de barco comigo. Ganhei cinqüenta campeonatos de vela na antiga Iugoslávia e estou entre os melhores velejadores de Boka Kottorska.

Quando estamos bem no meio do rio e o motor já inspira confiança, Rambo diz que queria desistir da carreira de músico para se tornar pescador em tempo integral.

— Mas não se pode esquecer o mundo quando se vive num caos. Não se pode fechar os olhos às injustiças que são cometidas neste país. Eu não consigo. Mas se eu pudesse fazer um acordo com Deus ou o diabo para ter paz de espírito, mesmo que isso significasse nunca mais cantar ou tocar, eu faria.

Rambo Amadeus surgiu no fim dos anos 1980 com um estilo de música novo e letras satíricas sobre a sociedade iugoslava. O seu primeiro CD se tornou popular como um antídoto ao techno-folk de letras nacionalistas, belicosas e sentimentais que à época assolava a Iugoslávia, impregnando todos os lugares: bares, churrascarias, táxis, rua, televisão. Rambo ridicularizava esse fenômeno, chamando-o de "turbo-folk" — porque uma turbina nunca pára —, e seu desprezo acabou por levá-lo ao topo das paradas.

— Meus dois primeiros CDs foram mais uma piada, mas a intenção era atacar a estupidez que grassava na sociedade — diz. Para fazer jus ao conceito, quis adotar o nome artístico mais estúpido possível. Hesitou entre Rambo Amadeus e Rocky Chopin. — O nome sequer é patético, é uma explosão de patetice. É como ter duas televisões na sala sintonizadas no mesmo canal — explica. Rambo Amadeus se tornou um

344   *De costas para o mundo*

sucesso instantâneo. Isto foi antes de a guerra começar e de a Iugoslávia ser dissolvida, quando fazia shows sempre lotados por lugares como Croácia, Eslovênia, Bósnia, Sérvia, Macedônia e Montenegro.

— Excursionei bastante pela Iugoslávia e tive contato com muitas pessoas diferentes. Quando o meu terceiro CD saiu, em 1990, percebi que ia haver guerra. "Não podemos deixar os outros nos pegarem", eu ouvia onde quer que fosse. Todos começaram a analisar seu sangue para saber de que nacionalidade eram. Se alguém tivesse me perguntado de que nacionalidade era, eu não saberia o que responder. Minha mãe e meu pai nunca falaram sobre isto. Fui batizado na Igreja Católica, o meu irmão na Igreja Ortodoxa. Hoje eu sei que minha mãe é sérvia e meu pai metade croata, metade montenegrino.

Trouxe comigo uma garrafa da aguardente norueguesa Linie para nos aquecer do frio da neve. Estamos a caminho de Bole Kornjusja — Tartaruga Bole. Ancoramos num cais caindo aos pedaços e procuramos abrigo no galpão de Bole. Lá dentro o forno arde lentamente. Segundo Rambo, Bole tem a melhor sopa de peixe fresco do Sava. Sua casa flutuante tem três mesas. Um grupo de homens está sentado numa delas jogando cartas. Esporadicamente, ouvem-se gritos baixinhos e o vencedor bate as cartas na mesa. Bole acompanha os acontecimentos, serve cerveja e sopa e mantém o forno aceso. Pedimos sopa de peixe, pão e cerveja e nos aquecemos no forno.

Um homem vem da mesa vizinha. O estranho e o filósofo Nebojsa começam a discutir o futuro do Kosovo. Ambos acham que o Kosovo é uma parte da Sérvia e deve ser incorporado, que é o coração e a alma do país.

"Don't Happy, be Worry"

— Os sérvios têm que recuperar suas perdas — diz o estranho. — O Kosovo é nosso.

Rambo está sentado em silêncio. Quando pergunto o que ele acha, responde apenas:

— Não me interessa sobre o que eles estão falando, não consigo tomar uma posição. Estou farto de ouvir falar sobre nações e territórios e quem tem direito a que área. A minha pátria é onde me sinto bem — diz. — Neste país só se ouve dizer que somos os mais fortes e os melhores em tudo. Mas então por que está tudo dando errado? Vou dizer a você, são os quinhentos anos de "seleção negativa". Quando os turcos tomaram o poder aqui, os mais medrosos logo mudaram de fé, enquanto os que protestaram ou lutaram foram mortos, e assim continua. Aqueles com mentalidade de maria-vai-com-as-outras sobreviveram, enquanto os que tinham idéias próprias e originais foram eliminados. Assim foi na época de Tito e assim é agora. Para se estar bem, é preciso pensar como os poderosos. E veja só os mitos nacionais e as canções heróicas: apenas escondem que este é um país de covardes. Perdemos todas as batalhas, mas nos recusamos a admitir isso — afirma o antinacionalista. — Estou muito decepcionado com o meu povo. Eu só queria ir embora, esquecer de tudo. Mas tenho a minha família aqui, os meus filhos. Não sei se poderia lhes proporcionar um futuro melhor em outro lugar — suspira.

Rambo é casado e tem dois filhos, um de 1 ano e outro de 3.

— Deus criou um mundo perfeito; tudo é perfeito, exceto os homens. Nós estragamos tudo.

Começa a ficar tarde e é hora de vermos se o nosso barco pode nos levar de volta a Belgrado. Bole recebe uma dose de aguardente à guisa de despedida antes de botarmos o motor para trabalhar e irmos embora. Rambo e Nebojsa começam a cantar.

— Se sei algumas cantigas norueguesas?

"Eg rodde meg ut på seiegrunnen" — "Remei até os baixios de pesca" — parece perfeita para a fria ocasião. Está escuro quando finalmente ancoramos o barco num frágil cais em Belgrado.

Rambo me passa um dever de casa antes de nos separarmos.

— Descubra quantos meninos receberam o nome de Slobodan nos últimos dois anos. Se houver algum, então encontre-os para mim — pede ele.

Procuro amigos que possam ter contatos no Centro Nacional de Estatística da Sérvia. Mas sem grande êxito. Não fornecem dados relativos a nomes. A única resposta vem da cidade de Nis, a segunda maior da Sérvia: ninguém registrou o nome Slobodan nos últimos dois anos.

— Bom trabalho — diz Rambo quando apresento o resultado da minha pesquisa. — Vou pensar na entrevista.

Enquanto espero, vou a um show de Rambo Amadeus em Belgrado. O porão do instituto de tecnologia está completamente cheio. Rambo canta, toca guitarra e conta piadas. O público canta com ele quando conhece as letras, mas algumas músicas são novas. Rambo gosta de mostrá-las ao público antes de gravar. Tem um público fiel que acompanha seu trabalho pela internet: Rambo se recusa a fazer propaganda de seus CDs de outra maneira.

— Se as pessoas gostam, elas compram. Mas se não gostam, não quero usar de artifícios para que comprem — diz ele.

Os estudantes riem de suas piadas, que atacam Milosevic, as autoridades, o nacionalismo, os intelectuais, a mentalidade maria-vai-com-as-outras e a vida melancólica na Sérvia.

— Imaginem se eu tivesse nascido na Escandinávia — grita Rambo, e todos riem, como se fosse uma idéia absurda. O músico ridiculariza o regime de todas as formas, no palco, nas entrevistas e nas letras. Também está envolvido na G17+, uma rede de oposição que inclui vários setores da sociedade: economistas, políticos e artistas. — Eles me pedem idéias, mas nem sempre ouvem os meus conselhos. Mladjan Dinkic, que é o líder da rede, me telefonou ontem perguntando o que deveriam fazer agora. Propus que contratassem as 17 melhores adivinhas ciganas do país, que as reunissem na Praça da República e lhes pedissem para rogar pragas a Milosevic, todas as doenças e desastres possíveis. Se todas elas utilizassem suas nefastas habilidades ao mesmo tempo, talvez funcionasse.

Mas Rambo quer, acima de tudo, concentrar-se na música. Chama seu estilo de *acid-horror-funk*. No momento ele está em estúdio com a banda. Muitas vezes passo por lá para saber como vão as coisas. De vez em quando ele surge com uma confusão de sons e batidas em *loop*. O estúdio está repleto de instrumentos de todos os tipos, além dos músicos e de um cão que late ao ritmo da música.

— Este vai ser o *hit* — diz Rambo e toca o que será a primeira faixa do disco, "Shepherd, Come Back" ["Volte, pastor]". — Trata da mentalidade desse povo, de um povo que não consegue fazer nada se não tiver um líder a quem seguir. Primeiro foi Tito, depois Milosevic, e agora o povo está à espera de um outro. Já que a oposição falha sucessivamente em apresentar uma alternativa a Milosevic, as pessoas esperam cada vez mais desesperadas por um líder que as possa salvar.

A canção tem poucas linhas, que são repetidas: "Shepherd, come back / your sheep can't live without you / we thought the grass was greener elsewhere / we thought you wanted the grass for yourself / Shepherd, come back / your sheep can't live without you."* Uma outra faixa do CD é "Don't Happy, be Worry" ["Não fique feliz, preocupe-se"]. Segundo Rambo, a música resume o humor da sociedade nos Bálcãs nos dias correntes: a alegria desapareceu, só restaram as preocupações. Rambo também mostra ironia em relação aos homens dos Bálcãs na canção "Balkan Boy" ["Garoto dos Bálcãs"].

I'm clever, I'm not a fool
I learned English in elementary school
My grandfather was a Partisan
He died in a car-accident like a hero man
In my country was an ethnic war
I don't want to shoot
I want to play electric guitar
I am Balkan Boy
And I search for employ
I can wash the dishes faster than a machine
I can babysit your baby older than sixteen
I have no money I have no friends
But God gave me intelligence
Big dick and a couple of eggs
To put some happiness between your legs
People, people vote for me

---

* "Volte, pastor / suas ovelhas não podem viver sem você / pensávamos que o pasto era mais verde em outras partes / pensávamos que você queria o pasto só para você / Volte, pastor / suas ovelhas não podem viver sem você." (*N. da E.*)

"Don't Happy, be Worry"   349

To present always on TV
To earn lots of dollars and marks
To sleep in hotels, not in parks
I am Balkan Boy*

Numa noite, já tarde, o telefone toca.

— *Rambo here. Let's make a deal* — diz. — *I will be in your book, if you will be on my CD.*

O acordo é que ele me dará a entrevista se eu aceitar cantar uma música no seu CD.

— Pode vir ao estúdio daqui a uma hora? — pergunta.

É quase meia-noite, mas o estúdio fica perto, então a perspectiva de uma carreira como cantora na Sérvia me faz correr pelas ruas.

— Cante aquela sua canção de pesca — pede Rambo e começo a gravar imediatamente. Canto "Eg rodde meg ut på seiegrunnen" em diferentes versões. Alto, baixo, alegre, sombrio, devagar, rápido.

— Me conte uma história sobre um farol que se apaixona por uma plataforma de petróleo — pede Rambo. E engreno numa história bem incoerente em norueguês. Depois me pedem para interpretar os dois pescadores da música. Primeiro

---

* "Sou esperto, não sou bobo / Aprendi Inglês no primário / Meu pai era guerrilheiro / Morreu como um herói num acidente de carro / Em meu país havia uma guerra étnica / Não quero atirar / Quero tocar guitarra / Eu sou o Garoto dos Bálcãs / E estou procurando emprego / Posso lavar pratos mais rápido que uma máquina / Posso ser babá do seu bebê de mais de 16 / Não tenho dinheiro, não tenho amigos / Mas Deus me deu inteligência, um pau grande e duas bolas / para levar um pouco de felicidade ao meio das suas pernas / Gente, gente, vote em mim / Para eu me apresentar sempre na TV / para ganhar muitos dólares e marcos / dormir em hotéis, não em estacionamentos / Eu sou o Garoto dos Bálcãs." (*N. da E.*)

350   *De costas para o mundo*

o irritado, o que bate, e depois a vítima, o que apanha. Tudo leva mais ou menos meia hora.

No dia seguinte, Rambo vai à Eslovênia para mixar o disco. Mantém-me informada sobre a "nossa" música e me mostra trechos dela pelo celular. Dois meses depois me telefona.

— *Our song is finished. Come and listen!* [Finalizamos a música. Venha ouvir!]

Pego o trem noturno de Belgrado para Ljubljana. Sou acordada pelo menos sete vezes pelo controle de passaportes, pela polícia de fronteira e para a revista de bagagem. O trem parte de Belgrado, passa em Zagreb, na Croácia, até Ljubljana, na Eslovênia, e todos os países se vigiam mutuamente. Estou cansada quando chego a Ljubljana no dia seguinte às sete da manhã. Rambo me espera na estação de trem. A minha faixa é a número dois. Ele a intitulou "Laganese".

— *Lagano* significa "calmo" em italiano — explica Rambo. — Uma *laganese* é uma canção romântica e calma. Mas esta trata da falta de comunicação entre as pessoas, e entre o Oriente e o Ocidente.

Para os meus ouvidos a canção soa como a coisa mais *kitsch* que já ouvi. Minha canção de pesca é acompanhada por gritos de gaivotas e barulho de ondas, e acrescentaram a história da plataforma e do farol e a luta entre os pescadores. A minha voz está misturada à de Rambo, que tenta estabelecer contato. "Você é estrangeira? Da Hungria? Inglaterra? Não quer falar comigo?" Eu apenas continuo cantando e contando histórias. Rambo está visivelmente contente com a mistura e fica ainda mais contente quando digo que a música é totalmente patética para os padrões noruegueses.

"*Don't Happy, be Worry*" 351

— Ótimo! — diz ele. — Patético é bom. — O CD vai ser lançado em setembro, mas ele me entrega uma cópia. — Você pode tocá-lo nas rádios da Noruega — diz ele. — Aqui vai ser um enorme sucesso! Talvez fiquemos famosos na Noruega também!

Caminhamos por Ljubljana. Depois de seis meses em Belgrado, o contraste é visível. O ambiente é mais leve, as pessoas parecem mais animadas e a cidade é mais moderna.

— Claro — diz Rambo. — Por quinhentos anos fizemos parte do Império Otomano, enquanto os eslovenos faziam parte do Império Austro-húngaro — diz ele, como se isto explicasse tudo. — Está vendo que há carros comuns? Em Belgrado, ou são Mercedes da máfia ou Yugos caindo aos pedaços. A mentalidade aqui também é diferente, não estamos nos Bálcãs. Talvez um dia eu me mude para cá — diz Rambo.

Saímos para festejar a finalização do novo CD. No dia seguinte, Rambo vai até Montenegro.

— Estou ansioso para voltar pra casa. Em Montenegro, todos falam sobre política, e em Belgrado ninguém quer saber disso. Pedi aos meus pais para não me falarem nada sobre política, estou muito cansado de ouvir reclamações e nada acontecer — diz. — Os Bálcãs viraram uma prisão para mim, uma prisão de onde não posso fugir. As pessoas já não têm dignidade. Se vêem uma possibilidade de ganhar dinheiro, aproveitam. Se isto significa pisar nos outros, não se importam. As pessoas só se preocupam consigo mesmas e nada mais, como ovelhas, as ovelhas também não se preocupam com outras ovelhas — suspira. — Durante estes meses na Eslovênia tive tempo para pensar e cheguei à conclusão de que tenho que ir embora. Só quero fugir daqui.

352   *De costas para o mundo*

Rambo fugiu uma vez. Alguns anos antes, trabalhou com construção civil em Amsterdã.

— Eu era apenas um cara normal, fiz amigos e me diverti bastante. Ninguém sabia quem eu era. Era como se durante trinta anos tivesse vivido num buraco escuro e depois voltasse para casa. Ninguém me interpretava mal como aqui, ninguém me incomodava. Mas depois de seis meses fui expulso, não consegui visto de permanência para a minha família, que viria depois — diz, e conta que nenhum dos companheiros de trabalho acreditava que ele fosse uma estrela de rock na Iugoslávia. — Antes de viajar telefonei ao meu agente e disse a ele que queria fazer um show. Ele arranjou em pouco tempo um show na Eslovênia. Um amigo holandês tinha me prometido tocar saxofone no palco. Não acreditava que eu fosse uma estrela do rock até descermos do avião e encontrarmos meu agente e um grupo de jornalistas — diverte-se Rambo. — Eu ter me tornado trabalhador assalariado na Holanda era uma boa história para a imprensa iugoslava — ri. Mas Rambo fica sério outra vez e diz firme e decididamente que não quer que seus filhos cresçam nos Bálcãs. — Não quero que comecem a escola na Sérvia e conheçam crianças que sejam a própria imagem de seus pais — diz ele. — Meus filhos são muito espertos, não vai demorar para perceberem que o dinheiro fácil está no crime. Os criminosos são os únicos que têm dinheiro, status e diversão nos Bálcãs. É demais para mim — completa. Rambo quer encontrar um trabalho na Holanda ou na Dinamarca ou na Noruega. — Sou especialista em barcos a vela, posso restaurar, pintar, guarnecer, trabalhar numa plataforma de petróleo, qualquer coisa — conclui.

— Mas você é um cantor — replico.

"Don't Happy, be Worry" 353

— Sim, um cantor que canta em sérvio — responde.

Depois da queda de Milosevic, Rambo decide ficar. O novo CD sai em outubro e Rambo planeja shows em toda a antiga Iugoslávia. Alguns dias depois da revolução me encontro com ele. Está em excelente forma, editando seu último videoclipe. Mostra-me orgulhosamente o clipe da música do pastor — imagens de um rebanho de ovelhas alternadas com a de uma multidão saudando Tito, que, mancando, cumprimenta a aglomeração de pessoas. Depois aparecem outra vez as ovelhas, e Tito novamente, em seguida manifestantes apanhando da polícia, e mais uma vez as ovelhas. No final, Rambo bate palmas e canta "Volte, pastor, não podemos viver sem você", com fãs gritando ao fundo.

E, como Rambo previu, a música é um sucesso no outono de 2000. O videoclipe passa direto na televisão e todos pedem pela música nos shows. Ela é cantada nos estádios durante os jogos de futebol. Mas, na Croácia, a tevê recusa-se a mostrá-la. Quando pergunto a Rambo o porquê, diz somente que devem se reconhecer no papel de ovelhas.

Também a "nossa" música entra nas paradas. Vai no embalo da música do pastor. Em maio, durante uma semana, é a mais executada na rádio mais popular de Belgrado! "Eg rodde meg inn på seiegrunnen" tornou-se *cult* em Belgrado na primavera de 2001.

Depois dos inebriantes primeiros dias após a revolução, Rambo entra numa depressão que dura três semanas.

— Antes eu usava 90% da minha energia tentando encontrar uma solução para nos livrarmos de Milosevic, excluí-lo da nossa vida. Após sua queda, minha raiva já não tinha

354   *De costas para o mundo*

para onde se dirigir, e eu não sabia o que sentir. Mas agora recuperei as energias, tenho idéias para novas canções e meus objetivos não são mais globais, e sim pessoais. Isto é ótimo, porque eu estava com medo de a minha vida nunca ser pessoal, minha família, meus filhos, mas sempre uma luta contra Milosevic — diz Rambo. — Você sabia que há muitos suicídios agora? As pessoas vêem que Milosevic desapareceu, mas que suas vidas continuam igualmente miseráveis.

"Quero contribuir para um mundo mais inteligente. Tento encontrar pontos fracos na nossa mentalidade e escrevo músicas que atuam nesses pontos. Nossos pontos fracos são a demagogia, o masoquismo e a teimosia. Este povo foi sempre enganado pela demagogia, demagogos que repetiram coisas estúpidas tantas vezes que as pessoas acabaram acreditando nelas. Fiz uma canção sobre demagogos e o refrão é assim: 'É melhor uma cerveja quente do que quatro geladas, é melhor uma velha avó do que uma mocinha' — Rambo ri contente.

— Somos masoquistas. As pessoas aqui trabalham por uma miséria em vez de procurar algo melhor, como se tivessem o sentimento de estarem condenadas a sofrer. Um sérvio típico diria: 'Talvez eu não ganhe tanto dinheiro, mas durmo bem à noite.' Quando se trata de teimosia, nós sérvios preferimos fazer o oposto dos outros, apenas para sermos do contra. Por exemplo, não consigo entender o problema com o Kosovo. Deixe-os ir, eu digo. O sul subdesenvolvido quer se separar do norte desenvolvido. Deveríamos estar contentes."

Rambo está preocupado porque acha que o nacionalismo ainda é um fator importante na política da Sérvia, principalmente para o presidente da Iugoslávia, Vojislav Kostunica.

— Imagino que Kostunica, quando se levanta de manhã, vai até o espelho e diz: Sérvios! Então vai até o banheiro e

"Don't Happy, be Worry"

355

pensa: Sérvios indo ao banheiro — imita-o Rambo. — Está
além da minha compreensão, talvez porque eu tenha sorte o
bastante de viver num corpo multiétnico. Para mim, Kostunica é um sujeito antiquado que acredita que é o território
em que uma pessoa vive que determina sua qualidade de
vida. Ele é um anacronismo — conclui Rambo.

Estamos sentados no seu novo escritório. Rambo alugou
um pequeno escritório na cidade porque quer "separar a vida
particular da vida profissional". Trabalha das duas às seis.
Rambo está sentado atrás da mesa e eu numa poltrona. Toda
a mobília foi presente de amigos, um rádio dos anos 1950,
um sofá de camurça, cortinas chinesas, um quadro de cigana
na parede. Rambo dedilha o violão enquanto fala, acompanhando seus pensamentos.

— Não consigo entender por que não prenderam Milosevic. Dizem que ainda não têm provas suficientes e que têm que
seguir a lei. Mas a lei é apenas um instrumento da justiça e,
algumas vezes, pode até mesmo obstruir o seu caminho. Nestes casos a justiça tem que estar acima da lei. Na Alemanha
havia uma lei determinando que os judeus deveriam ser queimados. Então o que era a moral, e o que era a lei, e o que era a
justiça? Aqui alegam que não existe um caso contra Milosevic.
Isso é como cuspir na cara dos que perderam os seus familiares
durante a guerra — diz Rambo zangado. — O Tribunal de
Haia foi inventado porque alguns países não têm poder ou
moral para perseguir criminosos. Eu ficaria orgulhoso se conseguíssemos levá-lo a julgamento aqui, condená-lo à prisão perpétua e depois, se Haia ainda o quisesse, emprestá-lo a eles.
Acima de tudo, espero que seja condenado por causa das guerras que começou, mesmo que as pessoas aqui estejam mais
preocupadas com o que ele fez contra os sérvios, que foram

roubados e tiveram a economia arruinada. Na Alemanha, as crianças visitam Auschwitz, e eu ficaria contente se as nossas crianças vissem e aprendessem sobre aquilo que fizemos, e digo o mesmo em relação à Croácia e à Bósnia. O melhor seria se nos preocupássemos com os nossos crimes e eles com os crimes deles; e não como agora, quando todo mundo se preocupa com as suas vítimas e os crimes dos outros. Isto significa que a mentalidade do povo não está se desenvolvendo.

O baterista Trut, o baixista Mihail e o tecladista Pancevat chegam para acertar os detalhes do show em Sarajevo no fim de semana. Rambo e a banda foram os primeiros artistas sérvios a atuar em Sarajevo depois da guerra e do cerco de quatro anos dos sérvios. Rambo tornou-se muito popular em Sarajevo quando, durante uma apresentação ao vivo na televisão, parou e fez um discurso inflamado em defesa da cidade. "É uma guerra sem sentido", gritou ele. Depois disto não houve mais aparições na televisão para Rambo.

Excursionou com a banda até Sarajevo. Uma hora depois de partirmos, chegamos à fronteira com a Bósnia. O processo de verificação de passaportes, tanto do lado sérvio como do lado bósnio, parece nunca acabar. Os instrumentos musicais têm que ser meticulosamente registrados.

— Não era assim na época de Tito — diz Rambo lacônico, e tem que explicar educadamente que não está levando consigo nenhum CD quando um guarda lhe pede uma cópia. — Há mais guardas de fronteira e agentes de imigração na antiga Iugoslávia do que em toda a Europa junta — bufa. — Nunca na minha vida vou dar um CD a um policial.

Entramos na Bósnia. Na parte sérvia, na República Srpska, muitos acenam para o carro, que tem placas de Belgrado. Após termos entrado na área croato-muçulmana, alguns brandem o punho para nós. As conseqüências da guerra ainda são bem visíveis da estrada, passamos por centenas de casas das quais só restam as fundações. Mais de cinco anos se passaram desde a assinatura do tratado de paz, mas em vários lugares aldeias inteiras estão desertas depois que seus habitantes se mudaram ou fugiram.

— Detesto a expressão "limpeza étnica" — diz Rambo enquanto passamos pelos tristes esqueletos da guerra. — Se algo está sujo precisa ser limpo. É uma palavra horrível de se usar em relação à loucura da guerra.

Em Tuzla passamos por um mercado ao ar livre onde se vende de tudo, desde detergente até sapatos usados. Ao longo da estrada há incontáveis filas de mulheres vendendo maços de cigarros contrabandeados.

— Não era assim na época de Tito — diz Rambo. — Ele não permitiria isto.

Ele diz o mesmo sobre o lixo espalhado pela estrada.

— Não era assim na época de Tito.

O rio que corre ao nosso lado está cheio de detritos, garrafas e latas; até mesmo os arbustos e as árvores ao longo da margem estão cheios de lixo, parece que alguém os decorou com sacos plásticos

Pergunto o que Rambo quer dizer com suas constantes menções a Tito.

— Só quero dizer o que digo. Não era assim na época de Tito, ele não o teria permitido. Muitas coisas eram melhores na época de Tito — afirma. — O país era mais limpo, não nos odiávamos uns aos outros. Como todos trabalhavam nas empresas do Estado, ninguém corria atrás de dinheiro, todos tinham o bastante. Se alguém corria atrás de dinheiro, era alvo de zombaria.

No caminho para Sarajevo, faz-se silêncio. Passamos por cemitérios sucessivos. Toda a encosta ao longo da estrada está repleta de crucifixos e pedras brancas. Crucifixos para os cristãos e lápides brancas para os muçulmanos mortos durante a guerra. Sarajevo foi a cidade mais atingida e onde houve mais baixas. O último cemitério por que passamos fica dentro da cidade, num antigo campo de futebol. Também em muitos parques públicos foram enterradas pessoas. Antes da guerra, Sarajevo era um símbolo de sociedade multiétnica. Hoje em dia, é basicamente muçulmana. Mas ainda é possível encontrar pessoas de outras fés.

Estamos atrasados e vamos diretamente para a coletiva de imprensa. Rambo dá um espetáculo, conta piadas e brinca com os jornalistas.

— Antes eu era apenas uma estrela iugoslava, agora sou uma estrela internacional — diz orgulhoso, e lista Sérvia, Bósnia, Croácia, Eslovênia, Montenegro e Macedônia entre os países onde faz sucesso. Os jovens críticos de música riem, como se o nacionalismo fosse coisa do passado. Perguntam a Rambo de que trata a música do pastor. Ele responde que trata da necessidade da volta do pastor.

— E quem é o seu pastor? — quer saber o jornalista.

— Josip Broz Tito — responde Rambo seriamente. — Você pode interpretar a música como quiser — continua. — Por exemplo, que nos equivocamos quando dividimos a Iugoslávia. Pensávamos que viveríamos melhor, o que não aconteceu, e agora estamos nos sentindo como ovelhas sem pastores.

— Sendo de Montenegro, como você se sente em Belgrado? — pergunta outro jornalista.

— Em casa — responde Rambo.

Mais tarde Rambo me diz:

— Ninguém fazia esse tipo de pergunta antes, mas agora que Montenegro quer se separar da Sérvia sempre me perguntam como me sinto na Sérvia, como se fosse um estranho. — Ele considera uma estupidez total o Montenegro sair da Iugoslávia e se separar da Sérvia. — Montenegro sempre recebeu ajuda econômica da Sérvia, e desse jeito vai perdê-la. Mas os políticos de lá não são espertos o bastante para operar o novo jogo da Iugoslávia. Eu optei por não me preocupar. Já sofri essa dor em 1991, quando a Croácia e a Eslovênia se separaram. Agora já não me importo.

Apesar do status de estrela, Rambo não enriqueceu com a sua música. Para não estourar o orçamento, a banda está em um apartamento emprestado em Sarajevo. Comem de graça num restaurante local com a condição de fazerem uma *jam session* lá.

No dia seguinte, Rambo prepara-se para o show e me mostra o seu programa da manhã, que consiste em exercícios respiratórios e musculares. Acaba de aprendê-los com um especialista tibetano em artes marciais, que contratou há um mês para ele e a banda. Os exercícios consistem em ficar parado por um longo período e depois flexionar lentamente os músculos e mudar de posição à medida que sobrevém o cansaço. Os outros na banda demonstram pouco entusiasmo com o novo regime.

Depois tomamos café, tocamos um pouco de violão, e então há a passagem de som e o almoço, um almoço bem tardio que nos obriga a correr pela cidade para chegarmos a tempo do show, às nove horas. Mais uma vez, muita gente ficou de fora por falta de ingressos. Rambo e a banda tomam o palco durante duas horas. Rambo toca, brinca e conta piadas, e desde o início a multidão pede pela música sobre o pastor. Quando finalmente é tocada, a multidão o acompanha. Ele toca ainda várias músicas de temática político-social, como aquela sobre o homem que cata latinhas para ganhar uns poucos marcos alemães por dia; aquela que fala sobre como a Iugoslávia foi dividida, até não restar mais nada; ou a que trata do fetiche dos novos-ricos por carros e a disputa entre um Mercedes e um Audi A8. As pessoas morrem de rir quando Rambo imita os dois donos dos carros. Ao final, o público exige a música dos pastores mais uma vez, no bis.

De volta a Belgrado, visito Rambo muitas vezes no escritório. Há sempre alguém lá, o professor tibetano faz os seus exercícios num canto, o baterista Trut fuma haxixe e toca música indiana, uma jovem estudante de arte quer pintar um retrato de Rambo, um dono de hotel precisa de conselhos sobre como promover o seu hotel, enquanto um compositor de música clássica quer conversar com seus colegas de música.

— Fiquei popular em círculos diferentes. Todo tipo de pessoas, até mesmo homens de negócio, me procuram para colaboração. De repente sou respeitável. Até apareço na televisão. Muitos começaram a me pedir favores, as pessoas pensam que agora sou importante, mas fui mais importante antes com a minha língua comprida. Agora todos têm línguas compridas — diz sarcasticamente. — Me oferecem todo tipo de trabalho, por exemplo, compor a trilha sonora de um filme na Eslovênia, na verdade uma co-produção sérvio-eslovena. É bom termos começado a colaborar de novo, é promissor. A divisão do país começou na Eslovênia, e a união também começará na Eslovênia. Eles estão sempre alguns anos à nossa frente. Mas é como com a física: quando uma coisa começa a se dividir, não pára até a última partícula estar dividida. Portanto, provavelmente continuaremos por mais algum tempo. Montenegro, o Kosovo, a Vojvodina e o Sandsjak se separaram da Sérvia, a Dalmácia vai se separar da Croácia. Só então poderemos começar outra vez a pensar na união. Eu gostaria de viver num país com 200 milhões de habitantes, assim poderia vender 100 mil discos, em vez de uns poucos milhares!

Mas Rambo não quer vender a sua música a qualquer preço. Durante uma de minhas visitas, ele estava sendo entrevistado pela televisão sérvia, com a condição de não mostrarem o seu rosto na tela, apenas a imagem de um aquário.

— Não quero desgastar a minha imagem — diz ele. — Além disso, quero preservar a minha liberdade para poder ir à feira comprar pimentões sem ser reconhecido. Aqueles que gostam da minha música e que vão aos shows naturalmente me reconhecem, mas não são muitos. Se eu der entrevistas na televisão, toda a Sérvia me reconhecerá, começarão a me gritar coisas na rua.

Uma manhã estávamos sentados no seu escritório bebendo uísque. O café do andar de baixo nos leva os copos e o gelo. No fim das contas, Rambo está mais satisfeito com a sua vida agora, mas de qualquer maneira sente muitas vezes vontade de deixar a Iugoslávia para trás.

— Quando vivi na Holanda, descobri rapidamente que a Europa não precisa da minha cabeça, mas somente dos meus músculos. Posso muito bem imaginar uma cortina de ferro dividindo brevemente a UE do resto do mundo. Só se você for muito inteligente ou tiver algo que eles desejam é que deixarão você entrar. O meu sonho é viver num país qualquer no noroeste da Europa, perto do oceano Atlântico, consertar barcos, velejar e me tornar compositor num pequeno e desconhecido teatro. Mas agora sinto, pelo menos, que temos a possibilidade de entrar no caminho certo nos Bálcãs. Não acredito que as pessoas vão melhorar muito, mas se tivermos um sistema bom e justo, os bons poderão subir e os estúpidos descer. Já não é sem tempo.

Rambo continua pensando em tentar uma carreira internacional.

— Mas não é tentador ser mais um entre os milhares de músicos desconhecidos em Londres. Prefiro esperar para ser descoberto por alguém aqui — diz ele concluindo o seu raciocínio com uma piada:

"Duas larvas, pai e filho, vivem na merda.

O filho: Vivemos na merda, isto é bom para nós?

O pai: Sim, é bom, temos comida e é quente.

O filho: Mas ouvi dizer que algumas larvas vivem em maças.

O pai: Sim, também ouvi dizer. Muitas larvas vivem em maças.

— Não é muito melhor? — pergunta o filho.

— Sim, acho que sim — responde o pai.

— Por que não nos mudamos para uma maçã? — pergunta o filho.

— Hmm, é difícil deixar a pátria — responde o pai."

— Vancouver.

Já faz três anos e estou de volta ao estúdio no porão de Rambo.

— Vancouver — repete Rambo olhando para mim com olhos cansados, sonolentos mas firmes, como um homem que tomou uma decisão importante depois de uma noita-

"Don't Happy, be Worry" 363

da. Ele acaba de voltar de uma série de shows na Eslovênia. Na manhã seguinte entra novamente no ônibus para excursionar.

— Já não me sinto tão bem nos meus shows. Me sinto bem, mas não muito bem. É hora de seguir em frente.

Rambo esteve no Canadá alguns meses antes, convidado a tocar num festival. Diz que nunca se sentiu tão relaxado.

— As pessoas sorriam o tempo todo. Os canadenses são o povo mais simpático que já conheci. Além disso, gostei do clima lá: úmido e frio, mas também levemente ensolarado, e, depois, há o mar. Eles têm tudo, menos um instrutor de vela. Eu posso ficar no cais todos os dias à espera de alunos. Crianças, adultos, o que for. O que você acha?

Rambo disse uma vez que não queria que os seus filhos crescessem na Sérvia e que se tornassem "a própria imagem dos seus pais". Agora ele tem um terceiro filho, e os outros dois estão crescendo.

— As crianças devem crescer em meio a rostos sorridentes. Não em meio a pessoas que matam o seu primeiro-ministro. Um dia é ele, no dia seguinte sou eu.

Rambo fica pensativo quando fala de Zoran Djindjic.

— O assassinato foi mais um testemunho de como a nossa sociedade ficou doente na época de Milosevic. A lógica medieval predominou sobre tudo; os legionários conquistaram territórios para o seu soberano. Não conseguiram aceitar a sua queda e as mudanças que ocorreram de repente. Como o grande estadista que era, Djindjic deveria ter percebido isso e jogado com mais cautela. Deveria, num primeiro movimento, ter aprendido sobre a demagogia. Apenas charlatões populistas conseguem liderar, ou desencaminhar, este país. Ele jogou um jogo perigoso, que lhe custou a vida. Infelizmente. Kostunica, ao contrário, aprendeu a técnica da demagogia.

Conhece a força da mentalidade feudal da Ásia Menor que Milosevic desenterrou do fundo de nossa consciência.

Rambo tamborila com os dedos na mesa, levanta-se e põe um novo disco de jazz.

— É raro os mais espertos estarem no governo. Não é um problema universal? Os mais rápidos vão fazer negócios, os mais inteligentes contentam-se em ficar em casa e pensar. Então resta aos menos talentosos, porém ambiciosos como os homens de negócios, a tarefa de lidar com a política. Somos testemunhas de um absurdo global: empresas tornam-se mais poderosas que os Estados. O capital e a sua necessidade de se desenvolver são a mais perfeita construção social. Veja os tubarões, predadores implacáveis que estão entre os organismos mais antigos da Terra. Suportam e sobrevivem a tudo por conta de sua simplicidade brutal. Mais um absurdo nos espera no futuro: não haverá mais peixes, exceto os tubarões. Guerras totalmente novas e inesperadas acontecerão quando os tubarões, não tendo mais comida fácil, começarem a se devorar uns aos outros.

Rambo acomoda-se na cadeira antes de continuar.

— Não estou convencido de que o *Homo sapiens* seja a melhor realização do Criador. O universo é infinito, mas o nosso egocentrismo selvagem nos faz acreditar que tudo gira em torno de nós. Se você olhar para a destruição maciça que a humanidade já perpetrou contra si mesma, pode parecer que a evolução da nossa consciência é contrária à do universo. Vista desta perspectiva, a Sérvia não é nenhuma exceção à regra.

O músico está inclinado na cadeira com os cotovelos nos joelhos.

— Os bancos começaram a emprestar dinheiro às pessoas — continua. — Isso parece promissor. A melhor maneira de tirar as pessoas da inércia é dando-lhes dívidas. Assim podem realizar os seus sonhos da noite para o dia, ao custo de pagar por eles durante anos. Este é o princípio básico da estabilidade no Ocidente.

Rambo Amadeus levanta-se como se para livrar-se de todos os pensamentos políticos. Ele acabou de gravar o novo álbum e trabalha na capa, num vídeo, numa remixagem e em outros detalhes. Toca as últimas composições para mim. Rio como uma boba de "Bom dia, sr. Popovic", uma mixagem de um curso de sérvio em cassete. *17 Picles* será o título do novo álbum. Rambo está a ponto de me explicar o título quando de repente se interrompe.

— Você já parou pra pensar que a Mona Lisa não tem pernas?

— Não...

— Neste momento estou desenhando as pernas da Mona Lisa.

Rambo me mostra no computador vários esboços das pernas da beldade.

— Acho uma pena que o mundo nunca tenha visto as pernas da Mona Lisa. Da Vinci decidiu cortar o corpo dela ao meio. Já é hora de alguém lhe devolver as pernas! Quando acabar, vou à direção do Louvre entregar as pernas. O que você acha?

Da parede, Mona Lisa sorri maliciosa. O mesmo tentam fazer duas mulheres seminuas em preto e branco, enquanto uma máscara oriental nos observa de suas órbitas vazias.

— O nacionalismo — diz Rambo severo — começou a nos atacar de novo. Depois do fim da guerra e da queda de Milosevic, acreditamos, no nosso entusiasmo infantil, que iríamos nos tornar a Suíça da noite para o dia. Isto acabou.

Continuamos com um nível de vida baixo, educação ruim, um sistema de saúde catastrófico, poluição e uma posição marginal no mundo.

Rambo começa a cantarolar algo que parece uma canção infantil. Claras e metálicas, são estas as palavras:

Ko to kaze, ko to laze, Srbija je mala?
Nije mala, nije mala, tri put ratovala!
(Quem diz isto, quem mente que a Sérvia é pequena?
Não é pequena, não é pequena, combateu três guerras!)

Repete o refrão cada vez mais depressa.

— Veja, esta "inofensiva" canção talvez seja a mais nacionalista do mundo. Era proibida na época de Tito, mas nos tempos de Milosevic foi um sucesso.

Rambo fez uma versão da belicosa canção para o seu novo CD:

Quem diz isto, quem mente que a Sérvia é pequena?
Quem diz isto, quem mente que o planeta é pequeno?

— O novo nacionalismo é de uma espécie diferente. Não é odioso e vingativo como há dez ou 15 anos. Toda essa conversa sobre uma "Grande Sérvia" não passa de um nacionalismo de consolação; já não é agressivo, mas atrasa o nosso desenvolvimento.

Quem diz que a Sérvia é pequena? Quem diz que o planeta é pequeno?

Rambo canta cada vez mais depressa. Sua voz parece uma turbina. De repente, faz uma pausa.

— É assim que começa — diz ele.

Este livro foi composto na tipologia Arrus BT,
em corpo 10,5/15, e impresso em papel
off-white 80g/m² no Sistema Cameron da
Divisão Gráfica da Distribuidora Record.

Seja um Leitor Preferencial Record
e receba informações sobre nossos lançamentos.
Escreva para
RP Record
Caixa Postal 23.052
Rio de Janeiro, RJ – CEP 20922-970
dando seu nome e endereço
e tenha acesso a nossas ofertas especiais.

Válido somente no Brasil.

Ou visite a nossa *home page*:
http://www.record.com.br